投资大师操盘术系列

SHIDA GUSHEN
CAOPANSHU

十大股神操盘术

补短修心　冷静镇定　同时考量　综合应用

想成为高手，先向高手学习；站在高手的肩上，我们可以看得更远。

赵信 著

股市有风险
入市需谨慎

经济管理出版社
ECONOMY & MANAGEMENT PUBLISHING HOUSE

图书在版编目（CIP）数据

十大股神操盘术/赵信著. —北京：经济管理出版社，2013.10
ISBN 978-7-5096-2643-6

Ⅰ.①十… Ⅱ.①赵… Ⅲ.①股票投资—基本知识 Ⅳ.①F830.91

中国版本图书馆 CIP 数据核字（2013）第 214034 号

组稿编辑：勇　生
责任编辑：勇　生　王　聪
责任印制：杨国强
责任校对：陈　颖

出版发行：经济管理出版社
　　　　　（北京市海淀区北蜂窝 8 号中雅大厦 A 座 11 层　100038）
网　　址：www. E-mp. com. cn
电　　话：(010) 51915602
印　　刷：三河市延风印装厂
经　　销：新华书店
开　　本：720mm×1000mm/16
印　　张：19
字　　数：255 千字
版　　次：2014 年 6 月第 1 版　2014 年 6 月第 1 次印刷
书　　号：ISBN 978-7-5096-2643-6
定　　价：48.00 元

前　言

　　股市是一个奇迹频出的地方，它成了财富的代名词，吸引众人参与其中，而且不少人视之为迅速致富的捷径。股市几乎每天有涨停的股票成批出现，然而事实上，能每天抓到涨停板获利的人却极少，因此股市的盈亏定律是"二八定律"——80%的人赔钱，20%的人赚钱。那么是否有方法能够让你成为20%赚钱的人呢？

　　世界级股神巴菲特认为：第一，需要你通过不断的学习和思考来达到；第二，需要你在学习提炼中升华，进而找到适合你自己个性的交易方法。只有做到了这两点，你才能在股市中长期稳定获利，成为"常胜将军"。

　　对于想成功的投资者，无非有两条路可以走：第一条路，自己埋头苦干，学习，总结，实践，再总结，再实践；第二条路，向佼佼者学习，复制他们已经验证成功的盈利模式。

　　巴菲特非常赞同投资大师、量子基金董事尼斯·陶布的观点，"从某种意义上来说，成功的职业投资就是一种剽窃游戏，你从其他人的投资意见中寻找到好主意，并且在最终寻找到的时候就疯狂地复制"。

　　巴菲特认为，学习众多价值投资大师的智慧和经验是投资成功的唯一途径："如果我只学习格雷厄姆一个人的思想，就不会像今天这么富有。"

　　在师从格雷厄姆之前，巴菲特投资了十几年的股票。开始时候的

他也是到处打听消息，进行技术分析，频繁买卖，结果业绩平平。后来他学习了格雷厄姆的价值投资策略之后，投资业绩得到明显的改善，他由衷地感叹道："在大师门下学习几小时的效果，远远胜过自己过去十年里自以为是的天真思考。"

巴菲特不但学习了格雷厄姆的投资策略，还进一步吸收了费雪的投资策略，并将二者完美地融合在一起。他称自己的操作策略是"85%的格雷厄姆+15%的费雪"。

巴菲特师从格雷厄姆学习到价值投资理论的基石，但并没有止步不前。他继续从费雪那里获得新的能量，并使之与格雷厄姆的理论进行某种程度的融合和取长补短。他如此说："运用费雪的技巧，可以了解这一行……有助于做出一个聪明的投资决定。"

也就是说，如果巴菲特一生只聆听了格雷厄姆的教诲，他肯定难以成为世界富豪；相反，如果他只聆听了费雪的教诲，他仍然有很高的概率成就今天的成绩。

美国历史上最著名的短线奇才杰西·利弗莫尔，在《股票作手回忆录》中曾说："经验通常会付给你稳定的红利，而观察会让你得到最好的明牌。"

他山之石，可以攻玉。别人的经验往往是我们成功的指南针和最佳捷径。我们与大师站在一起，从他们的伟大成果与经验中汲取力量和智慧，是使我们更快、更多地获得财富的最佳方法。

我们都知道"站在巨人肩上"这句话，人类的各种知识都是通过不断的积累才有进步的，人们都在学习前人知识的基础上继续前进着。股市也是这样，我们都要学习前人的知识和经验，而不必从头自己去悟。假如一个人不学习现有的股市知识，而自己从头开始，只从自己的操作中去感悟市场，总结知识。哪怕他是个很聪明的人，也不见得能取得很大的成就，即使取得成就也不知道需要几十年的努力。

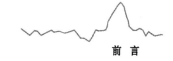

前言

本书介绍十位股票大师的操盘技巧和盈利法则，为你提供近距离与这些顶级高手学习的机会。

之所以称他们为顶级高手，是因为这十位均在股市里纵横几十年，创造了惊人的财富，而且经受住了时间的考验。不管市场行情多么险恶，他们都有应对的策略，在牛市能够大赚，在熊市中也能够稳赚。他们中间不仅有顶级的长线投资者的布道，也有波段操作高手的灵巧，还有短线大师的机智。比如，巴菲特、彼得·林奇、邓普顿、是川银藏靠长线投资成为巨富，安东尼·波顿、科斯托兰尼、邱永汉靠波段操作成为投资界的佳话，索罗斯、杰西·利弗莫尔、巴鲁克则靠短线经历过一时的辉煌。

这本书不是笼统地对十位股票大师进行介绍，而是针对每位顶级高手的操作理念及其主要的操盘技巧进行阐述，并总结出他们不同的操作特点和盈利模式。向顶级高手学习，并不是说人人都能成为顶级高手，关键是要学习其成功思想和成功方法。只要你汲取这些顶级高手的成功经验，你就能创造超乎想象的业绩，能轻松地赚到更多的钱。

本书在成稿过程中，得到丁朋、于凡、周滢泓、朱丽、袁登科、冯少华、郭海平、丁荆先、曹的郡、王澄宇、卓盛丹、陈耀君、胡丽芳、刘燕、米晶、朱丹、陈艳春、戴晓慧、王丹、金丽静、陈鸿、姬春茹、王珊慧、游翠英、李甜甜、付素霞、付素英、杨姣、吴利霞、李瑛、颜华保、陈永梅、王新利、苏建军等人的协助，在此表示谢意！

欢迎读者通过 QQ：963613995 或手机：15201402522 探讨、交流。

目　录

　　巴菲特是有史以来最伟大的投资家，众人崇拜的价值投资的楷模，世人眼中的"股票之王"。从 1956 年开始他以 100 美元起家，依靠股票和外汇市场的投资，在不到 60 年的时间里，建立起一个庞大的财富王国，创造了从 100 美元递增到 440 亿美元的财富神话，从而成为世界上数一数二的富翁。同时，他把一个将要倒闭的纺织企业转变成了一家拥有 73 家控股企业、总资产达 1650 亿美元的投资公司。

第二章　金融大鳄

索罗斯被称为"股票天才"，是个曾创造财富增值奇迹的对冲基金经理，从 1973 年的 10 万美元到今天增长到 1 亿美元以上，平均年增长率超过 20%。他是个让很多机构与散户闻风丧胆的投机之神，他似乎具有一种超人的力量左右着世界金融市场，1992 年 9 月著名的英镑战役赢得 20 亿美元的利润，被称为"击垮英格兰银行的人"。1997 年狙击泰铢，掀起亚洲金融风暴，因而被世人称为"金融大鳄"、"国际狙击手"。历经几次动荡与危机，以自己成功的预测与业绩、独一无二的投资风格著称于世。

第三章　股票之圣

　　彼得·林奇是国际上有史以来最成功的基金经理之一，被称为"历史上最传奇的基金经理人"，又是"全球最佳选股者"。1977 年掌管富达麦哲伦基金，13 年资产从 1800 万美元增加到 140 亿美元，每年增长率达到 29%。他曾被美国《时代》周刊誉为"第一理财家"。《幸福》杂志则称誉他是股市中一位超级投资巨星。与巴菲特、索罗斯齐名，被誉为"股票之圣"、"股票天使"。

　　杰西·利弗莫尔是美国 20 世纪早期最有影响力的一个股票作手,他被称为举世罕见的短线奇才。他从 5 美元开始一直到身价超过 1 亿美元,是华尔街历史上无人能及的传奇。他是投机领域中的天才,他敏锐的直觉嗅到哪家公司的股票已处在高位的警戒区域,什么时候可能掉头向下。他成为一头职业化的熊,专门进行卖空来发财致富。他是华尔街

的"最大的空头"、"少年作手"以及"华尔街巨熊",并享有"投机之王"的称谓,被列为5位最伟大证券交易者之一。他是华尔街交易技术的开创者之一,当代的股票技术法则的流派均是从利弗莫尔的股票操作手法基础上延伸出来的。

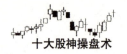

目录

巴鲁克是一个有着传奇色彩的风险投资家，他是一个曾一度征服了华尔街，后来又征服了华盛顿的很受人敬佩的人物。1897 年以 300 美元作为风险投资起家，32 岁时他的财富已经达到了 320 万美元，但经历了 1929~1933 年经济大萧条以后，他的财富依然能达到几千万美元。他是那个时代少有的几位"既赚了钱又保存了胜利果实的大炒家"。大家对他冠以"投机鬼才"、"独狼"以及总统顾问等美名。大家更愿称他为"在股市大崩溃前抛出的人"，他与同时代的杰西·利弗莫尔齐名，被列为 5 位最伟大证券交易者之一。

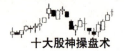

第七章　欧洲股神

  安东尼·波顿是英国富达国际公司投资总裁，是英国甚至欧洲最成功的基金经理人，他被称为"欧洲股神"，并享有"欧洲的彼得·林奇"的美誉。他是一个传奇人物，自1979年以来，他掌管富达特殊情况基金长达30多年，并创造了20%年复合收益率，把一只初始资金只为1000英镑的基金规模增长了147倍。他被《泰晤士报》评选为历史上十大投资大师，位列格雷厄姆和巴菲特之后。

科斯托兰尼是德国证券界的教父，是德国最有名的投资大师，在德国投资界的地位像美国股神沃伦·巴菲特一样，是德国股市的无冕之王。他是一个全球闻名的大投机家，自从十几岁进入证券界之后，到35岁那年他获得了可供一生花费的财富，他被称作"20世纪的股票见证人"与"本世纪金融史上最成功的投资者之一"。

第九章　日本股神

——是川银藏操盘秘诀

是川银藏是日本最有名的股票大师，被称为 20 世纪 "最后的相场师"。在股市纵横 60 年，创造了很多的奇迹。1931 年，他 34 岁那年，以 70 日元作为本金入市的操作，就获得 100 倍的利润，他一生中在股市中赚钱超过 300 亿日元。人们对他百发百中的判断力、预测经济形势和股市行情的准确性感到惊讶，因此被日本金融界称作股市之神。著名的投资家巴菲特、索罗斯、邱永汉等都对是川银藏的投资手法非常推崇。

第十章 华人投资奇才

邱永汉是亚洲有名的股市专栏作家，在日本、中国台湾以及中国香港是家喻户晓的传奇人物。1924 年出生于中国台湾，1945 年毕业于东京帝国大学经济学部，1954 年移居日本。20 世纪六七十年代日本经济起飞，他推荐的三四线股票通常会涨停，被日本大众称之为"股票神仙"和"赚钱之神"。投资股票初期，即在一年内将 200 万日元的资金变成了 5000 万日元。

第一章　股票之王

——沃伦·巴菲特操盘秘诀

巴菲特是有史以来最伟大的投资家，众人崇拜的价值投资的楷模，世人眼中的"股票之王"。从1956年开始他以100美元起家，依靠股票和外汇市场的投资，在不到60年的时间里，建立起一个庞大的财富王国，创造了从100美元递增到440亿美元的财富神话，从而成为世界上数一数二的富翁。同时，他把一个将要倒闭的纺织企业转变成了一家拥有73家控股企业、总资产达1650亿美元的投资公司。

巴菲特成功关键：发现有核心竞争力、安全边际和持续增长的公司。

巴菲特操作风格：长线投资。

巴菲特操盘的哲学：

（1）我们只是在别人贪婪的时候恐惧，而在别人恐惧的时候贪婪。

（2）投资的精髓，不管你是看公司还是股票，要看企业的本身，看这个公司将来五年、十年的发展，看你对公司的业务了解多少，看管理层是否喜欢并且信任，如果股票价格合适，你就持有。

（3）投资过程中，不要关心你知道了多少，最重要的是你要真正知道你哪些不知道。

（4）寻找超级明星为我们提供了走向真正成功的唯一机会。

一、巴菲特操作理论

1. 价值投资理论

价值投资是巴菲特最核心的股票投资方法，他所倡导的价值投资理论风靡全球。所谓价值投资，巴菲特曾将它归结为三点：把股票看作若干个微型的商业单元；将市场波动看作是你的朋友而不是敌人（有时候利润来自对朋友的愚忠）；购买股票的价格应该低于你所能承受的价位。

巴菲特认为，正确的投资就是寻找到价值被低估的公司，然后按照合理的价格买入，不管什么样的因素均不会影响公司内在价值。"我们不会因为外部宏观的影响改变我们的投资策略，总会有好的年和不好的年，那又如何，假如我找到一家很好的公司，美联储的主席说明年经济衰退要来了，我还是要购买，对我们而言影响不太大。"巴菲特如此说道。

正因为股票市场是非理性的，因此你就必须运用股票市场的非理性，寻找价值低估的公司买入，在价值相对高估时卖出，然后等待着另一个价值低估目标的出现。这则是价值投资的精髓所在。用巴菲特自己的话来说就是：每个价值投资者的投资业绩均来自于利用公司股票市场价格与它内在价值之间的差异。

1984 年，在哥伦比亚大学纪念"价值之父"格雷厄姆和多德合著的《证券分析》出版 50 周年的庆祝活动中，巴菲特在哥伦比亚大学的投资课上给了"A+"的最优秀的学生作了一次演讲，他在演讲中回顾

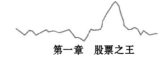

了 50 年以来格雷厄姆的追随者们运用价值投资策略持续战胜市场的不可争议的事实，总结归纳出价值投资策略的精髓，在投资界具有相当大的影响力。

在演讲中，巴菲特说道："来自'格雷厄姆与多德部落'的投资者共同拥有的智力核心是寻找公司整体的价值与代表该公司一小部分权益的股票市场价格之间的差异，实际上，他们运用了二者之间的差异，却毫不在意有效市场理论家们所关心的那些问题——股票应该在星期一还是星期二买入，在 1 月还是 7 月买入等。简单扼要地说，企业家收购公司的投资方式，正是追随格雷厄姆和多德的投资者在购买流通股票时所运用的投资方式——我非常怀疑有多少企业家会在收购决策中特别强调交易必须在一年中的某个特定月份或者一周中的某个特定日子进行。假如企业整体收购在星期一或者星期五进行没有任何区别，那么，我难以理解那些专家们为什么会花费大量的时间和精力研究代表该公司一小部分股权的股票交易时间的不同将会对投资业绩产生什么影响。追随格雷厄姆和多德的投资者根本不会浪费精力去讨论什么Beta（用以度量一项资产系统性风险的指标）、资本资产定价模型、不同证券投资报酬率之间的协方差，他们对这些东西一点儿也不感兴趣。实际上，他们中间的绝对大多数人甚至连这些名词的定义都搞不清楚，追随格雷厄姆和多德的投资者只关心两个变量——价值与价格。"

巴菲特还在 1992 年致股东的信中详细讨论了价值投资的正确定义。他认为所有的投资实质上均是价值投资，而价值投资的根本是估值。估值唯一正确的模型是："在写于 50 年前的《投资估值理论》中，约翰·布尔·威廉姆斯提出了价值计算的数学公式，这里我们把它精简为今天任何股票、债券或者公司的价值，都取决于在资产的整个剩余使用寿命期间预期能够产生的以适当的利率贴现的现金流入和流出。"

正是接受贴现现金流量估值方法，使巴菲特从恩师格雷厄姆传授

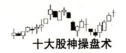

的方法中寻找便宜股到寻找超级明星股。而超级明星企业的价值在于其超出行业平均水平的盈利能力，这种盈利不是账面盈利，而是真金白银。对于超级明星企业的估值，必须也只能用贴现现金流量模型。而最早提高股票估值必须用贴现现金流量模型的就是约翰·布尔·威廉姆斯在 1938 年出版的《投资估值理论》。他认为普遍流行的按每股收益进行估值的方法根本不可能是准确的，因为盈利很容易波动，很容易操纵，相比而言股利很稳定，所以应当按股利贴现模型进行估值。

巴菲特说，投资的关键因素就是确定一个企业的内在价值，然后支付公平或低廉的价格。

巴菲特价值投资方法主要包括找到伟大的公司、以具有安全边际的价格买入和长期持有三个组成部分。巴菲特的价值投资模式如图1-1 所示。

图1-1 巴菲特价值投资模式

从巴菲特价值投资模式示意图中能够看出，第一步就是挑选伟大公司。所谓的伟大公司，大概具有不可替代性、特殊行业、垄断行业和名牌企业百年老店等，不仅如此，这些明星公司还要简单，他可以看懂，可以预知它的未来。比如可口可乐公司、吉列公司、麦当劳和运通银行等，这些伟大公司他买入之后持股十几年二十几年都是有的。在投资策略上，他没有采用恩师格雷厄姆的分散投资原则，而是运用集中投资原则。他只挑选那些伟大公司的原因，伟大公司在市场上非常少，甚至是稀有之物，那么，集中投资则是他唯一正确的选择。

从巴菲特价值投资模式来看，巴菲特的主要精力是放在如何选股方面上。选股就是选公司和对所选公司的价值评估。一旦买进这些公

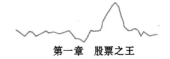

司的股票，就开始长期持有，等到价值高估的时候选择时机卖出，相对买进来说，卖出只是技术性的工作。

巴菲特是价值投资理论最成功的实践者。从 1982 年起，他多次在伯克希尔年报中公开声明收购公司的基本标准包括：第一，简单易懂的业务；第二，持续稳定的盈利能力，对由亏转盈的"反转"公司不加以考虑；第三，较大的公司规模，至少有 500 万美元的净利润；第四，良好的管理；第五，公司少量举债或者不举债情况下良好的净资产收益率水平。这些是巴菲特多年投资实践总结出来的选股标准，为以后选股指标的设计提供直接依据。

2. 安全边际理论

巴菲特在投资的时候很注意股票的安全边际，通常以公司内在价值的 3/4 购买股票。巴菲特声称其的投资策略是"85%的格雷厄姆+15%的费雪"，也是巴菲特对其投资理论的总结。

巴菲特的投资理念和方法大多数来自于恩师格雷厄姆，价值投资最大的贡献就是安全边际理论，安全边际是指买股票必须要买价格跌破内在价值的股票。而格雷厄姆也认为内在价值是个无法掌握的概念。通常而言，安全边际是把公司的资产、收益、股息和明确的前景当作根据的价值。巴菲特认为，若股价能够跌破内在价值的一半的话，那么它就具备了安全边际。

巴菲特说："有了很大的安全边际，即便我们对公司价值的评估有一定的误差，市场价格在很长的时期内低于其价值，公司发展即使是一时受到挫折，也不会妨碍我们投资资本的安全性，资助保证我们获得最低限度的报酬率。"

"安全边际"从两个方面帮助我们的投资：一是能够减少可能的价格风险；二是能够取得相对高的权益报酬率。

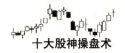

因此，股票投资成功的关键就是必须找到充分的安全边际。巴菲特如此形容：用四角钱购买价值一元钱的股票。

当投资目标确定之后，就要对公司的价值进行评估，再决定投入的资金额。在这一过程中，股民还要为自己留有一个安全边际，以便在危险来临时，确保股民的本金不伤元气，从而东山再起。

安全边际，就是保护股民的本金不受损失的安全空间，譬如，你拿五角钱去换一元人民币，不仅安全，而且有利可图。它是投资的基石，也是区分投资和投机的试金石。要准确评估一家公司的价值是非常困难的，因此要选择少数稳定增长、优势明显、前景明朗的公司进行价值评估，加上安全边际为你提供了犯错误的空间，事实上你实现了成功投资的双保险策略。

若要分析某一个公司的股票是否值得投资，安全边际法就是不变的原则。千万不要因为价格便宜就买入这家的股票，要注意它的安全边际。

3. 护城河理论

巴菲特的投资策略是将成长型投资与价值型投资相结合，更注重的是上市公司的现有价值，尤其看重上市公司是否具有核心竞争力，用他的话来说就是看上市公司是否具有"厚厚的护城河和城墙"，这样可以防止竞争对手攻入这个公司的业务领域抢占市场份额。

1993 年，巴菲特在致股东信中第一次提出了"护城河"概念。他如此写道：实际上，最近几年可口可乐与吉列剃须刀在全球的市场份额还在增加。他们的品牌威力、产品特性和销售实力，给予他们一种极强的竞争优势，在他们的经济堡垒周围构建了一条护城河。

巴菲特在 1999 年给《财富》杂志撰写的文章中认为：投资的关键是要看这家公司是否具有竞争优势，而且这种优势是否具有持续性。

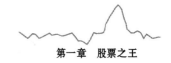

只有该公司提供的产品与服务具有很强的竞争优势，才能给投资者带来满意的回报。至于这个公司所在行业对社会的影响力有多大、整个产业将会增长多少，这些不是最关键的因素。归根结底来说，因为你投资的是一家具体的上市公司，并非整个行业。

巴菲特在选股时十分重视考察上市公司是否具有竞争优势，他将这种竞争优势壁垒比作是保护该公司经济城堡的护城河。

他毫不隐瞒地说，"我们喜欢拥有这样的城堡：有很宽的护城河，足以抵挡外来的闯入者——有成千上万的竞争者想夺走我们的市场。我们认为所谓的护城河是不可能跨越的，并且每一年我们都让我们的管理者进一步加宽他们的护城河，即使这样做不能提高当年的盈利。我们认为我们所拥有的公司都有着又宽又大的护城河。"

在 2000 年的股东大会上，巴菲特进一步解释说："我们根据护城河加宽的能力以及不可攻击性作为判断一家伟大公司的主要标准，而且我们告诉公司的管理层，我们希望公司的护城河每年都能不断加宽。这并不是非要公司的利润要一年比一年多，因为有时做不到。然而，如果公司的'护城河'每年不断地加宽，这家公司会经营得很好。"

他说，长期的可持续竞争优势是任何公司经营的核心，而要理解这一点，最好的方法就是研究、分析那些已经获得长期的、可持续竞争优势的公司。

那么，巴菲特又是如何来做到这一点的呢？

有一次，他与一群学生交流的时候说，在某一个时期之内，他会选择某一个行业，并对其中的六七家企业加以仔细研究。此研究是通过独立思考得出结论的，而不是听取任何关于这个行业的空洞论调。

譬如，巴菲特要研究一家保险公司或者纸业公司，一般的方法是他会将自己沉浸于想象之中，想象自己若刚刚继承了这家公司，并且这家公司是整个家族准备永远持有的唯一财产，此时自己会如何管理

该公司，必须考虑哪些因素的影响，主要的担心是什么，竞争对手是谁，客户在哪里……

为了寻找这些答案，他会走出办公室跟他人交流和探讨，然后从与他人的谈话中得出结论，发现该公司与其他同行相比优势在哪里，问题又在哪里。

他说，假如你能进行这样一番分析研究，那么完全能够说，你比这家公司的管理层更深入地了解该公司。

巴菲特认为，投资者投资的上市公司最好要有一条经济护城河，唯有如此，才能保证该股票获得超额业绩回报。

用一句话来概括，低价大量买入具有持久竞争优势的公司股票并长期持有，立足于靠分享这家公司的盈利模式实现资产的长期增值，而不是靠把握它的股价波动赚取差价。

4. 集中投资理论

如果把巴菲特的投资策略用一句话来总结，那就是集中投资战略。巴菲特投资成功的方法是多方面的，其中"集中投资"的方法最有效。事实上很多年份巴菲特只持有不到 10 只股票。他集中投资的股票数目平均只有 8.4 只左右，而这几只股票的市值占整个投资组合的比重平均为 91.54%。

巴菲特认为要选出超级明星公司，主要精力放在分析它们的经济状况和管理素质上，然后买进长期都表现良好的公司，集中投资在它们身上。对于分散投资，巴菲特说："分散投资是无知者的自我保护法，对于那些明白自己在干什么的人来说，分散投资是没什么意义的。"

巴菲特一直认为分散风险是一个伪命题，如果过度分散化投资，使投资者无法从自己看好的企业和行业增长中取得应有收益。巴菲特认为，一生中真正值得投资的股票也就四五只，例如，他长期以来重

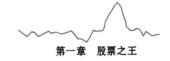

仓持有可口可乐、富国银行、吉列、华盛顿邮报公司和沃尔玛等。

他一旦发现了，就要集中资金，大量买进。要将注意力集中在几家公司上，假如投资者的组合太过分散，这样反而会无法分身，弄巧成拙。

巴菲特在1996年致股东信上写道：对可口可乐、吉列这样的公司来说，即使是最强的竞争对手，如果他们敢说实话，也不会质疑可口可乐与吉列会在所属领域长期主导全球市场。

绝大多数股民片面地认为：不把所有鸡蛋放在一个篮子里，才算最保险的，因而，他们并没有集中资金，反而将有限的资金四处出击。今天看这只股票好，就购买，明天又听说那只股票是黑马，就赶快追随；结果区区几万元、几十万元或者上百万元资金被七零八乱的股票所肢解，造成手中股票少则三五只，多则十多只，通常一段时间不是这只股涨，就是那只股跌，一年忙到头，好的情况下能够赚点钱，中的情况下打平手，不好的情况下只会赔钱……有的人年复一年，也不善于总结，总是认为自己的运气不好，实际上，这是犯了投资的大忌。分散投资不等于使风险获得分散，同样，集中投资虽然有风险集中的弊端，然而只要把握得当，坚守一定的操作纪律，风险还是能够控制的。

从表面上看，集中投资的策略好像违背了多样化投资分散风险的规则。不过，巴菲特对股民们提出了如此忠告："成功的投资者有时需要有所不为。"他认为，"不要把所有鸡蛋放在同一个篮子里"的投资理论是错误的，股民应该像马克·吐温建议的那样，"把所有鸡蛋放在同一个篮子里，然后小心地看好它"。

综观中外股市操作成功的人都有一个共同特点：就是善于精心选股、集中投资，极少有分散投资可以带来辉煌收益的人。这一点对于中小投资者来说是非常重要的。

巴菲特之所以得出"少就是多"的投资策略，这种理念是从英国

经济学家约翰·凯恩斯那里得到的。1934 年凯恩斯在给商界朋友的一封信中写道:"通过撒大网捕捉更多公司的方法以降低投资风险的想法是错误的,因为你对这些公司了解太少,更没有十足的信心……人的知识与经验都是有限的,在某一特定的时间段里,我本来有信心投资的企业也不过两三家。"另一位对巴菲特产生更具深远影响的人是菲利普·费雪。费雪是成长股价值投资策略之父,教父级的投资大师,华尔街极受尊重和推崇的投资专家之一。他在股市中纵横近 50 年并著有两本重要著作:《普通股与非普通利润》和《普通股通往财富之路》,这两本书都深受巴菲特的喜爱。费雪在 1958 年《非常潜力股》一书中写道:"大多数投资者,当然还有那些为他们提供咨询的人,从来没有认识到,买进自己不了解的公司的股票可能比没有充分多元化还要危险得多。"他强调说:"最优秀的股票是很难找到的,若很容易的话,那么难道每个人都会拥有它们了?我知道我想购最好的股,否则,我宁愿不买。"像所有伟大的投资家一样,费雪绝不轻举妄动,在他尽全力了解一家公司的过程中,他会亲自走一趟拜访这家公司,如果他对所见所闻感兴趣,他会毫不犹豫地大量投资于这家公司。

关于集中投资,巴菲特认为:当遇到可望而不可即的极好市场机会时,唯一理智的做法是大举投资或集中投资。在实际投资过程中,建议投资者把股票适当集中,手中的股票控制在五只之内,便于跟踪。有的股民 20 多万元资金买了二三十只股票,这么多股票,盘面无法跟踪,对有把握的市场机会可以重仓参与。

巴菲特把"集中投资"的精髓简要地概括为:"选择少数几种可以在长期拉锯战中产生高于平均收益的股票,把你的大部分资本集中在这些股票上,不管股市短期跌升,坚持持股,稳中取胜。"

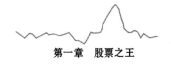

5. 挥棒理论

巴菲特是美国著名棒球运动员泰德·威廉姆斯的超级粉丝，他很喜欢泰德·威廉姆斯，他发现威廉姆斯的击球原则与他的投资原则一样："我们将来仍然坚持应用我们发展到如今庞大规模的成功策略，而且毫不放松我们的投资选择标准。"

威廉姆斯在所写的《打击科学》一书中解释了自己的击球技巧。他把击球区分成 77 个单元，每个单元代表一个棒球，只有当球处在最好的单元之内（幸运区），他才会挥棒击球。巴菲特把这一策略与投资作类比，提出了投资领域的"挥棒"概念。

1995 年，巴菲特在南加州大学商学院对该学院学生的演讲中，解释了这个概念："在投资的时候，没有所谓的必须去击打的好球。你可以站在击球手的位置上，投球手可以投出好球；通用汽车投出 47 美元，如果你缺乏足够的信息来决定是否在 47 美元的价位购买，你可以让它从眼前溜过，不会有人判给你一击。因为只有挥棒落空的时候，你才可能被判出局。"

他指出，要获得高于平均水平的业绩，必须等待企业进入"最佳"击球方格里才"挥棒"。巴菲特认为投资者通常对"坏球"挥棒，他们的业绩也由此受到影响；有时，并不是投资者认识不到"好球"的来临，困难之处在于投资者总是忍不住要"挥棒"。

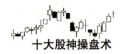

二、巴菲特盈利法则

1. 复利是长线投资获利的最大秘诀

巴菲特如此总结自己的成功秘诀："人生如同滚雪球似的，最重要的是发现很湿的雪与很长的坡。"

实际上，巴菲特是用滚雪球比喻通过复利的长期作用来实现巨大财富的积累，"雪很湿"是比喻年收益率非常高，"坡很长"是比喻复利增值的时间非常长。

他认为，股票投资最大的收益则是"时间复利"。1989 年，巴菲特发现可口可乐公司的股价被低估，所以他把伯克希尔公司 25% 的资金投入到可口可乐股票中，从那时候起一直持有到现在，该项投资从当初的 10 亿美元已经飙升到现在的 80 亿美元。仅这一项，举世罕敌。

从 1965 年巴菲特接管伯克希尔公司，到 2012 年，过去 48 年巴菲特平均获得了 20.2% 的年复合收益率，同期标准普尔 500 指数年复合收益率是 9.4%，巴菲特每年比市场多赚了 10.8%。然而 48 年期间巴菲特累计赚了 90409%，而指数累计增长了 6262%。

正如巴菲特所说："复利有点像从山上往下滚雪球。最开始时雪球很小，然而往下滚的时间足够长，而且雪球黏得适当紧，最后雪球会变得非常大。"

巴菲特依靠收购少数优秀企业与投资少数伟大企业的部分股票长期持有，最终成为世界首富，而复利的力量功不可没。

1963 年，巴菲特在信中附上一张表格，进一步说明获得神奇的长

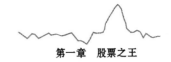

期复利增值的关键因素。巴菲特在 1963 年分析说："要获得这样神奇的投资业绩，还需要有其他关键因素的作用。一个因素是拥有聪明才智让自己活得非常长寿，另一个影响重大的因素是复利利率相对来说很微小的变化就能造成最终累计增值的巨大变化，而且很明显的是期限越长，这种影响就越大。"

但是要注意三点：一是持续的稳定增长对最终的复利效果起到至关重要的作用，假设复利累进过程中出现几次巨大损失，那么最终复利的效果就会大打折扣，因此，必须把风险管理和避免损失放在首位；二是值得长期投资、实现复利奇迹的公司是极少的，属于"珍稀之物"，必须要好好守护；三是如果财富的复利增长无法实现，那债务的复利增长却是非常容易的，这样的话就会带来灾难性后果。

2. 找到超级明星公司是获得成功的唯一途径

1991 年，巴菲特把他的投资秘诀归纳为一句话，就是以合理的价格买入超级明星股并长期持有。他说："我们始终在寻找那些业务清晰易懂、盈利能力非常优异并且能够长期持续保持，由能力非凡而且为股东着想的管理层来经营的大公司。这种目标公司并不能充分保证我们投资盈利：我们不仅要在合理的价格上买入，而且我们买入的公司的未来业绩还要符合我们的预期。但是这种投资方法——找到超级明星企业——为我们提供了走向真正成功的唯一机会。"

巴菲特只爱超级明星股，只选超级明星股。自他走进股票市场以来，他一直在寻找超级明星股，来实现巨大财富的梦想。比如，2003年，巴菲特发现中石油是一只超级明星股，并分批以平均 1.61~1.67 港元的价格购买了中石油 23.48 亿股股票。以 2007 年 2 月 26 日石油股份收市价 9.47 港元计，巴菲特这一投资的账面收益已经达到 183.8 亿港元。

巴菲特在他的一生中主要选择这些超级明星股，为他创造巨大的财富。

（1）可口可乐：投资 34 亿美元，盈利 120 亿美元。可口可乐达到 120 年成长神话，是因为可口可乐卖的是品牌而不是饮料，任何人都难以击败可口可乐。领导可口可乐的是占据全球的天才 CEO，12 年回购 25% 股份的惊人之举，一罐只赚半美分，但一天销售 10 亿罐，净利润 7 年翻一番，1 美元留存收益创造 9.51 美元市值，只有高成长才可以创造高价值。

（2）GEICO：政府雇员保险公司，投资 0.45 亿美元，盈利 70 亿美元。巴菲特用了 70 年的时间去研究老牌汽车保险公司，该公司的超级明星 CEO 杰克·伯恩在一个又一个的时刻力挽狂澜。1 美元的留存收益就创造了 3.12 美元的市值增长，此种超额盈利能力创造了超额的价值。因为 GEICO 在破产的风险下却迎来了很大的安全边际，在 20 年里，这家公司 20 年盈利 23 亿美元，增值达到 50 倍。

（3）华盛顿邮报公司：投资 0.11 亿美元，盈利 16.87 亿美元。在 70 年里，华盛顿邮报公司由一个小报业发展成为一个传媒巨无霸，前提在于行业的垄断标准，报纸的天然垄断性造就了一张国际最有影响力的报纸之一。

从 1975 年到 1991 年，巴菲特控股下的华盛顿邮报创造了每股收益增长 10 倍的超级资本盈利能力，而 30 年盈利达到 160 倍，从当初 1000 万美元增加到 17 亿美元，华盛顿邮报公司是当之无愧的明星。

（4）吉列：投资 6 亿美元，盈利 37 亿美元。作为垄断剃须刀行业 100 多年以来的商业传奇，是一个不断创新无法模仿的品牌，具备超级持续竞争优势，此公司诞生了连巴菲特都敬佩的人才科尔曼·莫克勒，他领导吉列在国际市场带来持续的成长，1 美元留存收益创造 9.21 美元市值的增长，14 年中盈利 37 亿美元，增值达到 6 倍。

（5）大都会/美国广播公司：投资 3.45 亿美元，盈利 21 亿美元。作为 50 年历史的电视台。一样的垄断传媒行业，高收视率创造高的市场占有率，巴菲特愿意将自己的女儿嫁给优秀 CEO 掌舵，并吸引了一批低价并购和低价回购的资本高手，在一个高利润行业创造一个高盈利的企业，1 美元留存收益创造 2 美元市值增长，巨大的无形资产创造出巨大的经济价值，巴菲特很少见的高价买入，在 10 年中盈利达到 21 亿美元，投资增值达到 6 倍。

（6）美国运通：投资 14.7 亿美元，盈利 70.76 亿美元。125 年历史的金融公司，富人声望与地位的象征，是高端客户细分市场的领先者，重振运通的是一个优秀的金融人才哈维·格鲁伯，从多元化到专业化，高端客户创造了高额利润，高度专业化经营出高盈利，11 年持续持有，盈利达到 71 亿美元，增值达到 4.8 倍。

（7）富国银行：投资 4.6 亿美元，盈利 30 亿美元。作为从四轮马车起家的百年银行，同时是美国经营非常成功的商业银行之一，全世界效率最高的银行，15 年盈利达到 30 亿美元，增值达到 6.6 倍。

巴菲特在股票投资中，他选了这 7 只超级明星股，只投资了 40 多亿美元，就赚了 280 多亿美元，占他股票投资总盈利的 9 成左右。可见，一只超级明星股胜过 100 只甚至 1000 只垃圾股。

巴菲特认为，选择越少，业绩反而越高。只要你像巴菲特那样精挑细选，你选的股票中就可能出现一个超级明星股。

3. 利用"市场先生"的弱点是超额利润的根本来源

巴菲特成功的关键是：利用了"市场先生"的弱点，在他悲观的时候买入股票，在他乐观的时候卖出股票。

巴菲特曾这样写道："股票市场根本不在我所关心的范围之内。股票市场的存在只是提供一个参考，看看是不是有人报出错误的买卖价

格做傻事。"

巴菲特的投资理念都以对市场本质的看法为基础，他的老师格雷厄姆还给股票市场起了"市场先生"这么一个人格化的名字。

在写给伯克希尔·哈撒韦公司持股者的一封信中，巴菲特如此描写"市场先生"的：

本杰明·格雷厄姆，我的朋友和老师，很久之前就提出了对待市场波动的正确态度，我相信这种态度是很容易带来投资成功的。他说，你应该想象市场报价来自于一位特别乐于助人的名叫"市场先生"的朋友。"市场先生"每天都会出现，报出一个他既会买入你的股票，也会卖给你他的股票的价格，从来没有失灵过。

即使你们拥有的公司可能有很稳定的经济特性，"市场先生"的报价也不会稳定。悲观地说，因为这个可怜的家伙有易动感情的不治之症。有的时候，他心情愉快，所以只能看到影响企业的有利因素，有这种心境时，他会报出很高的买卖价格，因为他害怕你盯上他的股票，抢劫他将要获得的利润。在另外一些时候，他情绪低落，因此只能看到企业和世界的前途荆棘密布。在这种时候，他会报出很低的价格，因为他害怕你会将你的股票脱手给他。

"市场先生"还有一个非常可爱的特点，那就是他不在乎受到冷落。如果今天他提出的报价不被接受，第二天他还是会上门重新报价，要不要交易完全由你自主，因此在这种情况下，他的行为举止越失措，你可能获得的好处也就越多。"市场先生"是来给你服务的，千万不要受他的诱惑反而被他所引导，你要利用的是他饱饱的口袋，而不是草包般的脑袋。假如他有一天突然傻傻地出现在你面前，你可以选择视而不见或者好好地进行利用，但要是你占不到他的便宜反而被他愚蠢的想法所吸引，那么你的下场可能会很悲惨。

巴菲特认为，不被"市场先生"的情绪波动所左右，不要没有主

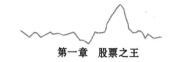

见地时刻随着"市场先生"翩翩起舞。在做出投资决策时，只要公司的内在价值以合意的速度增长，那么企业被认知的速度就不那么重要。事实上，滞后的认知有可能是一种有利因素：它可以给我们机会，以便宜的价格买到更多好东西。也就是当"市场先生"过于低估一只股票的价值时，就给了价值投资者低价买入的机会。

因此，股民应当利用市场的偏错，给自己创造机会。因为价值投资者信奉这样一个理念：市场的修正终究会到来。市场有自我纠错的趋势，在一定时期，以某种方式，公司的股价终究会上升（或者下挫）到它应该有的真正价值。

4. 从通货膨胀中获利

巴菲特高明之处在于利用通货膨胀使他的投资价值增长。对于通货膨胀，巴菲特是这样解释的："假如你放弃购买 10 个汉堡包，把这些钱存进银行，期限为两年，你能够得到利息，税后的利息能购买两个汉堡包。两年之后，你收回本金，但这些钱只能购买 8 个汉堡包，这时，你依然会感到你更富有，只是不能吃到更多的汉堡包。"巴菲特认为，通货膨胀对大多数投资者均是最大的敌人，然而也有一部分人能从通货膨胀中获利。那些负担为期 30 年并且利率为 5%房屋贷款的购房人，就会因通货膨胀而获益，原因是他们的收入会增加，而必须缴纳的房贷利息却是固定的。同样，公司和企业也同样受益于通货膨胀，那些在 20 世纪 60 年代成功地说服投资者以固定利率提供资金给公司做长期运用者，也因为通货膨胀的原因，可以用比较低的成本偿还贷款利息，所以投资者是通货膨胀的最大受害者，因为实质购买力相对变小。譬如，在 20 世纪 60 年代，假如投资者用 4000 美元购买通用汽车公司债券，当时的 4000 美元能够用来买一部新车，到 20 世纪 90 年代，通用汽车公司将 4000 美元的

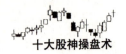

本金还给投资者时，这笔钱只能买到 1/4 台的新车。所有投资者均应当考虑通货膨胀带来的影响。据此，巴菲特热衷于投资那些具有消费者独占性的公司。巴菲特在投资这些公司的同时，通货膨胀也会让他的投资价值增长，帮助他变得富有。这就是卓越投资家的高明之处。

以巴菲特投资喜诗糖果为例：1972 年喜诗糖果的盈余约为 200 万美元，同时账面上有 800 万美元的净有形资产。巴菲特的伯克希尔公司在 1972 年花了 3500 万美元购买喜诗公司。巴菲特如此分析：假如一家经营情况比喜诗公司较差的钢铁厂，年度净利是 200 万美元，净有形资产为 1800 万美元（钢厂设备成本比制糖业高）。这样两个不同性质的企业一样都年度赚取 200 万美元利润，然而不同的是喜诗公司以 800 万净有形资产就创造了 200 万美元的净利，而钢铁厂却以 1800 万美元净有形资产才创造出 200 万美元利润。

加上通货膨胀的因素，假设未来 10 年，产品价格、销售数量以及利润都会成长，因为消费者的薪水增长，两家公司净利会变成 400 万美元。但是设备更新的过程中，喜诗公司只需要花费 1600 万美元，而钢铁公司则需要花费 3600 万美元，因此在通货膨胀的周期下，很多企业会受到伤害，但那些具备消费独占性的公司却不会受到损害，反而还能从中受益。

通货膨胀就是普遍性的物价上涨，当前的中国大众对此深有感触。但是，通货膨胀到底对于股票投资收益有何影响呢？答案非常明显，它造成了实际收益状况的不同，由于资金价值与时间之间的非线性关系，这种短期影响在长期内的累计差别又被加倍放大。如果以粮食价格所衡量的年通货膨胀率达到 10%，这就意味着在年初价格为 2000 元/吨一吨的粮食到年底将变成 2200 元/吨。假如我们将 2000 元存入银行，年利率是 6%，那么到年底账户总额是 2120 元，只能买到 963.64

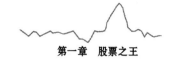

公斤的粮食，其实际购买力在这一年之内便下降了 3.56%。

通货膨胀对股票投资的影响也是这个道理。因为我们最终需要将在股票市场上得到的收益按照通货膨胀率折算成实际收益，这类似于实际利率降低带来的影响，从而使得长期收益产生很大的实际差别。此外，通货膨胀与股市涨跌又总是连在一起的。通常来说，通货膨胀归根到底还是由于国家投放的货币过多，因而通货膨胀与股票市场的上涨通常相生相伴。通货膨胀期间股票市场一般上涨得很快，股票市场上涨得较快的时候其他资产市场的价格上涨也会慢慢地赶上来。因为股票市场越来越难赚钱，资金当然就会转移到其他市场，从而拉动其他市场价格上涨，最后形成一般性物价上涨，甚至是严重的通货膨胀。因此，巴菲特很注重经济周期在股票选择过程中的重要作用。一个国家的经济状况，一般会呈现一定的周期性规律，就像企业具有生命周期一样，就像我们人类也具有生物钟一样。无论是中国经济还是美国经济，无论是一国经济还是全世界经济，均会按顺序经历萧条、复苏、高涨以及危机四个阶段，每一个阶段有着各自不同的特征，又相互承接，共同构成连续的经济变化过程。股票价格也会在各个阶段呈现出不同的价格走势，因为它们对应的公司在不同的经济阶段的收益会有明显的差别。有的时候，这种差别非常大，甚至导致股票价格差之千里。譬如，在经济危机到来的时候，即使是较好的公司，也可能因为外部环境的恶化而出现经营困难，甚至面临倒闭破产的风险。这时，公司就不得不进行重组或者并购，整合业务、产品和管理等以求适应市场变化的需要。该股票也就可能出现一落千丈的情况，而这恰好是股票价值投资者的进入并据此获取高额回报的好时机。

综观巴菲特的几次重大投资，都是在经济处于萧条或者危机中适时介入的，譬如 1976 年、1990 年以及 2003 年初都是全球经济，尤其是美国经济处于困难的时候。正是这些投资，为长期投资的巴菲特创

造了巨大的、不同寻常的收益。

5. 从合适的机会中套利

善于套利又是巴菲特的另一项特殊才能。也就是他所说的"转机获利"。他认为，假若你有把握在短期套利中获得短差，就能够考虑买入这样的股票。若每一笔交易对你均有利，便会积少成多，进而使你获利相当可观。巴菲特通常利用这种手法进行短期套利，并获得丰厚的利润。

巴菲特喜欢进行长期投资，然而假如没有机会进行长期投资，那么他就会寻找套利机会，或者说转移获利机会，套利能够为他提供比其他短期投资更大的得到现金资产的空间。

套利事实上就是一项掌握时效的投资。它是指在一个市场上购买证券，同时又能立即在其他市场上卖出，通过两个市场间的价差变动来获利，与绝对价格水平关系不大。其目的就在于赚取市场差价。

譬如说，若某公司的股票在伦敦市场每股为 20 美元，在东京市场每股为 20.01 美元，那么套利者可以购买伦敦股市的股票，然后把相同的股票在东京股市销售，借此获利。在这个案例中，套利者没有任何资金的风险，只是利用各地市场之间的差价从中获得利润。因为这些交易并没有承受风险，因此被称为无风险套利。

此外，具有风险的套利，是以公开的价钱买卖证券来获利。最典型的风险套利，是以低于企业的未来价值来购买股票。这个未来价值一般是根据企业的购并、清算、股票收购或者改组。套利者所面对的风险是企业未来股票价格的不确定性。

早期，巴菲特每年均以 40% 的资金用于套利。值得一提的是，1962 年美国股市纷纷下跌的时候，巴菲特就是通过套利方式渡过了这一段最困难的时期。当年道琼斯工业指数下跌 15.6%，而巴菲特的年

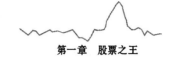

收益率却高达 20.4%，超出市场平均业绩 36%。

因此巴菲特说，公司转手、重整、合并、抽资以及对手接收的各关口是套利的好机会。

假设 A 公司宣布在将来的某一天，以每股 100 美元的价格卖出所有的股票给 B 公司，套利者如果在转移日以前，以每股 70 美元买入股票，则能够获取每股 30 美元的价差。可问题是，套利者如何掌握时机，以 100 美元的价格卖出并每股获利 30 美元。

因此，最大的关键就在于时间。收购日期与转移日期间相距越长，套利者的回报率就越小。那么，投资者怎样评估套利条件呢？巴菲特认为应该把握好下面四个问题。

（1）承诺的事情果然发生的可能性有多大？

（2）投资的钱会被锁住多长时间？

（3）出现更好的事情的可能性有多大？譬如，一个更有竞争力的接管出价。

（4）假如因为反托拉斯诉讼、财务上的差错，等等，事情没有发生会怎么样？

从事这种类型的投资是要承担一定的风险的。巴菲特规避风险的方法之一，就是只有当出售的消息已经公布之后，他才会进行投资。在经历了数百次套利/转机获利之后，巴菲特发现，25%的年收益率通常比 100%的年收益率更加有利可图，也就是说，具有更多的可能性。华尔街的投资家会利用谣言的力量，而巴菲特只会在出售或并购宣布之后才进行投资。

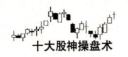

三、巴菲特操作技巧

1. 巴菲特选股的标准

巴菲特是一个超一流选股大师，那么，他是怎样选股的呢？他的准则是，从长期稳定的产业，从中寻找出具有持续竞争优势的企业。

巴菲特说："投资的精髓，无论你是看企业还是股票，要看企业的本身，看这个企业未来五年十年的发展，看你对企业的业务了解多少，看管理层是否喜欢并且信任，假如股票价格合适你就应该持有。"具体来说，巴菲特在选股时，有八条标准。

第一，必须是消费垄断企业。巴菲特说："一座城堡似的坚不可摧的经济特许权正是企业持续获取超额利润的关键所在。"他认为，一项经济特许权的形成，来自于具有以下特征的一种产品或服务：①它是消费者需要或者期望得到的；②被消费者认定为找不到非常类似的替代品；③不受价格上的管制。

以上三个特点的存在，将会体现为一个企业能够对所提供的产品和服务进行主动提价，从而获得更高的资本报酬率。企业经营领域的排他性，能保证未来垄断利润的长期独享。

第二，企业要有好的发展前途。人们将巴菲特称为"奥马哈的先知"，因为他总是有意识地去识别企业是否有好的发展前途，是否在将来25年里继续保持成功。巴菲特经常说，要透过窗户向前看，不能看后视镜。预测企业未来发展的一个办法，是计算企业未来的预期现金收入在今天值多少钱。这是巴菲特评估企业内在价值的方法。然后他

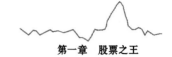

会寻找那些严重偏离这一价值、低价出售的企业。巴菲特认为凡是投资的股票应该是自己了解得非常清楚，并且是具有很好行业前景的企业。

第三，企业有稳定的经营史。巴菲特说："研究我们过去对子公司与普通股的投资时，你会看到我们偏爱那些不太可能发生重大变化的企业和产业。""经验表明，盈利能力最好的企业，经常是那些现在的经营方式与五年前甚至十年前几乎完全相同的企业。"他认为，长期稳定的老字号公司，依然拥有最好的盈利能力，将来不会有太多变数。

第四，具有优秀管理者的企业。巴菲特说："我们持续受惠于这些所持股企业的超凡出众的经理人。他们品德高尚、能力出众、始终为股东着想，我们投资这些企业所取得的非凡的投资回报，正好反映了这些经理人非凡的个人品质。"他认为，公司的管理层是经常会发生变动的，而经营策略有时也会表现得朝令夕改，毫无理性可言，然而消费者对好的产品和服务的需求是永远不会变的，在一个大众具有迫切需求的行业，只要管理者不犯过于愚蠢的错误，常常会使企业获得很好的收益，起决定性的作用必然是好的行业，倒并不一定是管理者的超人的智慧。巴菲特反复强调这点："良好的管理记录与其说是你很有效率，倒不如说是因为你上了哪条船。当有着杰出名声的管理人员要去对付前程黯淡、管理混乱和声名狼藉的企业时，不变的只会是企业的名声。假如你发现自己在一艘长期漏水的船上，那么造一艘新船要比补漏洞有效得多。优秀的骑士会在好马，而不是衰弱的老马上充分发挥。我对这种观点从未改变。"

第五，企业具有强大的竞争优势。巴菲特认为持续竞争优势是投资分析的最关键之处。1999 年，他在《财富》杂志写的文章中说："对于投资来说，关键不是确定某个产业对社会的影响力有多大，或是这个产业将会增长多少，而是要确定任何一家选定的企业的竞争优势，

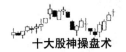

而且更重要的是确定这种优势的持续性。那些所提供的产品和服务具有强大的竞争优势的企业能为投资者带来满意的回报。"2007年，巴菲特指出，真正的持续竞争优势只有两种，即成本优势与品牌优势："企业要想取得持久的成功，最重要的是要拥有让竞争对手看见了就害怕的竞争优势，要么是像 GEICO 保险与 Costco 超市那样保持低成本，要么是像可口可乐、吉列以及美国运通公司那样拥有强大的全球性品牌。这种令人望而生畏的高门槛对企业获得持续成功相当重要。""我关注公司的长期竞争优势，只有这是可以持续的。我必须了解他们销售什么、大家为什么购买他们的产品，以及大家为什么还购买其他企业的产品。"所以巴菲特偏爱那些能对竞争者构成巨大"经济屏障"的企业。这不一定意味着他所投资的企业一定独占某种产品或某个市场。譬如，可口可乐公司从来就不缺竞争对手。可是巴菲特总是寻找那些具有长期竞争优势、使他对企业价值的预测更安全的企业。20世纪90年代末，巴菲特不愿意投资科技股的一个原因就是：他看不出哪个企业具有足够的长期竞争优势。

第六，经营效率高、收益好的企业。巴菲特说："对企业经营管理业绩的最好衡量标准，是否能获得较高的权益资本收益率，而不是每股收益的增加。"衡量内在价值，即权益资本收益率，是未来企业创造价值的核心。巴菲特更喜欢用股本收益率来衡量企业的盈利状况。股本收益率是用企业净收入除以股东的股本，它衡量的是企业利润占股东资本的百分比，能够更有效地反映企业的盈利增长状况。根据他的价值投资原则，企业的股本收益率应该不低于15%。在巴菲特持有的上市公司股票中，可口可乐的股本收益率为30%，美国运通公司高达37%。

第七，企业的现金流量充裕。巴菲特说："真正能够让你投资赚大钱的企业，大部分都有相对偏高的利润率。往往它们在业内有最高的

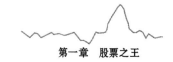

利润率。"因此他选股的时候，还尤其注重企业的现金流量，拥有充足的现金流的企业通常都是那些经营良好、管理有方的企业。好的企业通常能够有效地运用这些现金，譬如偿还并降低企业的负债，或者回购企业在外的流通股，进而提高股东回报率。巴菲特认为，企业的价值等于企业未来自由现金流量的折现值的总和，因此现金流是巴菲特最关注的指标之一，持续产生大量现金流也是好企业的标准之一。现金流一定程度上反映了企业运作的健康状况，现金流持续较差的企业可能存在经营上的问题，通过观察现金流有可能发掘出蕴藏在良好财务数据下的潜在风险。

第八，股票价格必须合适。巴菲特说："在价格不确定之前，我们不希望浪费自己与对方太多时间。"巴菲特不仅致力于挑选获利水平高于平均水平的企业，且也要求在其市场价值低于内在价值时购买。而他一般会以小股东身份，在市场低吸股份，或者等待股市把股票交出来，避免股价遭市场人士炒高。

2. 运用逆向操作法

巴菲特通常选择逆向操作，譬如在大多数人惊慌失措之时，反而大量买入，因为这时正是对这种绩优又低价的公司进行投资的有利时机。比如，大家总想迅速致富，因此在利多时买进，在利空时卖出，这样的大众心理已经违背了投资的本意，而只在乎数字的涨跌，通常会再错估股票的真实价值，巴菲特深知此理，因此他经常能买到被低估的股票，并长期持有30多年，等别人用天价向他购买的时候，才决定卖出。

正是逆向操作的缘故，在股市处于多空的时候，则是巴菲特的进场时机，只要深知公司的体质良好，就能预期将来有反弹的时机，当大多数的投资者因为股市萧条而勒紧现金的时候，最佳的买点通常会

在这时出现，巴菲特就是深知多空循环的秘诀，才可以稳当并且持续获利。

事实上逆向操作的关键是在大家都非常看淡的时候你要看好，比如巴菲特讲的大家疯狂的时候你很悲观，人家悲观的时候你很兴奋，疯狂地买。每隔几年便会有这样一个转折点——退场的点与进场的点，只有此时逆向操作才能成功，但是长期的上升阶段与下跌阶段均需要做顺向操作。转换如同《易经》里面的八卦图从黑变到白，从白变到黑，只是这一瞬间，出现两个拐点，此时才做逆向操作；否则绝对多数时间还是在做顺向操作，就像黑是黑，白是白那样。这就是证券市场周期性的规律。

巴菲特根据人性的特点发现，证券市场最容易犯的错误有两种：一种是过于恐惧；另一种是过于贪婪。"在投资世界，恐惧与贪婪这两种传染性极强的流行病，就会一次又一次突然暴发，此现象永远存在。"

由此确定的是，恐惧与贪婪必然会一再发生，必然会引起股票的价格与价值的严重偏离。但无法确定的是什么时候会发生，以及发生时后果有多严重。

巴菲特第一次遇到大牛市的时候，他的决定则是退出市场。

1968 年，美国股市内的交易量达到了疯狂的地步，日平均成交量多达 1300 万股，较 1967 年的最高纪录还要多 30%。股票交易所被大量的买卖单据忙得喘不过气来，这是有史以来第一次。这种情况持续了好多天。到 1968 年 12 月，道琼斯指数上升到 990 点，1969 年又爬升到 1000 点以上。

在 1969 年 5 月，巴菲特非常担心所得的盈利付之东流，他最后拿定了主意，作了一个不同寻常的决定，宣布解散他的私募基金。当股市正在牛市的高潮时，他却宣布退出："我难以适应这种市场环境，同时我也不希望去参加一种我不理解的游戏，而使自己像样的业绩遭受

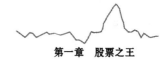

损害。"

实际巴菲特这个决定是非常明智的。到 1970 年 5 月，股票交易所的平均每种股票较 1969 年初下跌 50%。

巴菲特第二次遇到大牛市的时候，他的选择是将大多数股票卖出。

1972 年，美国股市又迎来一个大牛市，股票价格大幅度地上涨。当时几乎所有投资基金均集中投资到一群市值规模大的、公司声名显赫的成长股上，比如柯达、施乐、宝丽来、雅芳和得克萨斯仪器等，它们被称为"漂亮 50 股"，平均市盈率上升到天文数字般的 80 倍。

因股价过高，巴菲特难以买到股价合理的股票，十分苦恼。那时候，巴菲特的伯克希尔公司证券组合资产规模达到 1 亿多美元，巴菲特却大量抛出股票，在股市上仅仅保留了 16% 的资金，将 84% 的资金转移到债券上。

1973 年，"漂亮 50 股"的股价大幅度地下跌，道琼斯指数也不断地下降，股市摇摇欲坠。那些 1969 年上市的公司眼睁睁地看着自己的股票市值下跌了 50%。

1974 年 10 月初，道琼斯指数从 1000 点狂泻到 580 点，美国几乎每只股票的市盈率均是个位数，这在华尔街极其罕见，无人想再继续持有股票，每个人都在抛售股票。

在股市一片悲观声中巴菲特却高声欢呼。他在接受《福布斯》的记者访问时说："我觉得我就像一个极其好色的小伙子来到了女儿国，投资的时候到了。"

巴菲特上一次遇上大牛市是 1999 年，标准普尔 500 指数上涨 21%，但巴菲特却亏损 20%，不仅仅输给了市场，而且输得很惨，相差 41%，这则是巴菲特 40 多年里业绩最差的一年。

从 1995 年至 1999 年美国股市上升近 150%，是一个从来没有过的大牛市。最重要的推动力是网络与高科技股票的猛涨。而巴菲特并没

有购买高科技股票，继续持有可口可乐、运通和吉列等传统行业企业股票，结果在 1999 年牛市达到最高峰的时候大败给市场。

然而巴菲特不为所动："1999 年我们的股票投资组合几乎没有任何变动。这一年有几家我们重仓拥有的公司经营业绩非常令人失望，尽管这样，我们依然相信这些公司拥有非常出众的竞争优势，而且此优势可以长期持续保持，而这种特质是获得长期良好投资业绩的保证。偶尔有些时候我与芒格相信我们可以分辨出一家公司究竟有没有长期持续的竞争优势。然而在绝大多数情况下，我们根本无法，起码是无法百分之百确定。这正是为什么我们从来不投资高科技公司股票的缘故。尽管我们也同意高科技公司所提供的产品和服务将会改变整个社会这种普遍观点。然而在投资中我们根本无法解决的一个问题是，我们没有能力断定，在高科技行业中，究竟是哪些公司拥有真正长期可持续的竞争优势。"

在 1999 年度大会上，许多股东们纷纷指责巴菲特，几乎所有的传媒都说股神巴菲特的投资策略过时了，然而巴菲特依旧不为所动。

其实巴菲特早在伯克希尔 1986 年报中便清楚地表达了他对大牛市的看法："还有什么比参与一场牛市更令人兴奋的，在牛市中公司股东获得的回报变得与公司本身缓慢增长的业绩完全脱节。可是，不幸的是，股票价格绝对不可能无限期地超出公司本身的价值。事实上由于股票持有者频繁地买进卖出以及他们承担的投资管理成本，在很长一段时期内他们总体的投资回报一定低于他们所拥有的上市公司的业绩。假如美国公司总体上实现约 12% 的年净资产收益，则投资者最终的收益一定低得多。牛市可以使数学定律失去光彩，但无法废除它们。"

事实证明，巴菲特是非常正确的。

2000 年、2001 年、2003 年三年美国股市大跌 9.1%、11.9% 和 22.1%，累计跌幅超过 50%，而同期巴菲特业绩却上升 30% 以上。

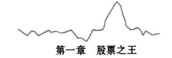

大家不得不佩服巴菲特的长远眼光，也不得不承认长期来说价值投资策略能够战胜市场。

因为大牛市不可能长久持续与此下去，过高的股价最终一定回归于价值。

巴菲特告诉我们，运用市场波动赚钱的方法却始终如一："在别人恐惧的时候贪婪，在别人贪婪的时候恐惧。"

当别人过于贪婪的时候，市场就会明显被高估，此时你要怀有一颗恐惧之心，不要轻易买入；当市场过于恐惧而且过度打压股价的时候，会造成很多股票股价被严重低估，别人都恐惧得不敢买入，此时你反而要大胆贪婪，逢低买入。

请牢记巴菲特的投资信条："在别人贪婪的时候恐惧，在别人恐惧的时候贪婪。"

3. 巴菲特如何选择买入的时机

近来巴菲特总结归纳他的投资心得时说：投资者不需要在证券市场上经常出没。在发掘好股票时，要等待好时机买进才能做长期持有的策略，这样获胜率自然高。他认为，要用好的价格购买好的公司，需要很大的耐心与更长时间的等待。为了等待一个好的购买时机，巴菲特能够花上几年甚至几十年的时间。

（1）股市下跌甚至低迷时是购买的好时机。巴菲特非常喜欢大跌，因为大跌才有机会大量低价购买好股票，才有可能将来赚大钱。他认为，股市狂跌是以较大安全边际购买股票的最好时机。2010年3月1日巴菲特接受CNBC专访的时候说："我总是在一片恐惧中开始寻找。假如我发现一些看起来很有吸引力的投资目标，我便会开始贪婪地买入。"对于巴菲特而言，股市下跌反而是重大的好消息。他说，只有市场极度低迷，整个企业界普遍感到悲观的时候，获得超级回报的投资

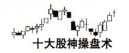

良机才会出现。

极度低迷的股市，普遍悲观的企业，不正是混水吗？超级回报的投资良机不正是巴菲特想摸的大鱼吗？

巴菲特并未想到，2008年爆发全球金融危机，整个证券市场之水突然十分混浊，近乎黑暗，巴菲特却趁机摸到几条很大的鱼。

他在2009年报致股东的信中说："2008年初，我们拥有443亿美元的现金资产，此后我们还留存了2007年170美元的营业利润。可是，到2009年底，我们的现金资产减少到了306亿美元（其中80亿指定用于收购伯灵顿铁路公司）。在过去两年金融市场一片混乱当中我们却大规模投资。过去两年对真正的投资者而言是最理想的投资时期，恐惧气氛反而是投资者的好朋友。那些只在市场分析人士作出乐观评价时才买入的投资者，为了毫无意义的保证付出了过高的价格。最终在投资中起决定作用的是你支付的价格和这个公司在将来十年或者二十年的盈利之间的差额，无论你是整体收购，还是只是在股市上买入这家公司的一小部分股份。"

巴菲特先抓到了三条大鱼。他在2008年报致股东的信中说："2008年我做得非常成功的股票投资是，买进箭牌口香糖公司、高盛公司以及通用电气公司三家发行的共计145亿美元的固定收益证券。"

巴菲特深知，必须等到所有人开始疯狂卖股票，而不是在大家都买股票时跟进。巴菲特所有成功的投资标的，均是在市场上充斥利空消息时买进的——他喜欢在股价下挫到谷底时买进。他之所以这么做，是因为他曾经深入研究商业世界的运作，深知哪些公司能在遭到重大危机时逢凶化吉，哪些则会万劫不复。他有许多为人津津乐道的投资，比如：1966年熊市来袭时大举购买迪士尼的股票；1973年购买华盛顿邮报；1981年购买通用食品；1987年购买可口可乐；1990年则是大举购买富国银行。

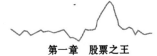

巴菲特是在大熊市的中后期开始买入，特别是这时又出现大利空或者大盘已经崩盘，更是千载难逢的购买好时机。只有在此时才能找到价值安全边际内的股票，轻松实现"潜谋于无形"。这时很多好股票的市盈率是个位数。

作为投资者，特别当下跌由股市调整所致时，"买跌"就是一个合理的策略。当然，股市可能会继续调整，进入熊市，但这常常不会发生，大多数调整会迅速停止，市场恢复。市场引起的个股价格波动给投机者与投资者均带来了机会。这些机会常常不会持续太长时间，所以，投资者必须分析目标并选股，然后快速行动。

（2）好公司出问题时是购买的好时机。巴菲特认为，当一家好公司因受到质疑或者误解，股价暂时下跌时，最适合进场买入。他说："很大的购买机会来自于好的公司被不寻常的环境所困，造成公司的股票被错误低估。"

当公司犯了错误，而当年的收益随着失误成本的上升而下降到大大低于以前估计的水平时，投资界总是立即做出降低企业管理质量评级的一致反应。结果，该年度的低收益反而会创下历史最低的市盈率，放大收益下降的影响。股价常常会下降到非常便宜的程度。而公司管理队伍如果就是曾在其他年份大获成功的那支队伍，它在未来的成败概率依然保持不变，这就是机会所在。由表现不稳定的人所领导的公司的股价，可能会在某个特殊的重大错误公之于众时跌到最低的限度。

在巴菲特购买美国运通的股票时，此公司正处于上面所说的这种情况。1964年运通公司卷入色拉油丑闻的时候，巴菲特买进1300万美元股票，占运通公司5%的股份，1966年卖出这些股票并获得丰厚的回报。

巴菲特购买富国银行的股票时，这家银行的房地产借贷业务几乎要搞垮整个公司。巴菲特购买GEICO（政府雇员保险公司）的股票时，

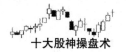

该公司发生巨大亏损而面临破产。

可以说，买入股票的好时机，通常出现在具有持续竞争优势的企业暂时出现重大问题时，此时买入具有足够的安全边际。尽管这些问题很严重，然而只是暂时的，对公司长期的竞争优势和盈利能力没有根本性的影响。随着企业解决问题以后恢复正常经营，市场重新认识到其长期盈利能力没有受到半点儿损失，股价将会大幅度地回升。企业的持续竞争优势与长期盈利能力是保障投资本金的安全性与营利性的根本所在。

（3）优质公司股价被严重低估时是购买的好时机。巴菲特还有一个重要的投资策略，就是当优质公司股价被严重低估时，才是最好出手时机。他喜欢在公司股价低于其内在价值时买入，然后耐心地等待手头股票的股价回升。也就是说，要坚持买入便宜的、打折的股票。

他认为，假如自己要买的股票价格在不断地下跌，这必须是一条好消息，因为这会降低自己购买股票的成本。不但这样，股价不断地下挫，还会使得伯克希尔公司所拥有的主要投资对象会以更低的价格回购自己发行的股票，从而间接受益。

巴菲特在买进股票时，尤其注重股票的现行价格。巴菲特的市场原则就是通过无风险利率将股息折现，从而估算出股票的内在价值，并把它跟股票的现行价格相比较，从而估算出股票的安全边际。

一旦巴菲特估算出企业的价值，下一步就是注意股票的价格。巴菲特的原则是，只有当某个企业可以以显著的折扣购得时，他才会购买。巴菲特以两种方式处理此问题：第一，他只盯住具有简单与稳定性特点的企业，以增加他正确预测未来现金流量的机会。第二，他坚持自己买入一家公司的购进价格和他计算出的企业价值之间必须要有安全边际。这个安全边际的缓冲效果将会保证投资者不受到公司未来

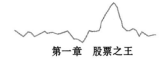

现金流量变动的影响。

尽管巴菲特声称无法准确估算出股票的内在价值，但事实上他通常可以在股票价格相对于其内在价值显著低时进入建仓，并获得丰厚的回报。譬如富国银行、华盛顿邮报等。

只购买自己了解的股票。当这只股票下挫到"相当有吸引力"的价格时就能勇敢买入了。按如此投资策略，股价下跌得越厉害，你将来的投资回报就越安全。

4. 巴菲特如何选择卖出的时机

巴菲特到目前为止经手的股票至少有上百种，可是他的大笔获利却总是来自于那些具备持续竞争优势的公司。长期投资理念使他总是不轻易抛售手中的任何股票。用巴菲特的话来说就是"对于一家好公司的股票，我会持有 10 年甚至更长的时间；而对于一家伟大的公司，我会永远持有"。

当然，他并不是死守长线而不知变通，一旦股价过高，投资目标获得实现时，他也会抛售股票。实际上，他认为只有少数的股票才值得如此做。巴菲特认为，要卖出，首选那些不再符合自己的投资标准的股票。

巴菲特认为，不符合自己的投资标准的情况主要有两种。

（1）企业内部发生了本质变化。巴菲特在 1986 年年报中公开声明，希望永久保留三种股票：美国广播公司、政府雇员保险公司以及华盛顿邮报。但在迪士尼收购了美国广播公司以后，迪士尼在网络繁荣中挥金如土，拖了发展的后腿。巴菲特从 1998 年开始减持美国广播公司的股票，1999 年几乎把持有的股票都出售了。

（2）企业所处行业的发展前景发生了巨变。巴菲特在 2006 年的股东大会上说："报纸依旧是很赚钱的，尤其是与投入的有形资产相比，

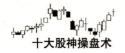

但它的发展前景就不如二三十年前那样乐观了。读者数量在逐渐地减少，长期来说，就会侵蚀报刊行业的利润。"巴菲特认为，报刊行业已经发生实质性地改变，然而股价并没有反映这一点便让人担心。巴菲特极可能会出售华盛顿邮报等报刊类公司的股票。

当企业的业绩表现不好时，最好抛售全数持股，转到新的投资机会。最明智的做法是，在发现所持股票不再符合投资标准时要果断抛售。

巴菲特关于卖出的时机选择有几条至理名言："当大家对一些大环境事件的担心达到最高点时，实际上也就是我们做成交易的时机。恐惧则是追随潮流者的大敌，却是注重基本面的财经分析者的朋友。""假如连原来不太注意股票投资者都进股市了，就表明可动用的资金差不多都进股市了，紧接着则是后继乏力，再没有资金能推动股价，股市必然下跌。反之，当绝大多数人都对股市不抱有希望，不愿意再投资股票时，想出售股票的人都抛售得差不多了，股市跌无可跌，此时只要有资金投入，就能够反弹上涨。"

巴菲特认为，什么时候卖出股票和什么时候买入股票同样重要、同样困难。在股市中流传着这样一句话：会买是徒弟，会卖是师父，要保住胜利果实，必须选准卖出的最佳时机。巴菲特就有一种气魄，该出手时一点也不含糊。当股票的市盈率达到40倍时，巴菲特做好了清仓的准备；当股票的市盈率达到50倍时，巴菲特便果断地清仓了。

从2007年7月12日开始，到中国国庆节和中共十七大召开前，巴菲特把他持有的中石油H股全部抛售（恒生指数27000点），平均价格估计在12.5港元（动态市盈率16.44倍）。更有意思的是，巴菲特清仓中石油H股之后，两个月内，2007年10月30日，恒生指数上升31638点，中石油H股创下20.25港元新高，巴菲特也向媒体承认自己抛早了。

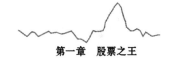

　　实际上，任何一种成功的投资策略中均有一个明确的抛出时机。人人都希望自己的股票卖个好价钱，人人均在寻找卖出股票的最高点。可是，并不是谁都可以如愿。为此，巴菲特认为，要想抓住股市"波峰"的卖出机会其实非常简单。在实践中他是按照这样的步骤操作的：

　　第一步，确定股市的波峰与波谷。股市的走势呈波浪式前进，就像大海的波浪那样，大市与个股的走势也有底部与顶部之分。所以，你必须找到这两个点。当然，若你能够准确分析，找到确切的最高点或者最低点，那是最好。不过大多数人在大多数时间内是无法做到这点的，就连巴菲特也无法做到。因此，他这样认为，自己不一定能够找到极致点，也不需要找到，只要在次高点或者次低点交易就行了。而这两个点是一般人均能够把握的。

　　第二步，加以理性分析。通常，当大市与个股在一段时间里有较大涨幅时，就算没有政策的干预或者其他重大利空，技术上的调整也是必要的。一般来说，涨幅越大，其调整的幅度也就越大。当大市与个股上涨到顶部时，及时抛售股票，就能避免大市与个股见顶回调的风险；而在大市与个股调整比较充分以后入市，风险也就减少了。

　　第三步，时机成熟进场。在营业厅非常冷清时买入，投资者能够轻松自如地挑选便宜好货；而当营业厅挤得水泄不通的时候，虽然市场一片大好，牛气冲天，大家争相买入，但你一定要果断卖出，这样不仅能够卖个好价钱，还能够避免高处不胜寒的风险。

　　巴菲特之所以如此成功，最重要的则是他坚持理性，坚守自己的投资理念，在股市低迷的时候，趁机挑选投资对象，耐心等待机会买入；在股市疯狂上涨的时候，冷静而不贪婪，股价一旦达成自己的获利预期，便果断获利了结。

四、巴菲特操作原则

1. 千万不要亏损

巴菲特说过，股市获利的秘诀并不在于冒险而在于避险。巴菲特操作的时候有两条基本原则，第一条原则：千万不要亏损。第二条原则：千万不要忘记第一条原则。就是这些简单的原则成就了世界的数一数二的富翁！

巴菲特说："假如因投资 1 美元，损失了 50 美分，手中只剩下一半的钱，除非获得百分之百的收益，才可以回到起点。"

巴菲特最大的成就莫过于在 1965~2006 年，经历 3 个熊市，而他的伯克希尔公司仅一年（2001 年）出现亏损。

为了保证投资资金的安全，巴菲特总是在股市最亢奋、投资者最贪婪的时候保持清醒的头脑而急流勇退。1968 年 5 月，当美国股市出现一片狂热时，巴菲特却认为再也找不到有投资价值的股票了，因而他抛售了几乎所有的股票并解散了公司。结果在 1969 年 6 月，股市大跌逐渐演变成了股灾，到 1970 年 5 月，每一种股票均比上年初下跌了 50%甚至更多。

巴菲特的稳健投资策略，绝不做"没有把握的事情"的策略使巴菲特逃避过一次次股灾，也使机会来临时资本快速增值。然而大多数投资者却在不清楚风险或者自己没有足够的风险控制能力下贸然投资，或者因过于贪婪的原因而失去了风险控制意识。在做任何投资前，我们必须将风险因素放在第一位，并考虑一旦出现风险时我们的承受能

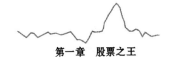

力有多大，只有这样才能立于不败之地。

那么，巴菲特的成功秘诀究竟是什么？他自己认为是因为"安全投资的极限"这一原则在指导他选择"安全投资边际"进行投资。他选股单纯是从个股基本面为出发点，极少考虑其技术面，他所选股票全部具有优质股的特征。然而，股市是变幻莫测的，当一只股票不再具有安全边际的时候，它的市值已经远远超过了公司内在价值，假如继续持有就会导致亏损，此时就需要止损。

2. 坚持长线操作，尽量少做短线

巴菲特是决心最坚定的长期投资者，在证券市场，没有人比巴菲特更以长期投资而著名。他说："我非常喜欢持有一只股票的时间是：永远。"

巴菲特认为："投资的一切秘诀在于，在合适的时机挑选好的股票以后，只要其情况良好便一直持有。"

"我与查理均希望长期持有我们的股票。实际上，我们希望和我们持有的股票白头偕老。"

"我们很喜欢购入企业。但并不喜欢出售，我们希望和这些企业终生相伴。"

据有人统计，巴菲特对每一只股票的投资至少8年，他购买7只重仓股票以后都一直持有，持有几年、十几年，甚至几十年。他持有7只重仓股的时间，要比许多人婚姻持续的时间均要长得多，他长期持有的回报率，比市场平均水平高得多。

巴菲特曾说："短期股市的预测是毒药，必须将它摆在最安全的地方，远离儿童和那些在股市中的行为如同小孩似的幼稚的投资人。"

巴菲特极力反对短线交易，认为这只是浪费时间和金钱的行为，而且会影响到投资绩效以及自己的身体。巴菲特曾说："我从不准备在

买入股票的次日就赚钱，我购买股票的时候，总是会先假设将来交易所就会关门，5年以后才又重新打开，恢复交易。"并且告诫投资者，对任何一只股票来说，假如你没有把握能持有10年的话，那么就连10分钟都不必考虑持有。

在股市中有两种对立的持股方法：长线和短线。长线是逸，选对了一只股票以后只要企业情况良好便一直长期持有。短线是劳，买入一只股票之后，依据对行情走势的判断，低吸高抛，进行波段操作。

其实长期持有就好比一生情，短线操作就好比一夜情。在生活当中，大多数人都知道应该追求一生情，然而在投资中，大多数人却喜欢追求一夜情。大多数人是短线操作，通常是今天买入，明天就卖出，只持有一夜，巴菲特称作投资一夜情，他说这些人根本不配做投资者，只是一个投机者。"考虑到我们巨大的资金规模，我与查理还未聪明到通过频繁买入卖出来获得非凡投资业绩的程度。我们并不认为其他人可以像蜜蜂那样从一朵小花飞到另一朵小花来获得长期的投资成功。我认为将这种频繁交易的机构称为投资者，就好像把经常体验一夜情的人称作浪漫主义者一样荒谬。"

巴菲特认为，长期持有要比短线频繁买卖安稳得多，却获利更多。

巴菲特说："我们长期持有的行为表明了这样一个观点，股市的作用是一个重新配置资源的中心，资金通过此中心从频繁交易的投资者流向耐心持有的长期投资者。"

然而需要说明的是，真正值得一生相守的朋友很少，真正值得一生相守的股票也很少，巴菲特一生仅仅发现了3只股票。巴菲特在伯克希尔1986年年报中说："我们能够公开声明，我们希望永久地保留我们的3只股票：美国广播公司和华盛顿邮报公司及GEICO。"后来他卖出美国广播公司股票，换成可口可乐股票。

巴菲特并不是一动不动，就好比球场上的运动员不会静止不动也

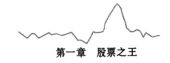
不会一直不变，而是不断地小动与小变，进行各种各样的尝试与寻找，一直到发现空当与机会。在进行重大投资行动前，巴菲特也不断地研究上市公司，与各方进行交流寻找机会，进行一些小规模的买入与卖出，对投资组合做一些微调。

大多数股票是持有几年甚至十几年之后出售，也有极少数股票买入一年之内就因公司情况变化而卖出，然而这些只是小变，通常不会大变。但大多数时间大多数股票巴菲特只是简单的长期持有，根本不做任何波段操作。

3. 投资不能超出"能力范围"

巴菲特说："我们所做的事，不超过自己的能力范围。"能力范围是巴菲特投资理念的核心理念之一。简言之，能力范围是指我们在投资中必须做那些重要的、可知的而且是自己力所能及的事情，必须按照我们自己的能力（比如知识水平、敏锐程度、可靠渠道等）与意愿理解公司及其经营环境，并选择合适的股票。

他的投资成功与失败的比例为99∶1。这样高的成功率背后，"能力范围"理念起到非常重要的作用。巴菲特所指的"能力范围"，是指"重要的与可知的事情"，巴菲特形象地将其比喻为棒球的"击球区"。

为了管理好这种认识状态，巴菲特用这些标准来衡量他的能力范围。

（1）确定了解什么，其方法是鉴别真理、真理以后的动因以及它们之间的相互关系。

（2）保证了解什么，其方法是进行一次逆向思维，来证明自己以前的结论有误。

（3）检查所了解的事情，其方法是从自己行动的结果当中挑出问题，并进行反馈。

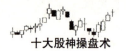

1998 年，巴菲特在佛罗里达大学商学院演讲时说道："若你不能立即足够了解自己所做的投资，那么即便你花费一两个月时间，情况并不见得会有多少改观。你应当对你可能了解的与不能了解的有一个切身体会，你应当对你的能力范围有一个准确的认知。范围的大小无关大局，重要的是那个范围内的东西。哪怕在那个范围内只有许许多多家上市企业里的 30 家企业，只要有那 30 家你就没任何问题。"

"你所要做的是必须深入了解这 30 家企业的业务，你根本不必去了解与学习别的东西。早年的时候，我做了很多功课来了解生意上的事情。我们要走出去，运用所谓（抹黄油）的方式，去跟企业的客户谈，跟企业以前的员工谈，跟企业的供应商谈，去与我们能够找到的每一个人谈。通过这种策略，你迅速就会发现谁是业界最好的企业。"

巴菲特按照自己的能力大小，把自己真正能够评估其内在价值的企业股票划到能力圈之内，自己没有能力评估出内在价值的企业，就划到能力圈之外，他将自己的投资范围只限定在能力圈之内的企业股票。

他从不投资他不了解的企业或者超出他能力范围的企业，他认为，一个人不必要在一生中多次做出正确的投资决策，事实上也不可能，做出几个正确的决策并全力以赴就能够取得非凡业绩。

巴菲特所谓的能力范围使他产生一种控制感，这是大家面临不确定情况时都希望得到的。控制感能够产生安全感，而且巴菲特的股东还是他的伙伴，加上安全边际的保护，伯克希尔公司基本上没有什么债务，所有能够想见的后果均是良性的，这就提供了安全感的第二重保证，从而使得巴菲特在"击球区"保持情绪平衡，可以客观地评价提供给他的机会，消除不确定性，大大地提高了击球的命中率，让他在资本管理方面高于平均水平并且长盛不衰。

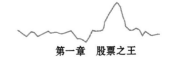

4. 不熟不做

只投资于自己熟悉的公司。这则是巴菲特的成功经验。他认为很多投资者对所投资股票公司的了解不透彻，自然只敢投资一家公司而不敢进行多元投资。然而投资的公司一旦多了，投资者对每家公司的了解程度就相对减少，顶多只能监测所投公司的业绩。所以，他奉行投资少而精的原则，主张只投资于自己真正熟悉的公司。

巴菲特是当今世界上最成功的投资家，他完全依赖于证券市场进行投资赚得了数百亿美元的财富，然而他好像又置身证券市场之外，他没有股票行情接收机也从不应用价格走势图表。他每天阅读大量的财务报表及其公司、行业的相关资料，对公司形成完整的"概念"之后，才决定是否购买或出售股票。他拒绝融资也绝不进行杠杆交易，其独特的投资理念与操作方法使其资产长达 60 多年连续增长，年复利增长超过 28%。

在巴菲特投资的过程中，他基本不直接参与投资股票的公司经营活动，然而他一直把自己当作是公司的经营者来看待。从研究财务报告和分析行业动态开始，他就始终以经营者的角度来看问题。在进行任何一项投资前，他就已经将投资对象的情况了解得非常清楚，甚至成为了这个行业的专家。

20 世纪 60 年代，电子股风行于华尔街。聪明的投资者如菲利普·费雪于 20 世纪 50 年代就开始长期投资。然而很多投资者到 10 年后才知道这是好东西。从短期来看，时势造英雄，当时的确有些基金经理因投资电子股而变得十分走红。这些基金经理的业绩远胜于巴菲特。然而巴菲特却不参与这种投机。他认为："若对于投资决策而言，某种我不了解的技术是非常重要的话，我们便不进入这场交易之中。我对半导体与集成电路的了解并不多。"所以，50 多年之前，巴菲特并没

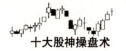

有进入电子股的投机浪潮；正像 50 多年后的今天，巴菲特也没有进入互联网的狂热之中。

巴菲特认为，在自己熟悉的领域内投资。首先这些公司的业务相对简单，通过一定的学习都可以很好地理解，甚至成为这个行业的专家；其次，这些公司的未来业绩和成长性是较易测定的，因为巴菲特所做股权的投资，追求的是长期稳健的利润。

假如巴菲特不能坚持他自己的投资理念的话，那他就不是现在的巴菲特了。

巴菲特说过，"投资过程中，不要关心您了解多少，最重要的是你要真正了解你那些不知道的东西。"关于不熟不做，大多数投资者较为认可，主要意思则是不熟悉、不了解的上市公司不去参与，将自己投资的目标限制在自己能够理解的范围之内。

实际上，"不熟不做"也是中国传统的商道。在此方面，巴菲特的投资思维与中国传统的商道并没有太大区别。根据资料显示，巴菲特的伯克希尔公司最主要的投资领域是保险业、糖果业、媒体业、非银行性金融等，其长期持有的这些股票：可口可乐、美国运通银行、富国银行、迪士尼公司、麦当劳、华盛顿邮报和吉列剃须刀，都是他非常熟悉的行业，也都是家喻户晓的世界上知名企业，这些企业的基本面很容易了解和把握。

巴菲特始终坚持"只投资自己看得明白的企业"的观点，对于前些年来很多大幅度上涨的高科技网络股，巴菲特坦承他对这一产业了解不多，因此"避开"他们。巴菲特还认为，若一个企业的年报让他看不明白，他便会怀疑这家企业的诚信度，或是该企业在故意掩藏什么信息，所以他坚决不投资。

2000 年初，网络股高潮时，巴菲特却没有买入。那时很多人认为他已经落伍了，而现在回头一看，网络泡沫埋葬的是一批疯狂的投机

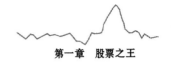

家，巴菲特再一次展现了其稳健的投资大师风采，成为最大的赢家。

因此巴菲特多次忠告投资者："必须要在自己的理解力允许的范围内投资。"投资者对不熟不做的投资理念多加利用，在操作过程中可以投资一些自己熟悉的公司，熟悉的公司主要分为三种：一是自己所在地的上市公司；二是自己所处行业的上市公司；三是基本面较为熟悉易于了解的上市公司。这些企业，投资者自己较为熟悉，在操作过程中建议投资者重点考虑。

巴菲特说："假设你是投资家，你必须会考虑你的资产——即你的公司将会怎样。假设你是投机家，你主要预测价格会怎样而不关心公司。"

熟悉的公司主要指企业的基本面信息容易收集，具体经营情况容易掌握。在收集信息过程中，大多数重要的信息均来自于上市公司的年报、半年报或者季报，巴菲特在研判相关信息的时候也有他的独特之处，他通过两方面来评估股票的价值和股价上涨的潜力，一个是对上市公司现状的分析，另一个是公司未来发展的估算。譬如投资可口可乐是 1987 年，当时对可口可乐的现状分析——可口可乐是最大的软饮料销售者，最好的品牌，最好的分销渠道，最低成本的生产商与装瓶商，高现金流，高回报，高边际利润；对可口可乐未来发展的估算——10 年之后可口可乐的收益预计达到 35 亿美元，大概是 1987 年进行分析时的 3 倍。通过研究发现该股当时具有投资价值，于是他集中投资，重仓参与，随后股价向价值回归使巴菲特管理的基金保持稳健快速增长。

第二章　金融大鳄

——乔治·索罗斯操盘秘诀

索罗斯被称为"股票天才"，是个曾创造财富增值奇迹的对冲基金经理，从 1973 年的 10 万美元到今天增长到 1 亿美元以上，平均年增长率超过 20%。他是个让很多机构与散户闻风丧胆的投机之神，他似乎具有一种超人的力量左右着世界金融市场，1992 年 9 月著名的英镑战役赢得 20 亿美元的利润，被称为"击垮英格兰银行的人"。1997 年狙击泰铢，掀起亚洲金融风暴，因而被世人称为"金融大鳄"、"国际狙击手"。历经几次动荡与危机，以自己成功的预测与业绩、独一无二的投资风格著称于世。

索罗斯成功关键：在市场转折处进出，利用"羊群效应"逆市主动操控市场进行市场投机。

索罗斯操作风格：短线投资。

索罗斯操盘的哲学：

（1）羊群效应是我们每一次投机能够成功的关键，如果这种效应不存在或者相当微弱，几乎可以肯定我们无法成功。

（2）通过对市场预期与内在运行规律的偏差之纠正的过程以达到投资获利的目的。

（3）创造利润或造成亏损的是自己，不是市场或者某些外部力量。

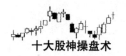

（4）进攻时必须狠，而且必须全力而为；假如事情不如意料时，保命是第一考虑。

一、索罗斯操作理论

1. 反射理论

索罗斯在几十年投资过程中总结了他应用于金融市场的两个基本原则：一是市场价格总是扭曲其背后的基本面，即不确定性原理；二是金融市场不会单纯消极地反映内在现实，它也可以影响其应该反映的所谓基本面，即反射理论。

反射理论是指观察某一投资品种时，通常都会发现某种趋势，而一旦市场开始向某个方向运动，那么在一段时间之内，此趋势通常会持续。譬如，市场给投资者某一公司"业绩好转"信号的时候，这家公司股价往往会上涨，进而公司业绩与市场股票价格相互推动，使得趋势得以持续。于是便出现了一种良性的循环，市场与现实就好比镜子那样，反映着对方的模样并相互影响。

索罗斯认为，金融市场的参与者不仅是非理性的，而且不可避免的是在他们的决策中引入某种偏见。对有偏见的判断而言，一个重要的特点就是它们不纯粹是被动的：它们能够影响事态的进程，而事态的进程刚好是有偏见的判断所要反映的事情，所以它们具有反射性。也就是说，仅仅重视基本面而不重视参与者的偏见是错误的。同时，仅仅重视参与者的偏见而忽视基本面同样是错误的。

特别是在股票市场上。市场的参与者们总是带着偏见去思考问

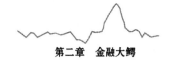

题，当看到某种股价上涨时，便疯狂购买；当看到某种股价下挫时，便大量抛出，这种跟风的后果当然非常惨，要么资金被套牢，要么低价卖出。

所以，索罗斯认为，作为一名精明的投资者，必须清醒地认识到市场参与者具有这种偏见，要正确判断偏见将会在什么时候出现，适时把握这种"市场偏见"的程度，然后正确判断逆转之势的出现时机，在逆转来临之前，能够大胆地出击，这样才能获得暴利。

索罗斯的反射理论无疑是相当有价值的。其价值并不在于如何指导我们获利，而在于对身处的市场形成一个更符合实际的认识，这个认识相当重要，没有真正有效的认识，就不可能真正地在市场中获利。

2. 羊群效应

索罗斯说过："羊群效应是我们每次投机可以成功的关键，假如这种效应不存在或很微弱，几乎能够肯定我们难以成功。"

他的投资策略是以"反射理论"与"大起大落理论"为理论基础，在市场转折处进出，运用"羊群效应"逆市主动操控市场进行市场投机。

反射理论则是索罗斯的核心投资理论，它是指均衡状态是事物发展的状态之一，然而因为在影响因素的相互作用下，大多数情况下事物发展呈现不均衡的状态。若相互作用是良性的也就是可逆的，事物发展会在发生偏离的短时间内回归到均衡状态，但若相互作用是不可逆的，那么事物发展就会出现历史性的突破。

简单来说，投资与市场之间是一个互动影响。理论根据使人类正确认识世界是不可能的，投资者是持有"偏见"进入市场，而"偏见"正是了解证券市场动力的关键所在。当"流行偏见"只属于绝少数人时，影响力非常小，但不同投资者的偏见在互动中产生群体影响力，

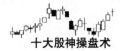

必然会演变具主导地位的观念，这就是"羊群效应"。

"羊群效应"也可以称为"从众心理"。它是指因对信息不充分和缺乏了解，投资者无法对市场未来的不确定性做出合理的预期，常常是通过观察周围人群的行为而提取信息，在这种信息的不断传递中，很多人的信息将大致相同并且相互强化，进而产生一种从众行为。"羊群效应"是由个人理性行为造成的集体的非理性行为的一种非线性机制。

经济学里通常运用"羊群效应"来描述经济个体的从众跟风心理。羊群是一种非常散乱的组织，平常在一起也是盲目地左冲右撞，但一旦有一只领头羊动起来，其他的羊也会不假思索地一哄而上，全然不顾前面可能有狼或不远处有更好的草。所以，"羊群效应"就是比喻人都有一种从众心理，从众心理极容易造成盲从，而盲从通常会陷入骗局或遭受失败。

"羊群效应"的出现通常在一个竞争很激烈的行业上，而且这个行业上有一个领先者（领头羊）占据了主要的注意力，那么整个羊群便会不断地模仿这个领头羊的一举一动，领头羊到哪里去吃草，其他的羊也去哪里吃草。

那么，索罗斯利用"羊群效应"在股票市场的具体做法：在将要"大起"的市场中投入庞大资金引诱投资者一起狂热买入，从而带动股价暴涨，一直到股价走向疯狂。在股市行情将要崩溃的时候，率先带头抛售做空，"头羊"的举动必然引起投资者"从众心理"的恐慌性抛售，从而造成股价暴涨暴跌，一直到崩盘为止。在涨跌的转折处进出来获取投机差价。

3. 盛衰理论

索罗斯的"盛衰理论"是建立在"反射理论"基础上的股市波动

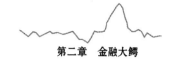

模式，是他对暴涨暴跌现象的独特认识，又称为"盛衰相生"理论。股市的盛衰通常由人们市场偏见的变化所造成的，不断地聚集则形成市场的盛或者衰。

索罗斯曾如此说："只有在市场价格影响了被认为反映在市场价格上的所谓基本面时，盛衰过程中才会出现。"

他认为，股市本身具有自我推进现象。当投资者对某家企业的经营充满信心，便会大量买进该企业股票。他们的购买会使该企业股票价格上涨，于是企业的经营活动也更得心应手：企业可以通过增加借贷、出售股票和根据股票市场的购并活动获得利润，更容易满足投资者的预期，使得更多的投资者加入购买的行列。但同时，当市场趋于饱和的时候，日益加剧的竞争损害了行业的盈利能力，或是市场的盲目跟风行为推动股价不断地上升，会造成股票价值被高估，而变得摇摇欲坠，一直到股票价格崩溃。索罗斯把这种开始时自我推进，而最终又自我挫败的联系称之为"相互作用"。正是这种相互作用力造成了股票市场盛衰过程的出现。

索罗斯投资理论的重要实用价值在于其利用盛衰理论，以发掘过度的市场，跟踪市场在形成趋势之后，由自我推进加强最后走向衰败的过程，而发现其转折点正好是能够获得最大利益的投资良机。

索罗斯提出了盛衰理论如下六个阶段：

（1）初始阶段。市场走势还不明朗，无法判断，流行"趋势"与流行"偏见"相互作用、彼此补充。

（2）自我强化阶段。趋势已经确定，大众开始跟风，并开始自我强化。随着盛行"趋势"与人们的"偏见"相互促进，"偏见"更加夸大，达到一定程度，不平衡状态便产生了。

（3）考验阶段。"偏见"与实际情况差距越来越大，趋势与偏见遭受各种冲击检验。

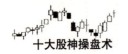

（4）加速阶段。经过考验之后，趋势与偏见仍然存在，那就表明它们可以经受外界冲击，从而加强其可信度。索罗斯称之为"无法动摇的"。

（5）高潮阶段。随着事态发展，真相渐渐显现，认识与现实之间开始出现差距且裂缝也在扩大。这时，大家的偏见也越来越明显。这一段时间是真相大白时期，事态的发展基本达到了顶峰。

（6）衰落阶段。顶峰过去之后，事态开始反转，出现连续上升或者连续下挫的势态。

当信念不再强化趋势，整个过程就开始停止不前，失去信念会使趋势反转，并且这个过程会达到索罗斯所说的交叉点。于是市场向相反方向前进，便会出现索罗斯所称的灾难性的暴涨或暴跌。

索罗斯强调，当某一趋势延续时，为投机交易提供的机会大增。对市场走势信心的失去使得走势本身发生逆转，而新的市场趋势一旦产生，便会按照其自己的规律开始发展，而索罗斯的成功之处在于他可以很准确地把握住由盛转衰（或由衰转盛）的时机。

索罗斯在实践中被认为是逆向操作者，但承认他与大众为敌的时候总是小心翼翼。虽然绝大多数时间他会跟着趋势走，但却一直在寻找趋势的转折点，只有这时与大众为敌才有意义。

把握盛衰发生的时机也十分关键，因为此时通常是市场主流偏向强烈的时候，杀伤力也是较为强烈的，只有采取适当的投资策略，有计划建仓，才能充分地应用这种不稳定的市场状态所带给我们的投资机会。

成功投资的秘诀就在于认识到形势变化的不可避免性，及时确认发生逆转的临界点。

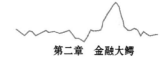

4. 无效市场理论

传统的经济学家认为证券市场是具有理性的，它的运作有其内在的规律性。因为投资者对上市公司的情况可以获得充分的了解，因此每只股票的价格都能够通过一系列理性的计算获得精确的确定。当投资者入市操作的时候，能够按这种认知理智地挑选出最好的股票品种进行投资。而股票的价格将与企业未来的收入预期保持理性的相互关联，这则是有效市场假设，它假设了一个完美无缺的、非常理性的市场，也假设了所有的股票价格均可以反映目前可掌握的信息。此外，一些传统的经济学家还认为，证券市场总是"正确"的。市场价格总可以正确地反映未来的发展趋势，即使这种趋势依然不明朗。

索罗斯通过对华尔街的考察，发现过去的那些经济理论是不切实际的。他认为，证券市场的运作方式注定它是无效市场，即非理性。根据有效市场理论对行情的判断依据也是靠不住的，运用和把握了无效市场所提供的投资机会。

无效市场理论是建立在索罗斯的哲学研究基础上。他认为人们的认知并不能达到完美，所有的认识均是有缺陷的或者是歪曲的，大家依靠自己的认识对市场加以预期，并与影响价格的内在规律和价值规律相互作用，甚至市场的走势操纵着需求与供给的发展，因而他便获得这样一个结论，我们所要应对的市场并不是理性的，是一个无效市场。

这种理论跟传统的经济学理论是互不相容的，有效市场理论认为，市场的运转有它自身的规律性和理性，市场的发展最终会走向一个平衡点，而达到这个平衡点的前提条件，一是人们可以在任何指定的时间完美地掌握市场信息，二是市场价格可以反映所有有效的信息。

一般来说，大部分分析师接受有效市场理论便于自己所掌握的信

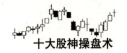

息以及对当前价格分析，并强化了目前趋势的发展，在大家的推波助澜之下，使得市场更会趋于非理性，从而成为无效市场。受资金操纵、逼仓以及指数基金运用农产品期货进行保值、对冲基金的交易行为等所引起的市场过度行为，我们不能说是往市场的平衡点靠近，更不要对这种市场横加指责，因为按索罗斯的观点，此时的市场正好是无效市场特征——非理性表现最为突出的阶段，因此这时分析师对行情的判断依据也是靠不住的。

他认为市场从来没有正确时，差别只是有的时候错误程度小一些和似乎看上去近似有效，有的时候错误程度非常严重，从而产生最大的投资机会。

索罗斯认识并充分地运用市场的无效性，从而为他的投资提供了重要的前提条件。所以，他注重寻找市场机制中的无效性、关注市场制度中的漏洞，来寻找重大的投资机会。

二、索罗斯盈利法则

1. 寻找市场错误，赚大钱

索罗斯的盈利模式是利用市场无效与错误。这是他长期成功的根本原因，他最核心的投资基础理念和成功原因是，建立在承认并对市场错误与无效的利用上。

索罗斯把利用市场错误作为核心投资根据和原则，他寻找市场错误，抓住市场错误，在市场错误低估的时候买进，在市场错误高估的时候出售，由此大获其利。

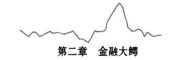

索罗斯在接受采访时曾经如此说道："当前有一句流传很广、家喻户晓的谚语——市场总是对的。我假如持相反的观点，我可以假设市场总是错误的。即使我的假设偶尔也会是错的。我还是把它视为一个行之有效的前提来进行使唤。"

从这段话中我们能够发现索罗斯的观点：市场永远是错误的。而大多数投资者认为市场是正确的，他们总是陷入在市场迷惑之中，想从中寻找一劳永逸的规律。然而索罗斯刚好相反，他总是在市场中寻找机会——错误，然后根据其错误反其道而行。在投资过程中便全力对付市场的错误，并且从中挖掘投资机会。

在索罗斯早期资金规模不大的时候，他主要是做个股，个股价格处于错误或低估的时候买进，高估时卖出，当索罗斯资金达到百亿美元的时候，因为个股难以提供大量的流动性，于是索罗斯转向宏观投资，他不断地在全球范围内寻找由于某种原因所导致错误的高估或者低估，然后反向操作。索罗斯的每次操作均是先发现一个无效的市场错误，接着反向参与进去从中获利。

索罗斯之所以能有这样神奇的预测能力，获胜率很高，是因为他利用市场的错误，准确地把握好了市场的拐点。索罗斯认为，证券市场有其独特的运行规律，但投资决策的投资者们具体进行操作时，因为"身在此山中"，无法准确、客观地按照资讯判断市场行情，会出现各种决策偏差。这偏差一旦形成"三人成虎"的合力，就驱使证券行情大起大落，大幅度地偏离自然规律，最终形成"羊群效应"。而市场参与者早晚会卷入这场风暴，加速"三人成虎"和"羊群效应"往反方向上演，从而促使这种大起又大落的循环。

索罗斯运用市场的错误而大获其利，这对大多数投资者是具有启发意义的。投资者也能够利用市场的错误为自己获利，但是如何去判断"市场大趋势"呢？一般的判断是不准确的，而且较为困难，但突

发性的崩溃、延续性的趋势突然加剧，均可以看作市场过度反应的例证。这样的市场机会，每年均可能发生。市场心理是由投资者的心理组成的，市场价格只是表现了投资者对某种证券未来价格的预期。一旦心理发生变化，市场价格走势便会产生巨大的波动。

所以，投资者要想在股市中大显身手，就应当看准股市的重要拐点，找到由盛而衰的关键点。

2. 从垃圾股中掘金

索罗斯的所有投资理论几乎均与市场的不稳定状态相关。其中对宏观因素的深入分析、变化多端的投资技巧以及各种投资理论均是由于对混乱的认识，只有这种混乱才能使投资者从中把握机会，也只有这种混乱市场才可能出现将黄金看作是垃圾的现象。索罗斯就是要在这种混乱市场中，将那些蒙着很厚尘沙的黄金从垃圾堆里提炼出来。

20 世纪 70 年代初期，粮食市场是一个相当冷门的市场，几乎没有投资者去关注这个行业的股票，跌落不升的股市让所有的投资者对粮食企业股票的前景感到十分失望，这类行业的股票也渐渐成为市场的垃圾。1972 年，索罗斯出乎意料地大量买进粮食加工企业、农业设备企业以及化肥生产企业的股票，不久之后，这类股票在政府的大力扶持下持续上涨，索罗斯从中得到丰厚的利润。这是索罗斯早已就看好的一类股票，他提前跟踪粮食市场的变化，发觉气候变化异常将会导致世界性粮食的减产，将来粮食危机会对美国粮食的出口很有帮助，政府扶持业绩好的粮食企业成为可能。果然不出所料，在很多国家受到气候影响粮食大量减产的情况下，美国马上采取措施加大出口量，许多粮食企业受到政策的扶持，也出现一片兴旺的景象。

索罗斯在这次粮食股票大获其利之后，再次做出让投资者普遍认为是精神病的投资，就是拾捡当时的电子垃圾股。华尔街大多数的投

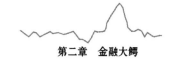

资家当时对他的投资十分不解，首先，他们不知道电子元件是用于什么之上，有多大用处；其次，当时的市场电子股票几乎都是垃圾，并且看不出它会有什么发展的前景。因此华尔街的投资家们都认为，索罗斯这次不会像买粮食股票那么幸运了。

事实证明索罗斯的判断是准确的，电子企业垃圾股不久就成为香饽饽，股价突然之间暴涨，被投资者疯狂购买。五角大楼的将军们为了保证军事上的绝对优势，便大批地购买电子设备和产品，电子工业一下子发展起来。

拾捡垃圾股，以最小的成本获得无数倍的收益，是任何一个投资者梦寐以求的愿望，却不是随随便便一个投资者可以掌握的技巧。能从垃圾股中得到高额的利润，是索罗斯的投资法则之一。

那么，垃圾股是如何形成的呢？为何在垃圾里面还会有黄金的存在？垃圾股票确实存在。公司的产品跟市场需要逐渐脱节，或是产品已经遭到市场的淘汰，还可能是公司的经营管理等方面出现严重的问题，造成公司的前景很不理想，没有发展的活力，因而导致公司股票就成为真正的垃圾股票。垃圾里面的黄金，只是被蒙上一层沙土，这主要是市场的变化与目标企业的脱离所造成的。通常来说，市场在各种因素的作用之下，并无法正确反映出目标企业的真实状况，譬如说，很多的人为因素导致有价值的股票在一定时期之内得不到充分的体现，在一些不利因素影响之下股价下跌，遭受投资者的抛弃，久久无法回升。这使新的投资者不敢染指，很多人都将这类股票看作垃圾。只有对投资市场很熟悉的投资者，才可以全面地掌握市场的规律和变化；只有能够洞察目标企业的经营状况以及产品开发前景的投资者，才能心中有数，知道这只股票并不是真正的垃圾，而是黄金。

3. 把握市场的混乱，捕捉赚钱机会

索罗斯的一项重要能力就是在一般人眼中的一场混乱，他却能够辨识混乱的类型。他喜欢把自己称作不稳定性专家，靠证券市场的混乱状态为生。

与巴菲特喜欢确定性、遵循价值投资的理念正好相反，索罗斯更热衷于冒险，喜欢在不确定的全球证券市场中捕捉机会。

在投资理念上，投资者主要分为两种类型：一是价值型投资者，二是投机型投资者。巴菲特是价值型投资者中的代表性人物，而索罗斯是投机型投资者中的领头人物。

索罗斯的投资方式没有规律可循或者没有严格的原则。索罗斯认为，股票市场运作的基础并非没有逻辑，更多与心理有关，从而造成了证券市场的动荡不定与混乱无序。面对混乱的市场局面，有的投资者无法应付，他们无法从混乱的市场中看到投资的具体目标。而索罗斯刚好相反，他以其高超的投资水平，从混乱的市场中把捕捉机会，大获其利。

索罗斯在证券市场中擅长空头狙击，在中长期趋势逆转的时候，他会火上浇油加剧波动并从中渔利。

他的投资要诀就是找混乱点在哪儿，然后如同一条蛰伏于湖泊旁等待猎物出现的巨鳄似的，等待恰当的出手时机。比如在德国统一之后，英国加入到西欧国家所创建的欧洲汇率体系中。通过长期的观察，索罗斯觉察到不稳定的欧洲货币市场将会发生混乱。当大多数人没有认识到这种不稳定存在时，混乱就发生了。

索罗斯分析，西欧货币汇率机制即将分崩瓦解，他认为首先是货币汇率，其次是利率，最后是股市普遍下挫。接着他进行一系列的举动：出售 70 亿美元的英镑，买入 60 亿美元的德国马克以及少量的法

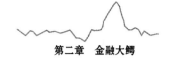

国法郎；然后他又购买了 5 亿美元的英国股票；并且索罗斯还考虑到，德国马克的升值会间接地挫伤股票的利益，但利率的下降又对债券有利，因此他又投资了德国与法国的债券市场，并做空了德国与法国的股票。

在这场金融风潮中，索罗斯仍然使用自己惯用的杠杆手法，一共投入 100 亿美元，这不但让英镑最终退出了欧洲汇率机制的体系，而且他还获得 10 亿美元的利润。

证券市场天生就不稳定，国际证券市场更是这样，国际资金流动都是有荣有枯，有多头也有空头。市场哪里乱哪里就能够赚到钱。如果你能辨识混乱，那么你就可能赚钱；越是混乱的局面，就越是胆大心细的投资者大显身手的时候。

4. 抓住市场的不正常期进行投机

索罗斯说："反射理论并没有告诉你应该做什么，而是告诉你要密切地关注变局时刻。这则是一种思想方法。"

他认为，无论是投资者还是投机者，参与证券市场的目的只有一个，那则是赚钱。赚钱的机会极少，而想赚钱的人却大有人在，在这种情况之下，谁更能够把握恰当的投机时机，谁就极易抓住赚钱的机会。也就是说，谁能够选择最佳的出击时间，谁就能够获得投机的成功，而投机的最佳时间，则是"市场的不正常期"。

那么，什么是"市场的不正常期"呢？让我们看一看索罗斯的交易日记：1985 年 11 月，召开了国际锡矿产品会议。细心的索罗斯注意到，参会的人员不欢而散，这便意味着大家对锡矿产品的开采没有达成一致意见。随后的一段时间里，国际锡矿产品期货市场上，锡矿交易额迅速下落。于是索罗斯便展开了丰富的想象力：石油输出国组织也正面临着内部纠纷，纠纷的结果可能会导致原油限产政策失效，

一旦放松管制，近期内国际市场上原油供应量必须会增加，当供大于求时，原油价格一定下挫。得出这一结论之后，索罗斯迅速地调整"量子基金"的投资方向与投资组合，把石油期货和原油开采公司的股票抛出之后，买进炼油工业股。他的助手对其举动无法理解，索罗斯解释说：原油价格下跌，相对炼油公司来说，意味着原料成本会下调，获利空间就会增加，假如不出意外，炼油公司的股价上涨为期不远。

到了 11 月末，他的预期成为了现实，他投入的 1.8 亿美元在石油期货之后放空，他从中获得丰厚的利润。

"当利空与利多消息同时出现的时候，股市的反应绝不会像物理学上的平衡原则那样，出现中庸趋势，而是会表现出一种强烈波动的状态：一会儿受利多因素影响，一会儿又受利空因素制约。聪明的投资者只要能够实时利用，便会成为投资的最好时机。"索罗斯借助这一条投机法则，使他在 1985~1986 年，赚得盆满钵溢，从而奠定了他国际证券市场上最会投机的投资家地位。

把握时机相当关键，在时机的相关时间点上买入或卖出，所获得的收益可能会十分惊人。

5. 善于从政策角度挖掘市场机会

在政策的研究上，索罗斯尤其擅长对金融政策、国际政治、通货膨胀的变化、利率以及货币等因素加以综合分析，从中挖掘投资的机会。

当他人在市场中全力追逐某只股票、某一行业的时候，而索罗斯就坚持自己独特的方式，他不断地分析国际贸易的形势，去寻找机会。索罗斯留意从国际金融领导人的公开讲话和所作出的决定中，敏感地辨识出市场的发展趋势、运动以节奏。与一般人相比，他对全球经济的因果关系理解得更透彻。假设 A 事件发生，那 B 事件就会接踵而

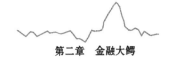

至，然后 C 事件又成为不可避免。

有一个比较典型的例子是，1980 年里根当选美国总统之后，策划多项刺激美国经济的新政策，如贷款利率降低等，索罗斯从这些政策的研究中发现新政策创造很多的市场机会，于是他重仓进入股市，到 1982 年，他的量子基金上升了 56.9%，净资产从 1.933 亿美元增长到 3.028 亿美元。

1997 年，东南亚地区普遍出现了过度高估企业规模、投机房地产和市场需求等，索罗斯经研究发现：东南亚地区很多国家发生经济危机的危险渐渐增加。1997 年 3 月，当泰国中央银行宣布 1 家房贷公司和国内 9 家财务公司存在资产质量过低和流动资金不足问题的时候，索罗斯抓住了机会，为量子基金获得了暴利，从而引发东南亚经济危机，这成就了"金融奇才"和"金融杀手"的地位。这些说明索罗斯善于从政策方面挖掘市场机会。

索罗斯在对宏观进行分析的时候，会通过对国际政治、世界各国的金融政策、通货膨胀的变化、利率以及货币等因素的预测，寻找从中获利的行业和公司，对这些股票做多；与此同时，他还寻找那些会因此而遭受损失的行业与公司，大量卖空这些行业和公司的股票。这样，一旦他的预测是准确无误的，他就会获得双份的收益。

6. 从金融"泡沫"中大获其利

索罗斯还有一个盈利法则就是，识别金融"泡沫"，从中获得巨额的利润。"看到有资产泡沫迹象能够入货，等待泡沫成熟的时候就要沽出。"索罗斯对市场大变革有一种极其敏锐嗅觉，这是他投资策略的关键点。

在索罗斯的盛衰理论中，他说："泡沫现象具有典型的形状不对称性。上涨拉的时间较长，开始很慢，然后渐渐加速，一直到黄昏期拉

平；下降则很短很陡峭，因为它是被迫使清算所强化的。幻灭引发巨大的恐慌，从而使它达到金融危机的巅峰。"

1985年8月，里根又连任美国总统，为了他的政治前途，他出台了一系列促进经济发展与加强国防建设的政策。一时间，美国经济一片生机勃勃，在纽约、东京以及欧洲各主要外汇市场上，美元的兑换比例便全面上涨，从表面上来看，美国的经济前景光明无限。在美国经济高速发展的同时，而世界各国的经济形势却没有一点起色。相比之下，美国便成了投资者的天堂，大多数外国投资者非常高兴，认为这是千载难逢的大好时机，这样大量的资金涌入美国市场，使得美国金融市场出现一派繁荣景象，投资者均认为赚大钱是马上就要实现的事情。

此时，索罗斯保持冷静和清醒，他则扮演一个唱反调的角色，他认为这虽然是一个刺激美国经济的政策，然而刺激程度太大，或许会适得其反。索罗斯指出："假如外资依然不断地涌入，美国整体上的对外借贷与负债成本便会增加。同时，新的外资进入美国金融市场的成本相对下降，当负债接近成本甚至超过外资来源成本的时候，一些不起眼的因素就会随时刺破已经出现的金融'泡沫'。"

索罗斯通过活跃的投资交易，看穿了一片市场繁荣景象所隐藏的"泡沫"之后，开始谋划投资策略。于是他立马做出决定，首先调整股票结构，卖出那些受里根经济政策刺激而走高的股票，随后买进那些可能不久后就被收购的企业与地产保险公司的股票。接着趁着美元汇价上涨时高价卖出，低价兑换正在贬值的日元与德国马克。这些事情做完之后，他兴奋地对他助手说："我们赚大钱的机会即将到来了，目前只需要耐心等待。"

正如索罗斯所预料的，没过多久，美国财政部长宣布美元开始贬值。1985年9月7日，纽约外汇市场一开市，美元兑换日元便开始走

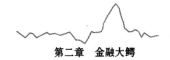

低，5 天以后美元汇率下挫创下历史纪录，索罗斯最终获得 15 亿美元左右的利润。在 1985 年 9 月 28 日的日记中，索罗斯这样记录："这是一生中的一次消遣，最后那一周的利润比最近 4 年金融交易损失的总和还要多。"此战奠定了索罗斯的声誉。

索罗斯就是借助"里根大循环"这一战，让金融界人士发现，索罗斯是一个不合常规但相当会分析和操作的投资者。正是从这时起，索罗斯的投资理论开始非常盛行，受到大家推崇。

三、索罗斯操作技巧

1. 采用二维投资方法

索罗斯在投资过程中最常采用的投资策略是二维投资方法。所谓的二维投资方法是指在决定对一个行业进行投资时，选择这个行业内的两家企业，这两个企业一家是行业内业绩、管理等各个方面都最好的企业，另一家则是这个行业内业绩最差的企业。

此二维投资方法，是索罗斯惯用的投资方法之一。他应用的技巧，是在一个行业当中选两家企业进行投资，其中之一是这个行业中最好的企业。这家企业是业界骄子，其股票是每个投资者都想优先买入的。这样买盘聚集多起来，自然就会拉升股价。另一家企业则是这个行业内最差的，负债较大，财务报表糟得一塌糊涂。其股价低得非常严重，所以如果否极泰来，股价上扬，能够赚很多钱。

索罗斯说："在同一行业中选择股票投资的时候，应该选择两家企业，但并不任意的两家，而是选择最好的一家与最差的一家。"

　　很多投资者均有追涨的心理，觉得大众都想要的股票，一定是好股票，无论价格如何高涨，也总有人跟进。对于那些一直下跌的股票，则很少有人问津。但索罗斯认为，投资该当选择两种标的，一种是最好的企业，一种是最差的企业。前者能够保证我们获利，后者就可能有更高的获利机会。所以，寻找这两者，其他介入中间的企业都没有投资价值了。

　　从行业角度来看，主要是运用行业的盛衰周期来研究行业，从由衰转盛的行业中挖掘市场机会。他在一个行业中选择股票的时候，往往同时选择最好和最差的两家企业作为投资对象。这一行业中业绩最好企业的股票，大多数投资者考虑购买，股价容易上涨；而这一行业中最差的企业，由于这类企业负债率高、经营不善，股价一般很低，一旦公司业绩出现好转，就会吸引大量市场资金的进入，这样很容易获得超额收益。

　　20 世纪 80 年代，计算机行业开始兴起，索罗斯充分地运用二维投资的方法，对他看好的这个领域大规模地投资。在选择行业的时候，他费尽周折。选择优秀的企业他从来不犹豫。不久之后便选择对 IBM 投资。

　　IBM 是当时计算机行业的领导者，规模与市场占有率均占据同行业的首位。索罗斯购买它的股票时，其股价已经很高，但索罗斯并不犹豫，果断决定购买，因为他敏锐地感到时代对计算机的需要一定促进计算机领域的大发展。

　　当索罗斯寻找计算机领域中一家最差企业时，他还是花费很多心力，那是真正在垃圾中挑选黄金。他深信今天的垃圾里一定有未来的黄金。他把计算机行业业绩最差的几家企业作对比，将排名倒数的几个企业进行评估，而这些企业都是无人问津的垃圾股。索罗斯将目光瞄准这些最差的倒数的企业，这使很多投资家疑惑不解。最终索罗斯

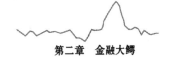

选择了计算机行业倒数第五的数据总成公司。

　　IBM 与数据总成公司相比之下，一个是行业之首，一个是行业之末。投资者对数据总成公司股票止口不谈。索罗斯却在研究中发现，虽然数据总成公司的业绩差、股价较低，然而公司的发展潜力极大。公司的人才与开发能力正在渐渐地提高，不比其他大公司差。只是因公司起步较晚，市场经验不足造成产品的销售成绩不好，然而其管理和运营技术的发展空间还非常大。索罗斯认为只要公司克服了这些问题，立刻就会发生质的变化。重要的是，他预计计算机领域辉煌的时期迅速到来。数据总成公司不仅一定有辉煌的发展前景，而且公司还会继续发展扩大。他甚至认为，对数据总成公司的投资收益必然超过对 IBM 的投资回报。索罗斯的这个判断此后获得了验证，确实，只有两年时间，很多投资者开始对计算机领域疯狂投资，一个新的计算机时代来临，数据总成公司的股价不断地上扬，在盈利上也超过了 IBM。事实证明，索罗斯的选择是对的，投资者疯狂投资计算机行业的时代快速来临，索罗斯从两家企业的投资中获得了巨额的利润。

　　在投资计算机领域以后，索罗斯又利用同样的手法，投资于制药行业，并再次赚取大量的金钱。

　　索罗斯在认识到制药行业的很好前景后，开始调研制药企业，通过调研之后决定对默克公司进行投资。默克公司是一家大型跨国企业，在全球市场上占领先地位，其经营范围是药品的研制以及药品销售，它是制药行业最好的公司，当时大多数投资者对这家企业十分看好。当索罗斯在寻找这个行业最差的一个企业时，他无意之中听说这家制药企业要关门大吉，他非常好奇地去了解情况。这家公司称为辛太克斯，其公司业绩的确非常差，收入不够支出，并且经营产品很单一。这家企业投入大量资金研究一种新产品却没有获得成功，这样使得公司面临倒闭的危险，大多数投资者都不看好这样的垃圾企业。但索罗

斯对这家公司深入地了解之后发现，该公司开发研究的是一种治疗关节炎的新药。而这种新药具有极其广阔的市场前景，那么这家公司还是很有发展前途的，只是当前缺乏现金，才造成公司即将破产的局面。因此他决定投资辛太克斯公司，一是能够帮一把这样希望上进的公司，二是对自己的投资还有很大的好处。索罗斯对这家公司投资大量的资金之后，这让辛太克斯加大了研发新药的力度，1976 年，辛太克斯公司的关节炎新药正式上市，受到市场追捧，公司业绩连续上扬。这样索罗斯也从中大获其利。对这家最差企业的投资盈利也超过最好企业的利润。

索罗斯利用二维投资法，在投资市场上获得丰厚的利润。他对他的同仁说：有了这些方法，我们能够从容自如地考虑投资取向，这样才能永远立于不败之地。

索罗斯的二维投资法给了我们很好的启示：在投资过程中，我们不仅要抓住优质股，也要会在垃圾股中看到它的潜力，只有如此，才会更有利于全面的投资。

2. 关注市场预期

在大多数投资者之前预见股票市场行情的变化，是索罗斯能够大赚一笔的主要原因。他投资的窍门则是，在市场行情突变前，他总是比别人先确认这种突变。如同索罗斯的投资管理经理人加里·格拉斯滕所言的："乔治的天才，在于比其他人先一步地去发现事情发展的长远趋势。"

"在投资方面，我总期望自己能够比别人提前 6~18 个月发现投资机会。要做到这一点非常不容易，但想要赚钱，必须努力做到。"

根据对市场理性预期的怀疑和对投资者心理偏见的洞察，索罗斯总是在传统教条外找到投资市场。

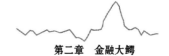

索罗斯认为，金融市场与投资者的关系是：投资者依据掌握的资讯以及对市场的了解，以预期市场走势并据此行动，而其行动实际上也反过来影响、改变了市场原来可能出现的走势，两者不断地相互影响。所以根本不可能有人掌握到完整的资讯，再加之投资者同时会因为个别问题影响到自己的认知，从而使自己对市场产生"偏见"。

按索罗斯的投资观念，大家并不能对自己所处的环境做出完全的认知，所以大家根据预期做出购买和卖出的决定，对市场价格产生很大的影响，同时这种市场行为又反过来会影响着投资者的预期。不仅是价格的涨势汹涌吸引了众多的买家，而且买入行为本身也有推动价格不断地上扬，进而形成一个自我推进的趋势。所以，索罗斯认为正是由于供求关系与市场预期之间的相互作用，使得市场行为成为未来走势的不可确定的因素，即市场的走势操纵着需求与供给关系的发展。

事实上，索罗斯在金融市场的行为具有很大的投机性，在夸大的市场预期中寻找投资机会。从表面上来看，轻视价格变化的内在规律，而关注参与者预期对价格变化的影响，可是他正是通过对市场预期与内在运行规律的偏差的纠正以达到投资获利的目的。

3. 先对市场做出一个假设，再投入少量的资金测试

索罗斯的投资目标是从股市波动中获利，他将其投资决策建立在有关事件未来进展的一种假设上。他衡量的是这种假设的可靠性与事件的进程。

通常，索罗斯的操作方法是：先形成一个假设，建立了仓位去测试这个假设，然后等市场证明这个假设的对或者错。

索罗斯检验这个假设或是由于不能确定自己的假设是否有效，或是由于不知道自己选择的时机是否恰当。

一旦他投出了问路石，他便会通过市场验证来决定下一步如何做。

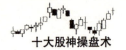

假如他的测试让他赚了钱，那么市场对他来说他是对的，他便会进一步购买。

假如他赔了钱，那么市场对他来说他错了，他就会彻底退场。他可能会在此后再次检验同样的假设，也可能会修改或者彻底抛弃这个假设。

索罗斯认为："我操作的方式是，提出一个观点，随后到市场中去检验。当我处于劣势并且市场还在按照一定方式发展的时候，我会十分紧张，会腰背疼痛。接着，我会去消除这种劣势，突然间疼痛就会消失。我感觉会好许多，这可能则是直觉所在。"

索罗斯本人具有极大的直觉能力，当然这种极大的直觉能力也是建立在对信息充分地掌握的基础之上。

摩根斯坦利公司的柏荣·文总结索罗斯的成功秘诀时说："索罗斯的天才之处在于他有某种规则，他能很实际地观察市场，并且了解哪些力量会影响股市价格。他懂得市场的理性方面与非理性方面，他知道自己并不是一向正确。当他正确而且的确能利用机会时，他就会采取有力行动；当他错了时，他会尽量降低损失……当他确信自己正确时，他会表现得非常自信，正像他在 1992 年英国货币危机中的表现那样。"

索罗斯的直觉部分来源于对股市全面的观察。这是学校里学不到的东西，这也不是经济学院的必修课程，更不是一般人能拥有的天赋，但索罗斯却拥有这种天赋。他的伦敦伙伴文德嘉—阿斯塔指出了索罗斯的投资技巧："他成功的关键主要在于他的心理学层面。他了解大众的本能。他如同一个商品经销商，了解大家当前喜爱什么商品。"

索罗斯在行动的时候，并非以一种粗枝大叶的方式去做，而是通过测试和试探，力求决定他认为对的。事实是否正确？他会提出一种假说，并以这为基础，来决定投资股份的比例。此后，去测试这种假

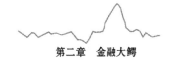

说是否行之有效。若有效，他便会增加这种股票的比例。他对一种股票的自信程度完全决定于他持有的份额的多少。若这种假说偶尔无效，他便毫不犹豫地退出。

索罗斯非常喜欢这种策略，实际上可以称作在市场上"找感觉"。索罗斯说："假如我想买进3亿美元的股份，一开始我只会买入5000美元。先投资，然后去观察。"他强调这样做，先感受一下市场情况如何。他想看一看，自己的感觉如何。

在投资方面，索罗斯虽然相信直觉，然而他绝不感情用事。和索罗斯长年共事的阿兰·拉斐尔对此深有体会。他说："这一点是不会错的。当索罗斯出了乱子时，他会摆脱困境。他不会说'我是正确的，他们错了'，而是说'我错了'。接着会走出来。假如你持有这种倒霉的股份，它会逐渐将你吃掉。你所能做的则是对此仔细思考一个晚上，完全地远离这种股票。"

索罗斯在投资实践中，总是按照研究先假设一种发展趋势，然后建立小仓位来试探市场，如果假设有效，就继续投入巨资；如果假设是错误的，就毫不犹豫地退出。

基于假设，投资在先，观察在后，是索罗斯更准确、更全面地感受市场，捕捉机遇，获得最大利润的投资秘诀之一。

若索罗斯的假设不是比随意猜测高明得多的话，他也会一直赔钱而不是赚钱，然而索罗斯只会测试那些值得检验的假设。他的独特之处在于他能深刻地理解市场与市场参与者，以及看似不相关的不同事件间很少有人注意到的关联。正是这种理解深度使他以惊人的行动获得了"击垮英格兰银行的人"的称谓。

不过，索罗斯在从事冒险前，先下功夫去研究，评估风险。他的冒险并非不顾安全考虑，他的赌资虽然巨大然而不是他的全部家当。他虽然经常豪赌，但他先会用资金小试一下市场，绝对不会财大气粗

到处拿巨资豪赌。

仔细观察他下注方式：既有理论又有根据，根据研究报告，嗅出市场乱象浮现，调集大量的资金，从而以致命重击。

索罗斯认为，有时候进行投资是较为保守的，必要的时候要减少损失，手头通常要有数量较大的备用资金。"假如你经营状况不好，那么第一步你就要减少投入，但不要收回资金。当你重新投入的时候，一开始投入数量要小。"

4. 善于运用杠杆来提高回报率

懂得运用杠杆不但能够提高投资力度，同时还可以进一步提高报酬率。然而杠杆投资不仅需要良好的心理素质，还需要保持杠杆平衡的能力和技巧。

索罗斯以全球的角度去观察大趋势，他非常熟悉市场是怎样运作的，所以他十分懂得什么地方能够运用杠杆操作，无论是知识性或者金融性的杠杆。

索罗斯说："我们之所以采取很多行动只是在于我们利用了某种杠杆，才能变得实际可行。假如不能通过某种杠杆进行调节，我们是不会心甘情愿地对某种特定情况进行投资的。"

简单来说，在金融投机中，索罗斯会寻找一种合适的工具，让同样的资金富有更大的弹性与效益。索罗斯曾经列举了这样一个例子来说明对冲基金的杠杆原理。如果某一家上市公司当下的股票价格为每股 150 美元，预计在月底时会上涨到每股 170 美元。假如运用传统的购买方式，那么需要支付 150 美元买入该公司的股票，然后到月底的时候，再以 170 美元的价格卖出，投资者用 150 美元的成本获得了 20 美元的利润，所获得利率为 13.3%。假如运用期权的购买方式，就能以每股 5 美元的保证金购买 150 美元的认购期权，当月月底的时候股

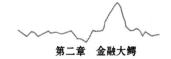

价上升为 170 美元之后，虽然账面的利润值仍旧是 20 美元，然而 20 美元的利润实质上仅仅用了 5 美元的成本获得的，而在这一个月当中所能获得的利润其实是 450 美元。这两种操作方式所得到的利润差距是相当明显的。

这里所说的杠杆，就像阿基米德杠杆那样神奇的投资工具。通过杠杆，投资者只需要投入少量资金，就有机会获得更高的回报率。杠杆反映的是投资正股相对投资认股证的成本比例。若杠杆比率是 10 倍，这只说明投资认股证的成本是投资正股的 1/10，并不表示当正股上涨 1% 时该认股证的价格会上涨 10%。它的公式为：杠杆比率 = 正股现货价 ÷（认股证价格 × 转换比率）。

索罗斯凭借在金融界的地位，他的杠杆装置是非常有成效的。在他创建双鹰基金的初期，他的基金公司只有 400 万美元的资金，假如只靠这点资金来进行操作的话，他完全不可能在变化多端的金融中掀起巨浪，但他的双鹰基金却引起了整个华尔街惊叹。实质上，索罗斯正是利用了杠杆的原理使基金公司的资本持续扩大，也就是说，他非常巧妙地利用借贷的方式，用他人的钱来运作自己的双鹰基金。譬如，索罗斯购买股票的时候，不会支付全部的资金，只是支付 4% 的资金，那 96% 的资金会以向银行借贷的方式支付；他购买债券的时候，只是支付更小比例的现金，或许只是债券价值总额的 3%，通过这样的方法他能够用手中的 400 万美元进行 8000 万美元的投资。这样一来，索罗斯几乎每一次投资所获得利润均超过他拥有的全部资本。所以，索罗斯利用杠杆原理和准确的判断力，使他的双鹰基金快速发展，成为华尔街的黑马。

不过，杠杆的掌握是很微妙而危险的，一不小心，便会陷入破产的境地。

运用杠杆，对冲基金通过银行信用以很高的杠杆借贷在它的原始

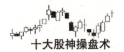

基金量的基础上几倍甚至几十倍地扩大投资资金，从而达到最大限度地获得回报的目的。对冲基金的证券资产具有的高流动性，使得对冲基金可以利用基金资产便于进行抵押贷款。一只资本金只有 1 亿美元的对冲基金，能够通过反复抵押其证券资产，贷出高达几十亿美元的资金。在 20 世纪 90 年代的数次货币投机中，索罗斯运用杠杆融资多次得手，没有一场败绩。1992 年，索罗斯的量子基金用 2 亿多美元的担保融资了 20 多亿美元，并参与狙击英格兰银行的行列。

实际上，这种方法使索罗斯大获成功。与索罗斯同龄的巴菲特不玩杠杆交易，他是纯粹用现金的投资者。而索罗斯则是杠杆玩家，他有一套基本的财务控制方法，确保自己的钱多于杠杆融资必需的资金。

索罗斯所获得重大胜利中从事的大部分是融资，然而索罗斯并不是疯狂地一味利用融资操作，他本人相当了解融资的风险。

索罗斯对融资的观念有几个要点：

（1）基金的净值应该用来支持所使用的融资，不得超出借贷的融资部分，不得超出基金净值，以防止举债大于资产的负面状况产生。

（2）对于纯粹的商品类基金来说，使用的融资倍数非常节制，太危险的不做，在索罗斯的认知里，商品类基金的风险比其他大，所以索罗斯在没有很大的把握下，不敢轻易以高杠杆方式操作。

（3）必须处于正确的行情，才能借融资来获利，索罗斯坚信自己的看法是正确的时候，才会大手笔投入。

5. 进攻必须狠

索罗斯认为进攻必须果断，不要"小心翼翼"地去赚取小钱，除非不出手，如果看准时机，就应该赚尽。

当很好的时机出现的时候，他敢于将所有的家当下注，甚至循环地抵押借贷以获得更多筹码。他这样认为，假如没信心出击，就根本

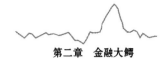

不必下注!

1992 年，在狙击英镑战役中，索罗斯手下大将斯坦利准备建立 30 亿美元或者 40 亿美元的英镑空仓，而索罗斯说："你这样也算是仓位?"后来这句话便成了华尔街的名言。

索罗斯做出大胆的决定，并建立了 100 亿美元的英镑空仓。金融市场是一个时时刻刻充满风险的地方，求生与获利就如同天平的两端，总会让人摇摆不定。怎样把握好平衡，索罗斯有自己的独特思路。那就是，一旦看准了，进攻的时候就必须狠，并且要全力而为!

他的确成功了。狙击英镑一战，他获得空前未有的胜利，从英国央行那里赚了将近 10 亿美元，相当于从每一个英国人手中拿走了 125 英镑。

在这场"赌局"中，索罗斯是最大的赌家。而其他人在做出亿万资金的投资决策的时候，他们的心脏会狂跳不已，但这不是索罗斯的风格，他在进行大手笔和高风险的决策时，凭借的是他超人的胆略与钢铁一般的意志，他泰然处之，似乎置身于事外。或许他能持续制造世界金融界神话的最大秘诀之一就是他具有超人的心理素质。

在战场上拼的是生命，在金融市场里拼的是资金。当获利的机会来临的时候，索罗斯会力图给对方致命一击，用尽手中每一个筹码，不仅有胆量拿出所有家当下注，更会运用各种融资手段。因为"狠"字法则的含义是：进攻是最好的防守。而所有的作为与不作为，都为了达到一个目的——获得最大的收益。

根据有关的统计，全球著名的投机家们攫取的暴利 95% 是来自几次大行情的捕捉，只有 5% 的财富来自于平常的买与卖。在索罗斯眼中，投资者所能犯的最大错误不是大胆，而是过于保守。正如他所说："正确的时候，你不一定获得的收益最多。"

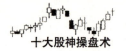

6. 专攻对手的缺陷

专门攻击对手的缺陷，"一招制敌"使对手倒下去，并没有违背游戏规则。一旦有了发"狠"招的机会，就不要给对方留活路。

世上只有符合道理的兵法，并没有包治百病的"良药"。这一切都是人来完成的。索罗斯以自己的阅历与智慧判断所有问题，不过也有失算的时候，譬如袭击中国香港特别行政区的金融体系。可是，综观他所有的成功所带来的收获，要大大超出他局部的失误所带来的损失。

索罗斯所领导的"量子基金"简直就是一场不定期发作的"金融瘟疫"。只要一旦发作，便会引起国际金融资本市场上的剧烈动荡。

1997年，索罗斯掀起了一场亚洲金融市场上的风波。

以索罗斯的量子基金为首的对冲基金几次向泰铢发起强烈的冲击，泰国央行的300亿美元外汇储备已经弹尽粮绝，不得不退防。尽管泰国总理对外宣布："泰铢不会贬值，我们一定让这些投机者们血本无归。"但只过了两天的时间，泰国央行被迫宣布放弃固定汇率制，实行浮动汇率制。当天泰铢暴跌20%，接着泰国央行行长伦差·马拉甲便宣布辞职。这年8月5日，泰国央行决定关闭42家金融机构，导致泰铢陷入崩溃。在此期间，对冲基金还对菲律宾比索、马来西亚林吉特以及印度尼西亚盾发起冲击，最后包括新加坡元在内的东南亚货币都全部失守。

索罗斯所引发东南亚金融危机，造成东南亚各国的经济一下倒退了20年，东南亚各国人民经过20年的努力所创造的财富哪里去了？人们心里都非常清楚，索罗斯的心里更明白。

可是索罗斯手下的大将却有些遗憾地说："其实我们在印度尼西亚遭到了一些损失，是因为我们高估了政府的承受力，我们的空仓建得有一些保守。"

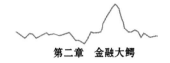

所以说，打蛇打七寸，专挑弱者进行攻击。

俗话说"打蛇打七寸"，七寸是蛇的心脏位置，就是要害所在，一旦遭到重击必死无疑。假如只是攻击蛇的尾巴，那么无论你多么用力，都难以给蛇造成致命伤害。

四、索罗斯操作原则

1. 做短不做长

相对长期投资的观点来说，索罗斯却不用长期时间以换取上升的空间，因为他只是考虑价格，只要价格称心如意，"早上买入、晚上可以卖出"，时间长短并不是考虑的重点，一旦要获利的目标已经达到了，接着他再争取时间寻找下一个目标。

索罗斯的投资特点是主要关注短线交易，运用市场错误进行套利，对投机品种与衍生工具非常感兴趣，他主要关注货币市场，在全球各种金融市场中切换。

索罗斯认为市场行情是久涨必跌，久跌必涨。所以，只要有机会就大力出击，并且一旦得手就马上鸣金收兵，见好就收。

索罗斯的独特地方在于，在某个股票流行前，他可以透过乌云的笼罩看到希望，他十分了解为什么要买入或卖出。当他发现自己处境不利的时候，他可以迅速地走出困境。

卖空是索罗斯公司尤其喜爱的招数。索罗斯承认他喜欢通过卖空获胜而盈利，这能给他带来谋划之后的喜悦。他把赌注下在几个大的机构上，之后卖空，最后当这些股价狂跌的时候，他就赚到了很多的

钱。虽然在他人看来，卖空是非常大的冒险，但因为索罗斯事先做足了研究与准备工作，所以，他的冒险十有八九均以胜利而告终。

索罗斯最著名的战绩是他在1992年利用欧盟各国货币在走向统一途中的矛盾，大举放空英国英镑、意大利里拉等相对弱势货币，导致欧洲汇率危机，从而使英镑和里拉相继脱离欧洲货币机制。这样他从中大捞一把。

20世纪90年代初期，英国经济长期处于不景气的状况，这样使得英国不可能保持高利率的政策，要想刺激本国经济发展，唯一的方法就是降低利率。可是如果德国的利率不下调，英国单方面下调利率，一定会削弱英镑，迫使英国退出欧洲汇率体系。虽然英国政府一再申明英国将信守它在欧洲汇率体系下维持英镑价值的政策，可是索罗斯和一些投机者在过去的几个月里却依然在持续地扩大头寸的规模，为狙击英镑做好准备。

英国需要让英镑贬值，找到出口，然而英镑却受到欧洲汇率体系的限制，必须维持英镑对马克的汇价在1∶2.95左右。高利率政策遭到很多金融专家的质疑，英国商界领袖也强烈要求降低利率。1992年夏天，英国的财政大臣虽然在各种公开场合一再重申坚持现有政策不变，英国有能力把英镑留在欧洲汇率体系之内，然而索罗斯却深信英国不能保住它在欧洲汇率体系中的地位，英国政府只是虚张声势而已。

1992年9月15日，索罗斯做出大胆的决定，他大量地放空英镑。英镑对马克的比价一路下挫到2.80，虽然有消息说英格兰银行购买30亿英镑，但仍不能挡住英镑的下滑趋势。到收市的时候，英镑对马克的比价已经下跌到欧洲汇率体系规定的下限。虽然英国政府动用了价值269亿美元的外汇储备，然而最终还是惨遭失败，被迫退出欧洲汇率体系。接着，意大利以及西班牙也纷纷宣布退出欧洲汇率体系。意

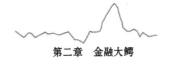

大利里拉与西班牙比塞塔开始大幅贬值。

索罗斯从英镑空头交易中获得将近 10 亿美元的利润，在英国、法国以及德国的利率期货上的多头和意大利里拉上的空头交易使他的总利润达到 20 亿美元。在这一年，索罗斯的基金公司增长了 67.5%。他个人也赚了 6.5 亿美元而获得《金融世界》杂志的华尔街收入排名榜之首。

由此可见，索罗斯不仅拥有一双识别经济泡沫的锐利慧眼，而且拥有一副扫荡市场的冷酷心肠。他在不确定中获得最确定利润，敢于买空卖空。

所以，索罗斯认为，做短线要狠，做长线要稳。短线就是时间要短，不贪是重心，用时间来控制风险，这则是最根本的一条原则。

2. 生存是第一考虑

索罗斯虽然敢于冒险，但他并不认为只有冒大险才能赚大钱，实际上，他更重视的是不赔钱而不是赚钱。

很多投资者都相信，你担当的风险越大，你的预期利润就越高，但索罗斯不认为风险与回报是对等的。只有在平均利润期望值为正的前提条件下，他才进行投资，所以他的投资风险极小，或者根本没有风险。

1992 年，当索罗斯运用 100 亿美元的杠杆做空英镑的时候，他是在冒险吗？对我们而言，他是在冒险。我们很容易按照自己的尺度来判断他的风险水平，或认为他的风险是绝对的。然而索罗斯懂得他在做什么。他认为风险水平是完全可控的，他事先已经算出，即使亏损，亏损也不会超过 4%，"因为其中的风险的确很小"。

索罗斯就像一只猎豹那样，每时每刻在盯着出现的机会，一旦认准机会就快速出击，在很短时间内抓到猎物快速撤离，一击不中也会

全身而退。这种投资风格讲究的是敏锐的观察、缜密的决策以及周密的行动，当然，他的投资理念精髓也就是控制风险。

同时，索罗斯还意识到，假如频繁地操作，即使对市场判断是对的，依然会一败涂地。

他坚持生存是第一要义。面对投资风险，并不孤注一掷。他屡次强调："绝不能为了赚钱，而冒彻底失败的风险。"同时，索罗斯还提醒投资者，不要畏首畏尾，裹足不前。假如有利可图，而风险又在可承受的范围之内，就必须果断采取行动。

索罗斯在"金融炼金术"的导论中说：如果我必须就我的实务技巧作一个总评，我会选择存活。

譬如，1987 年，当股市崩盘的时候，他判断会从日本开始，随后才是美国股市，可是他原本放空的日本市场反而上扬，使他遭受巨大的损失，他并没有执迷自己的判断，马上认赔出场，他的原则是：先求生存，再求致富。虽然他这次投资失败，但全年的基金公司仍获得 14% 的盈利，这为他后来大战中留下了筹码，也才有后来"让英格兰银行破产者"的称号。

认赔出场求生存是索罗斯投资策略中最重要的原则，那么眼明手快、见坏就闪就是求生存最重要的方式。

索罗斯擅长绝处求生，懂得什么时候放弃。求生是投资者的一个重要策略。他投资成功的关键不仅在于懂得什么时候看对股票，而且还在于承认自己什么时候犯错。有时他的行动看起来就像刚出道的新手一样，买到高点而卖到低点。但索罗斯的信念是：能够在另一天卷土重来投入战斗，他说："我不相信有一天醒来的时候已经破产。"索罗斯在做错时能立即止损离场，为的是放弃战斗活下来，好在另一天再上战场。索罗斯止损退场要承受巨大的损失，但是若不及时止损，就会赔得更多。

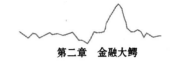

正如拜伦·伍恩所言："他了解影响股价的力量。他了解市场有理性的一面，也有非理性的一面。他了解自己不是每次都正确。他愿意在自己正确时采取激烈的行动，充分掌握大好机会，当他犯错时，也愿意认赔了结出场。"

这就是典型的索罗斯的行为，索罗斯退场，虽然承受巨大的亏损，但他可以避免仓位赔得更多。

大多数投资者充斥一种舍不得的情绪，上涨舍不得卖出，下跌也舍不得卖出，让人感到难过，到了最后的关头，卖出通常是波段最低点。

在证券市场里，危险虽然可以给人刺激，甚至有的人就是因为喜欢冒险，才徘徊在股票这个充满未知数的市场。然而，冒着会将自己毁掉的风险，冒着没有东山再起的风险而孤注一掷，这是索罗斯极力反对的一种投资方式。

3. 要敢于认错

"认错的好处，是能够刺激并促进批判力，使你进一步重新检验决定，然后改正错误。我以承认错误为荣，甚至我骄傲的根源来源于认错。"索罗斯如此说。

在投资市场上并没有绝对的"对"与"错"，在投资市场上，"对"与"错"的检验标准直截了当地体现在"赚"和"亏"上。假如说认错体现在判断力上，那么改错体现在行动力上。

1998年，索罗斯在香港金融市场受挫便马上退场，就是一个典型的例子。他这种敢于认错的态度，一点也不迟疑，果断做出反应的能力，这是一个伟大投资大师的标志。索罗斯的观点是：大体上，别人认为我不会犯错，如此看法被误导了，因为我毫不介意这一点。不过，我和别人一样犯很多的错误。可是我觉得自己擅长的地方，那就是勇

于承认自己的错误，这就是我的成功秘诀，我学会了一个重要的洞察力，就是认清人类的思想有与生俱来的谬误……

索罗斯认为，人类对于事物的认知总是有缺陷的，但要随时准备去修正自己的错误，以免在曾经跌倒过的地方再次跌倒。他在金融市场上从不感情用事。正如他通常所说的："假如你的表现不尽如人意，首先要采取的行动就是以退为进，而不是铤而走险，而且当你重新开始的时候，最好还是从小处做起。"

对投资者来说，自保能力在投资战略中是极其重要的。担当风险无可指责，但永远不要孤注一掷的冒险。优秀投资者从来不在投资中玩走钢丝的游戏。"当你决策失误，导致巨大亏损时，自责没有一点意义，最重要的是敢于承认自己的错误，立即从市场中退出，尽量减少损失。只有保存了竞争的实力，你才可以卷土重来。"

改错的最重要意义是善于审视，没有一项投资可以一蹴而就，通常需要不断地审视、发现以及修正。许多人在投资的过程中常常过度依赖于以往的经验，以前的某一种成功的模式给自己带来过很好的回报，就希望在投资中"模式化"。实际上，股市永远处于变化当中，历史难以代表未来，即使最便捷的投资方式也需要不断地进行修正和调整。尽管没有绝对的"正确"存在，但修正与调整能够让我们与"正确"更加贴近。

必须建立投资纪律。比如止损。在投资过程中失误无法避免，但假如不及时改错，那就会给自己带来致命的危险。尤其是在证券市场如此波动较大的市场中，这一点就更加显得不可缺少。

特别指出的是，即使纠正了错误，也需要认识到改错是个不断累进的过程。不断犯错，就不断地承认，不断地修正，投资的道路上错误是绊脚石，却也是成功的源泉。

"一旦卖出股票就等于确认了亏损"，抱着如此错误，在一味地

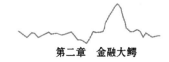

等待中，从轻度的亏损逐渐陷入了巨额的亏损，"守"未必换得"云开日出"。

4. 强调消息面

在投资过程中索罗斯最注重强调消息面，他一旦从这些消息中找到机会就会大捞一把。

索罗斯说："人类对事物的认识并不完整，进而影响事物本身的完整，得出与流行观点相反的观点。流行的偏见与主导的潮流相互强化，一直到两者之间距离大得非要引发一场大灾难不可，这才是你要特别注意的，也正是这时候才很可能发生暴涨暴跌现象。"

投资者都有这样的一种感觉，就是市场永远在变化。那么，预测行情，就显得极其重要。索罗斯认为，一是必须盯着标的股票行情的涨跌；二是必须盯着标的公司的运转情况；三是必须同时关注其他投资者的反应与决策；四是必须利用好内线情报。

至于如何做到这些，索罗斯有如此的做法：

（1）亲自了解而不是道听途说。索罗斯订购了 30 种业界杂志，还阅读一般性杂志，到处寻找可能有价值的信息或社会趋势。他阅览群书的目的，就是要从资料审视有什么特殊之处，伺机切入市场。他非常懂得，他必须将各种可能的信息输入脑子里，然后才能既有凭证，又有依据地做出正确的投资策略。

单方面地阅读资料，索罗斯认为还远远不够，他通过亲自了解以及实地勘查的方式，更深入地了解投资标的。

（2）化繁为简。如果金融市场的确要分析起来，一定是没完没了，比如经济大势、政治影响、个股基本面、历史走势图以及产业前景等分析后，最后还要做出买或不买、卖或不卖的最终判断。索罗斯每天阅读数十份各类专业刊物的原因就在于这一点。

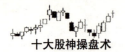

将这些堆积如山的信息进行归纳，可能夹杂不实的信息与消息，处处是陷阱，既复杂又非常危险。因此索罗斯先将这些收集资料进行分类，再抽丝剥茧，最后归纳出对自己有用的信息，很关键的一点是不能求快而漏了一大堆有用的信息，特别在复杂的金融市场，错失一步，可能便满盘皆输了。

索罗斯说：你的思考必须要全球化，不能只是很狭隘地局限于一个方面，你应该知道此地发生的事件，会怎样引发另一地的事件。他就是要投资者培养国际观，并能找到事件的联动关系。

索罗斯不仅注意企业的状况，同时还留意当时的大环境。对微观与宏观两个方面都要兼顾，因为它们两者是互相联动的。

20世纪70年代中期索罗斯曾放空雅芳股票，他以120美元价格放空卖出，两年之后以每股20美元回补，他从每股中赚了100美元。因为索罗斯洞察了一个趋势，即人口渐渐老龄化，化妆品业者收入必然遭受很大成绩影响，而且他还认为小孩子也不再用那种东西，因此他研判化妆品的销售盛况已经过去了。

（3）善于倾听世界金融领袖所讲的话。索罗斯绞尽脑汁地做出分析，终有达到极境的时候，在这以后，必须由直觉本能掌控一切。他认为，操作成功，不能证明他的理论是正确的；这不是科学实证，一定还有其他的东西。索罗斯的理论提供了一个架构，解释他相信金融市场是如何运作的。市场中投资者都在追抢某只股票、某种类股或者某种商品时，索罗斯却随时随地将整个总体经济状况放在心中，其中包括复杂的全球操作情景。索罗斯比大多数人更了解全球经济的因果关系，也就是，假设A发生，B必随之而来，接下来则是C。索罗斯能够成功，这是很重要的操作诀窍之一。

1992年德国央行史莱辛阁的一席演说提到：如果投资者认为欧元是一篮子固定的货币的话，那就错得离谱了。当年总统为了经济问题，一再提高马克的利率，使得马克变成强势货币，而为了维持汇率的稳定，使得德国及意大利不得不跟进，但是英国和意大利的经济情况不理想，因此苦撑汇率之下，对德国抱怨连连。索罗斯听了史莱辛阁这番话之后，认为其中别有文章，他话中的涵义可能影射虚弱的意大利里拉。事后索罗斯与史莱辛阁谈话，问他是不是喜欢以欧元作为一种货币。史莱辛阁回答，他喜欢欧元的构想，但是欧元这个名称则并不喜欢，如果用马克的话，他会比较容易接受。读出弦外之音的索罗斯就立即放空意大利里拉，大赚 3 亿美元，并借了一大笔英镑，改换成马克，又大赚 10 亿美元。由此可以看出，一些平淡无奇的话，在索罗斯听起来，可能就是重要的买入或卖出的讯号。

（4）懂得判断、听得懂事件的含义。明牌就出现在报纸、新闻、电视以及广播，甚至口耳相传的小道消息上。1972 年，有一天晚上索罗斯听到了国民城市银行招待证券分析师吃晚饭的消息，这是一件从来没有发生过的事，虽然索罗斯不在受邀行列之中，但他却敏锐地认为其中一定有不寻常的事情要发生，他马上主张买进经营状况较好的银行股，他的联想是银行业可能要公布利多消息，果然索罗斯买进的股票获得五成的利润。

（5）借助于他所获得的内幕消息。1993 年 3 月，索罗斯先悄悄买入黄金，随后开始散布消息，称有"内线消息"透露，经济快速发展的中国大陆正大量收购黄金。很多投机商闻风而动，疯狂追高买进，造成当时国际上的黄金价格在 4 个月内暴涨了 20%，而这时大赚一笔的索罗斯便悄悄地撤退，留下一群惨遭套牢的投资者。让人生疑的是，索罗斯为什么有如此神通，在多次投机中所向披靡？值得注意的是他的"内线"。打开"量子基金"的董事会名册，就会发现索罗斯与欧美及犹太世界的金融家们都有密切联系。这些资深的银行家、投资专家、政界要人遍及西方各国，为索罗斯带来了不少重量级客户，也给他提

供了不少"内线消息"。一位接近索罗斯的人士透露："索罗斯在采取重大投资行为时,不论是炒作英镑、里拉还是某种基金,全都是来自高层的内线消息。"据有关人士调查,提供消息的不只是表面上与索罗斯有业务往来的朋友,拥有"量子基金"数十亿美元股份的匿名客户,也许是更重要的消息来源。

第三章 股票之圣
——彼得·林奇操盘秘诀

彼得·林奇是国际上有史以来最成功的基金经理之一，被称为"历史上最传奇的基金经理人"，又是"全球最佳选股者"。1977 年掌管富达麦哲伦基金，13 年资产从 1800 万美元增加到 140 亿美元，每年增长率达到 29%。他曾被美国《时代》周刊誉为"第一理财家"。《幸福》杂志则称誉他是股市中一位超级投资巨星。与巴菲特、索罗斯齐名，被誉为"股票之圣"、"股票天使"。

林奇成功关键：发现具有持续盈利、不断成长、兼具价值的快速增长型公司（快速增长型公司的特点是规模小，年增长率为 20%~25%，有活力，公司比较新）。

林奇操作风格：中长线投资。

林奇操盘的哲学：

（1）购买股票的最佳时段是在股市崩溃或股价出现暴跌的时候。

（2）价值投资的精髓在于，质优价低的个股内在价值在足够长的时间里总会体现在股价上，运用这种特性，使本金稳定地复利增长。

（3）在股市赔钱的原因之一，就是一开始便研究经济情况，这些观点直接把投资者引入死角。

（4）投资具有潜力并没有被市场留意的公司，长线持有，利用复式滚存稳步增长。

一、林奇操作理论

1. "鸡尾酒会" 理论

林奇是一个著名的投资大师，他经常被邀请去发表演讲，每次都有大量的听众。每当演讲完了之后，在自由提问的时间里，总是有人问林奇股票的行情，或者目前的股票旺市是否能持续保持向前发展。针对这些问题，林奇总结出来的关于股市预测的"鸡尾酒会"理论，可以说深得人情事理的精妙。

彼得·林奇出任麦哲伦公司总经理之后，通常在家里举行鸡尾酒会招待客人。他发现了一种非常奇特的股市周期规律。这个周期规律分成四个阶段。

第一阶段：在酒会中若有人慢慢地走过来，问林奇从事什么职业，而他答道："我从事共同基金的管理工作。"来人会客气地点一下头，然后转身离去。即使他没有走，他也会快速地转移话题。过一会儿，他会与身边的一个牙科医生说说牙床充血什么的。当有 10 个人都愿意与牙医聊聊牙齿保健，而不愿意与管理共同基金的人谈股票时，股市将可能上涨。

第二阶段：在林奇向搭讪者说明自己的职业之后，来人可能与他交谈的长一点，聊一点股票风险等。这段时间里大家仍然不大愿意谈股票，这时股市已经从前述第一阶段上涨了，但却没有人对此加以重视。

第三阶段：股市已经大幅上涨了，此时多数的鸡尾酒会参加者都

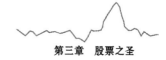

不再理睬牙医，整个晚会都围着林奇转。不断有人拉他到一边，向他询问应该买什么股票，就连那位牙医也向他提出了这种问题，参加酒会的人高兴地议论着股市上已经出现的种种情况。

第四阶段：酒会中，人们又围在林奇身边，这次是他们建议林奇应该买什么股票，并向他推荐三四种股票。之后几天，林奇在报纸上按图索骥，发现他们所推荐的股票早已涨过了。此时股市已到了巅峰，下跌阶段将要来临。

林奇认为，没有人能够预测利率、经济或者股市未来的走向，抛开这样的预测，注意观察你已投资的公司到底在发生什么事情。

林奇还指出：每个人都有头脑在股市赚钱，然而并不是每个人都有这样的魄力。尽管 20 世纪八九十年代美国基金业发展非常之快，但能战胜大盘的基金却不足 10%。因此林奇的话就更加掷地有声。在充满震荡和陷阱的股市，林奇尤其强调一种大局观，也就是对股市基本走势的把握和信心。他认为坚持信念与选择股票，后者的成功必须依靠前者。作为成功的基金经理人，林奇所管理的资产逐渐庞大，面临巨大的压力，舆论对其是否能保持优异业绩的质疑更是刺激了林奇的挑战欲望，林奇回应的策略是进攻性的——不断地寻找更好的股票来换掉自己已经选中的股票。

所以，投资者不要理睬股评人士大胆的最新预测。出售股票是因为该公司的基本面变坏，并非因为天要塌下来。

2. 梭哈扑克游戏理论

林奇说："实际上，股票市场通常会让我联想到的就是梭哈扑克游戏。"

梭哈的玩法则是：发牌时有 4 张牌面向上，如此一来你不仅能看到自己所有的牌，还能够看到你的对手的大多数牌。发完第 3 张或者

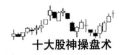

第4张牌的时候，要么很明显的是谁输谁赢已见分晓，要么很明显的是根本没有人能赢。华尔街股市上的情况也是这样的。

林奇认为，根本没有办法能将股票投资与赌博完全区分开来，我们没有办法将投资归纳到一个纯粹的能够让我们感到安全可靠的活动类别当中。安全谨慎的投资对象与轻率鲁莽的投资对象之间并没有绝对明确的分界线。一旦我们接受货币本身具有风险这一让人不安的事实，我们才可以真正地区分出究竟什么是赌博，什么是投资。在区分的时候不应该按参与者的行为类型（譬如债券、股票、赌马等），而应按参与者的技巧、投入的程度以及事业心。对于一个经验丰富的赌马者而言，假如他能严格地遵守一定的系统方法进行下注，那么赌马也能为他提供一个相对安全的长期收益，这种赌马的行为对他来说与持有共同基金或者通用电气的股票并没有什么区别。对于那些草率并且容易冲动的股票投资者来说，到处打听热门消息并频繁地买进卖出，跟赌马时只按赛马的鬃毛是不是漂亮或者骑士的衣衫是不是华丽便草率地下注根本没有区别。

他强调，投资只不过是一种能想方设法提高胜算率的赌博而已。对于那些懂得怎样运用好手中的牌的老手来说，玩梭哈七张牌就可以获得一个长期稳定的回报。

只要你懂得如何寻找，你会发现像牌桌上摊开的明牌那样，华尔街上很多信息也都是公开透明的。

通过了解公司的一些基本状况，你就能够知道哪些公司有可能会迅速增长，哪些公司却不可能这样。你永远难以确定将要发生什么情况，而每一次出现新情况——譬如收益大幅地提高、出售赔钱的子公司以及公司正在开拓新市场等就像正在翻开一张新牌那样，只要这些新的情况就好比新翻开的牌一样表明你的胜算很大时，你就应当继续持有这些公司的股票，就如同你继续持有一把好牌似的。

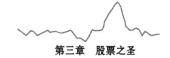

林奇认为，在股票市场中运用正确的投资方法能够减少投资风险，就如同在纸牌游戏中应用正确的玩法能够减少风险似的。假如投资方法错误（比如买入了一只股价被过度高估的股票），即使是买进像亨氏这样的大公司的股票也会造成很大的损失，同时也会失去其他很多的投资机会。有的投资者这样认为，只要购买蓝筹股，就不用去关注这些公司的基本面，结果是他们由于这种盲目轻率的做法一下子就亏损了大部分的投资资金，并且很有可能此后 8 年时间也没有上涨到原来的价位。难道是公司出了问题才造成巨大的风险吗？不，唯一的原因是大家对这只股票的投资方法是错误的，对于那些可以接受不确定性的投资者而言，投资股票的最大好处是，一旦判断正确就能获得十分惊人的投资回报。很明显，股票投资已成为一种值得一试身手的赌博，前提是你必须懂得怎样正确地来玩这种游戏。只要你手中持有股票，就好比一张张新牌会不断地摊开一样，一个个新的公司信息会不断地出现。

3. 集中投资，适当分散

在股市中长期以来一直存在集中投资与分散投资两种完全对立的投资组合观点。但林奇却认为不要偏执于某一种组合模式："寻找一种固定的组合模式并不是投资的关键，投资的关键在于按照实际情况来分析某只股票的优势在哪里。"

林奇认为，确定投资的前提是研究分析股价是否合理："假如你做出了正确的研究并且买入了价格合理的股票，那你就已经在一定程度上让你的风险降低到最小化了。"反之，假如你买进一只价格高估的股票，这是一件糟糕的事情。因为即使该公司获得了很好的业绩，投资者仍然无法从中赚钱。

林奇认为，投资必须尽可能集中投资优秀企业的好股票，而不能

单纯去追求多元化投资于自己不熟悉的股票。投资者必须多了解持有该公司的股票："必须对该公司有一定的了解，并通过研究发现该公司拥有良好的发展前景。投资分析研究的结果可能是一只股票，也可能是多只股票符合标准，投资者应按照自己的研究判断来决定投资组合持有股票的多少。但根本没有必要因为多元化投资而投资一些自己不了解的股票，对小投资者而言，愚蠢的多元化投资就像恶魔一样可怕。"

同时林奇还认为，为了避免一些不可预见的风险发生，只投资于一只股票是不安全的，一个小的资产组合中必须含有 3~10 只股票较为合适，这样既能够分散风险，又有可能获得更多收益。

在他自己总结的 25 条黄金规则中他谈道："持有股票就像养育孩子——不要超过力所能及的范围。业余投资者大概有时间追踪 8~12 家公司。不要同时拥有 5 种以上的股票。"

应该说早期的彼得·林奇是一个疯狂的分散投资基金经理，在他所掌管的基金投资组合 1983 年共包括 900 种股票，后来增加到 1400 种。他就像一条巨大的蓝鲸，吞食一切有利于它成长的东西。但随着投资经验的增加、投资精力的下降，他越来越崇尚集中投资。

有些人认为，林奇的投资成功在于其只投资于快速增长型股票，其实林奇投资于快速增长型股票的资金从未超过基金资产的 30%~40%，余下部分被分别地投资于其他类型的股票以分散风险（林奇把股票分为 6 个类型：快速增长型股票、稳定型股票、缓慢增长型股票、隐蔽资产型股票、周期型股票和转型困境型股票）。

"尽管我拥有 1400 只股票，但我的一半资产投资于 100 只股票，2/3 投资于 200 只股票，1% 的资金分散投资于 500 只定期调整的次优股。我一直在找寻各个领域的有价值的股票，却并不执着于某一类型的股票。"

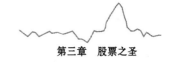

林奇认为，在选择分散投资的对象时应考虑下列因素：

缓慢增长型股票是低风险、低收益的股票；稳定型股票是低风险、中等收益的股票；如果你确信了资产的价值，隐蔽资产型股票是低风险、高收益的股票；周期型股票取决于投资人对周期的预期准确程度，可能是低风险、高收益，也可能是高风险、低收益。同时，十倍收益率股票易于从快速增长型或转型困境型股票中获得，这两种类型的股票都属于既是高风险又是高收益类型的股票，越是有潜力增长的股票，越有可能下跌。

二、林奇盈利法则

1. 成功关键是找出了能涨的 10 倍股

林奇的成功关键是，找出了能够上涨的 10 倍股。他在其自传中谈到一个能涨 10 倍的股票（Tenbagger）的意义："在规模比较小的投资组合中，即使只有一只股票表现突出，也可以将一个赔钱的资产组合转变为一个赚钱的资产组合。"

他认为，"作为业余选股者，根本不必寻找 50~100 只能赚钱的好股票，只要 10 年里能够找到两三只赚钱的大牛股，所付出的努力就非常值得。"

Tenbagger（长线牛股）是指持续地高复合增长率造就的。林奇指出了 Tenbagger 的关键所在，假设估值不变，当盈利年增长率超过 25% 的时候，10 年期间公司的盈利与股票价格将上涨大约 10 倍。

林奇指出，"Tenbagger"股票共同的特点就是所处行业具有日益扩

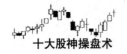

大的市场空间，只要公司具备竞争优势，就能够分享市场带来的收益。

Stop & Shop 公司的股票就是这种长线牛股。林奇原来认为 Stop & Shop 公司的股票至多能让自己赚到 30%~40%的利润，结果却从中得到了 10 倍以上的惊人利润。Stop & Shop 原来只不过是一家很普通的上市公司，当时股价正在不断地下跌，1979 年林奇只是看中了该公司具有较高的股息收益率才购买它的股票，而该公司的发展前景变得越来越好，公司的超市和 Bradlee 折扣店业务都是这样。当初他以每股 4 美元购买这只股票，1988 年当该公司被收购私有化时股价上升到了每股 44 美元。

至于林奇如何选择 10 倍的大牛股，这方面，林奇完全与普通投资者的观点不一样。大多数投资者到快速增长行业中寻找大牛股，但他却认为一个增长为零甚至为负的行业中，更容易找到大牛股。普通投资者到新兴、高科技行业的大牛股寻找，但他却认为主营乏味的公司更易产生牛股。我们看看林奇所说的一些大牛股。

Dunk's Donuts：这是一个加工甜圈圈的食品公司，上涨了 6 倍。

Sbaru：这是一家汽车公司，远不如通用公司有名气。假如持有到 1983 年上涨了 20 倍，假如持有到 1986 年上涨了 156 倍。

The Gap：生产牛仔裤的公司，从 18 美元上涨到 467 美元。

La Quinta：汽车旅馆公司，10 年的时间每股从 23 美元上涨到 4363 美元。

苹果电脑公司：就不要说它，从 1982 年的 2000 美元到 1987 年就是 10 倍的收益。

Hane：这是一个生产长筒丝袜的公司，林奇从中赚了 6 倍，假如它不被兼并的话，就能够上涨 50 倍。当然这只是一个假设。

这些公司大多数都是与消费品有关的公司，食品、牛仔裤、汽车旅馆、长筒袜等，它们尽管没有高科技的招牌，却是大家必需的消费品。

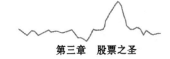

什么样的公司可以成为"Tenbagger"的理想公司呢？我们不妨来看一看林奇所认为的可以成为理想公司的 13 个特点：

（1）名字听起来非常傻，或者非常可笑。

（2）公司的业务属于"乏味型"。

（3）公司的业务"让人厌恶"。

（4）从大公司中出来的新独立公司。

（5）被大家忽视的公司。

（6）与有毒垃圾或者黑手党有牵连的诸多传闻。

（7）经营的业务令人感到很郁闷。

（8）处于一个增长为零的行业中。

（9）它有一个壁垒。

（10）人们需要不断地购买它的公司的产品。

（11）它是高科技产品的用户。

（12）公司的员工都购买它。

（13）公司在回购自己的股票。

林奇认为，他之所以能够"10 年赚 10 倍"，是因为他发现了理想的公司，这涉及把一个投资法则落实到具体选股的环节上。不过，每个投资者必须都有自己心中的理想公司的样子，这些公司业绩增长稳定、公司治理完善并能给投资带来高额的回报等。

如何去发现未来的大牛股？林奇认为，普通投资者既不需要四处打听内幕消息，甚至也不需要有很多的专业知识。投资者需要的只是多观察与多思考，从自己很熟悉的生活中，就可以发现很多大牛股。

林奇特别指出的是，对于一般投资者认为最有可能成为大牛股的一些公司，林奇认为正好是投资中最危险的公司，投资者必须回避：热门行业中热门个股；被吹捧为某某第二的公司；被"小声议论的"的股票；"多元化失败"的公司；单一供应商公司与名字花里胡哨的公

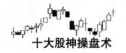

司。归根结底，投资的成功不仅要抓住能上涨 10 倍的大牛股，还要尽可能地回避让投资者大幅度地亏损的大熊股。

同时，他还强调两点：一是投资是需要耐心的，不要想持有一个公司几天赚 10 倍，10 倍的股票也有下跌的时候，然而只要你耐心地持有，它就是给你下蛋的金鸡；二是好股票不等于好公司和大公司，蓝筹股并不能一向都表现很好。有特色的公司更加有利可图。在这个市场上有特色的公司比较多，不要等待基金经理们将它们抬高了你再去购买。

2. 赚钱的最好方法是抓住中小型的成长型公司

彼得·林奇在《战胜华尔街》中说："投资大、小公司都能够赚钱，但假如你专注于小公司，你很可能获得惊人的回报！'小的'不仅是美丽的，而且是最能赚钱的。"

林奇所经营的麦哲伦基金大概多达 1400 种股票，在这些股票种类中，是林奇希望获得收益为 200%~300% 的中小型的成长股。在林奇投资的股票中，中小型的成长型公司是最稳当的，因为中小型公司股价增值比大公司更容易。在一个投资组合中只要有一两家公司收益率很高，即使其他的股票亏损，也不会影响整个投资组合的收益。

中小型成长股是林奇最偏爱的股票种类，他认为，想赚钱的最好方法，就是把钱投入一家中小型的成长型公司，这家公司在近几年之内一直都在盈利，而且将持续地成长。

因此林奇认为，小公司比大公司具有更大的成长潜力。小公司更容易扩张规模，而大公司扩张十分有限。他如此说道："我们能发现公司规模大并不表明它股票的涨幅就大。在某种产品市场其经营可能会比较好，然而投资小公司的股票才有可能获得最大的收益。在正常的情况下，拥有数十亿美元资产的大公司比如可口可乐公司等，它们的

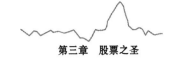

股票不可能在很短时间内上涨 10 倍。由于这家公司的规模这样庞大，所以它的股票只能慢慢地上涨。在其他条件都一样的情况下，买进小公司的股票能获得更好的回报。"

譬如像星巴克斯一样的小公司与通用电气公司相比，前者规模增加一倍比后者来得更容易。

说起成长股，大家自然会联想起高科技公司的股票，20 世纪 90 年代美国科技股曾辉煌一时，有的美国科技公司甚至创造了市盈率 500 倍的纪录，可见其股价估价过高。林奇对高科技股票却主动回避。当然，在美国走向后工业化时代的转型中，成长股到处都是，服务业表现特别突出。在林奇看来，餐饮连锁公司与零售公司通过全国扩张，能在 10~15 年之内保持 20% 的年增长速度，也就是 3 年能够翻 1 倍。它们不仅和高科技公司一样具有快速增长、高收益，而且风险比较小。为此他还发现了"72 原则"，那就是投资年回报率除以 72，等于资产翻 1 倍需要的年数。譬如 25% 的投资回报率 3 年翻倍，15% 则是 5 年。林奇认为，抓住成长股的关键是，要确定该公司的扩张期是否走到头了，是否能抓住"最后的机会"。

林奇强调："对于小公司来说，最好等到它们有利润以后再投资。"

可见，成长型小企业具有很多的机会，但同样存在着很多的风险，大多数小公司在市场的大潮中被淘汰了，活下来的仅仅是很少数的成功者，获得最初的获利能力是具备生存能力的一个基本尺度。

股价与公司的成长是彼此相关联的，一个小公司成长 10 倍，其股价有可能翻 20 倍，虽然长期地高速增长是不可靠的甚至是危险的，然而由于小公司的起步基数小，面对庞大的市场，连续几年的高速增长是能够做到的，假如投资者可以提前发现一个新兴产业中有强大竞争实力注定会成为产业巨人的小公司，毫无疑问就是找到了一个巨大的金矿。

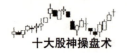

3. 从冷门股中掘金

林奇对无人问津的冷门股却表现出很大的热情："假如你找到了一只几乎不曾被机构投资者问津的股票，你就会找到了一只很有可能赚钱的股票。若你找到一家公司，它既没有被分析师们访问过，又没有专家认可它，那么你赚钱的机会便会大了一倍。"

林奇向来看好被冷落的有发展潜力的公司，他也在这类公司中获得很大的好处。他认为，投资于这样的公司的风险要比投资于热门行业的热门股票的风险小得多。

林奇发现找到冷门股有这样一个规律：那些业务使人感到很乏味、厌烦甚至郁闷的公司股票，可能是很少人问津的冷门股，却最终会成为股价持续上涨的大牛股。

他认为，非热门行业的有潜力的公司能够给投资者带来高盈利，其主要原因是，很多投资者并不关注这类股票，投资于这类股票的人极少，因此先购买它的投资者以很低的价格就能够买到该股票，这样会极大地降低投资者的初期投资成本。有发展潜力的冷门股票在呈现增长趋势前通常表现比较平淡，股价也往往在低位徘徊，这十分有利于投资者运用有限的成本构造出较高的仓位。还有一个很重要的原因就是盈利能力是决定一个公司股价走势的最终因素。假定非热门行业的好公司经营有方，就可以获得很稳定的利润和业绩，那么它的股票必然会吸引很多投资者，并且令其股价大幅度上涨，因此在初期建立仓位的投资者会由此获得丰厚的收益。不过，这种投资获利是基于长期投资的，假如投资者不接受长期投资而是关注短期投资，关注热门股票与热门行业，是不会在冷门行业的有潜力的公司的投资中获得收益。

回避热门行业里的热门股票是林奇对投资者的忠告；反之，那些

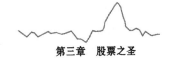

被冷落、不再增长的行业里的好公司则是林奇提醒投资者必须重点关注的板块。

4. 寻找那种拥有利基的公司

林奇对拥有利基的优势公司情之所钟："我总是在寻找这种拥有'利基'的公司，理想的公司都要有一个'利基'。这种利基使公司获得了能在所在市场领域中形成的一种排他性独家经营权。这种排他性独家经营权正是我所寻找的阿拉丁神灯，没有什么能够描述排他性独家经营权的价值……一旦你取得了排他性独家经营权，你就能提高价格。"

林奇发现巴菲特与他一样，很钟情于寻找具有独家经营权的优秀公司。林奇佩服地说，巴菲特投资"独家经营权"型公司获得了数十亿美元财富。

林奇认为，好的公司都有——"利基"，顾名思义，就是利润的基础，归根结底，就是好公司得天独厚的地方，巨额利润的潜在来源。

它的英文为 Niche，来源于法语，其意是信仰天主教的法国人房子外墙上供奉圣母玛利亚的神龛。后来被引入营销学之中，是指那些拥有清晰边界并让竞争对手难以与之竞争的缝隙市场。

林奇这样说的，"相比较之下，我更希望拥有一家地方性石料场的股票，而不愿意拥有 20 世纪福克斯公司的股票，因为一家电影公司面临着很多其他电影公司的激烈竞争，而石料场却有一个利基"。

林奇认为，拥有石料场要比拥有珠宝行更安全。因为石料场运输费用非常高，没有其他石料企业参与竞争，具有区域垄断地位。

譬如在区域优势方面，在这个区域中有独自发展空间的公司通常是具有唯一性或是行业的龙头，例如，天然气供应、污水处理、报纸以及房地产开发商、烟酒公司等。在这个区域内这些公司都具有独特

的发展空间，基本不存在竞争、区域垄断以及地方保护，其进入门槛高，利润率通常高于在全国范围内展开竞争的公司以及能享受到地方政府的支持是它们共同的特点和优势，而正是这些也为公司创造了业绩的支撑。

林奇指出，比如联合出版公司就是具有这样优势的公司，该公司拥有《波士顿环球报》。《波士顿环球报》在波士顿地区占有90%以上的印刷广告收入，林奇从中得到了巨额的投资收益。

在独享优势方面，是指公司有独家专利或者受到某种保护独家享有业务的优势，例如医药公司与化学公司，根据林奇的说法，利基具有这些特点：

（1）具有区域垄断地位，没有什么新的竞争对手加入，享有独断的经营权。

（2）具有价格的定价权。企业一旦享有独断的经营权，就能够决定价格。

（3）其他公司不能仿制生产与它们完全相同的专利产品。

由此可以看出，林奇"利基"观点与巴菲特"护城河"理论近似。

为什么林奇竭力寻找这类股票？是因为获得了一个细分市场的绝对优势，便意味着企业资源的高度聚焦，这通常意味着更高的投入产出和更持续的盈利能力。

对投资者而言，必须投资那些拥有"利基"的公司。

5. 挖掘公司隐蔽性资产，赚钱的机会就会更大

不断地挖掘公司隐蔽性资产和发现其潜在价值，这是林奇又一个绝招。在他看来，任何一个产业或者板块，哪怕是所谓"夕阳产业"，都能够从中找出潜在的投资目标，甚至"女士的丝袜要胜于通讯卫星，汽车旅馆胜于光纤光学"。只要公司有很好的潜质，股价合理，就能够

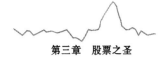

购买。

林奇受格雷厄姆的影响，对阅读财务报告极其重视，他通常依照公司财务报告中的账面价值去搜寻公司的隐蔽性资产。

对于账面价值，林奇认为账面价值通常与公司的内在价值不对等。有时在市场上会出现股价低于账面价值的状况，从表面上来看投资者能够用便宜的价钱购买到想要的股票，但实际上账面价值通常大大超过或者低于股票的实际价值。假设一家企业的资产是 10 亿元，负债是 8 亿元，结果账面价值为 2 亿元。如果 10 亿元的资产在破产拍卖中仅仅卖得 5 亿元的价格，那么实际上账面价值则为 3 亿元。这样的企业不仅一文不值，还倒欠很多。投资者在按账面价值买进一只股票的时候，一定要详细地了解其资产究竟值多少。

譬如，阿兰伍德钢铁公司的账面价值是 3200 万美元，即每股为 40 美元。尽管这样，这家公司在半年之后还是破产了。是因为这家公司更换了一套炼钢设备，这套设备的账面价值是 3000 万美元，可是由于计划不周全，而且在操作上又出了差错，结果没有一点用处。为了偿还这些债务，这家公司只以 500 万美元的价格将轧钢板机卖给了卢肯斯公司，则工厂的其他东西根本不值钱，几乎没卖多少钱。

由此可见账面价值往往超出实际价值，同样，账面价值也往往低于实际价值。林奇认为这正是投资者挖掘隐蔽性资产，从中能够赚大钱的地方。

他还认为，在石油业、金属、药业、报业以及电视台等行业，甚至有时候在亏损的企业中，都存在隐蔽的资产。而这些隐蔽性资产存在的形式各种各样，可能是房地产，也可能是税收优惠或者一笔现金等。

林奇曾列举了这样的一个例子。1976 年，沙石滩公司股本规模是 170 万股，每股为 14.5 美元，整个公司的价值只是 2500 万美元。

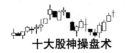

还不到 3 年的时间（1979 年 5 月），20 世纪福克斯影片公司用 7200 万美元购买沙石滩公司，沙石滩公司的股价从而上升到每股为 425 美元。而 20 世纪福克斯影片公司在购买之后的次日，就将沙石滩公司的砾石场以 3000 万美元的价格出售，而砾石场仅仅是沙石滩公司很多资产中的一项。也就是说，只是砾石场这一项资产的价格便超出了 20 世纪福克斯影片公司购买整个公司所需的资金。因此，砾石场周围的地产、德尔蒙特森林以及蒙特雷半岛的 2700 公顷的土地 300 年长成的树木、一家旅馆、两个高尔夫球场等便成了白白地送上门的财富。

再譬如，一个石油公司存货在地下保存长达 40 年，然而在计算存货的价格时，所运用的标准则是以往的标准。从该公司的资产负债表反映出来的价值并不高，可是若把那些存货按现在的价格来计算，那么其价值就会提高很多。在此情况下只是卖掉石油，也会给投资者创造巨大的收益。石油很容易卖出去的，因为它没有时间限制而且还是人们日常生活的必需品，不管什么时候开采的，它都能够卖出去。

20 世纪 60 年代以来，随着很多大公司出现了资产增值，商业信誉便成为一项新的资产，林奇说这也是公司的隐蔽性资产之一。

为此，林奇举了个很明显的例子：波士顿第五频道电视台，在建立之初，它可能需要很多费用，比如办理营业执照的相关证件需要 25000 美元，电视塔的建造用了 100 万美元，播音室的修建用了 100 万美元，这些费用加起来，此时这家电视台的账面价值可能只有 250 万美元，经过时间洗刷，这些账面价值还会贬值，所以这家电视台在出售的时候，价格只是 4.5 亿美元，隐蔽性资产能够达到 4.475 亿美元，甚至有可能高于这个数字。那么对于买方来说，这 4.475 亿美元就成为它账面上的商誉。根据会计准则，在一定时期之内商誉也是要

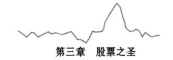

被推销出去的，如果这样的话，那么新的隐蔽性资产又产生了。

还有一个例子：可口可乐装瓶厂从属于可口可乐公司，其商誉价值达到上万亿美元，那么除了可口可乐装瓶厂的设备、产品以及厂房等的价值之外，其经营特权是一种无形价值。根据美国现行会计准则，它应当在 4 年之内将商誉推销完毕，当然它经营的特许权价值一直都在上涨，假设要支付此商誉价值，那可口可乐装瓶厂便会在盈利上遭受很大的损害。比如，1987 年，可口可乐装瓶厂每股盈利是 63 美分，其中有 50 美分是用以支付商誉，然而该厂的收入还是很好的，其隐蔽性资产也在持续地增长。

林奇还向我们介绍了另外一种隐蔽性资产，那就是存在于由母公司成立的子公司里的隐蔽性资产。比如美国联合航空公司就是一个明显的例子，其子公司包括资产为 10 亿美元的国际希尔顿公司、资产为 14 亿美元的威斯汀饭店、资产为 13 亿美元的赫兹租车公司以及旅行预订系统的 10 亿美元的资产。若去掉税收和债务之外，这些资产加起来还是大大超过联合航空公司的资产。林奇说若你发现了这类公司并对它投资，那你就能够坐收利润了。

除了以上隐蔽性资产之外，林奇还介绍了以下两种隐蔽性资产，他说，假如一家公司拥有另一家公司的股票，那么这也是隐蔽性资产。譬如油田电信服务公司和雷蒙德工业公司。雷蒙德公司股价每股为 12 美元，然而它的每一股均包含了油田电信公司每股为 18 美元的股票。所以，若投资者购买一股雷蒙德公司的股票，同时也等于拥有了油田电信公司每股为 18 美元的股票，每股有了 6 美元的增值。另外一种隐蔽性资产，那就是复苏型公司中的减税。20 世纪 70 年代，由于佩思中央公司实施损失账目结算而破产，它庞大的税收损失可以供结转。在此情况下，假如佩思中央公司摆脱破产，甚至开始盈利之后，它就能够获得数百万美元的利润，然而失去却不用

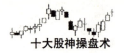

交税。当时企业所得税的税率为 50%，如果佩思中央公司进入复苏，那么这 50% 就成了它的优势，从而让它的股票开始上涨，1979~1985 年，每股涨幅达到 24 美元，而它的投资者也能够从中得到至少 500% 的收益。

以上是林奇告诉大家的几种不同类型的隐蔽性资产，只要我们认真地分析必然会找到它们。假如我们掌握了这些隐蔽性资产，获利的机会就会更大了。

三、林奇操作技巧

1. 林奇选股的四个步骤

林奇的选股切入点严格地按照自下而上的基本面分析，即集中关注投资者自己所了解的股票，利用基本分析法以更全面地了解公司行为，这些基础分析包括充分了解公司自身的经营现状、前景以及竞争环境，还有该股票是否能以合理价格购买。

（1）将股票进行分类。林奇认为："把股票分类是进行股票投资分析的第一步。"他依据企业销售以及产量的增长率把它划分为六种类型公司的股票：缓慢增长型、稳定增长型、快速增长型、周期型、隐蔽资产型以及困境反转型。

在林奇看来，所有经济实体的"增长"均意味着它今年的产出比去年更多。衡量公司增长率有很多种方法：销售量的增长、销售收入的增长以及利润的增长等。缓慢增长型公司的增长十分缓慢，大概与一个国家 GNP 的增长率相当。

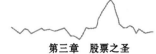

　　而快速增长型公司顾名思义，是指它增长非常迅速，有时候在一年中会增长 20%~30%，甚至更多。在快速增长型公司中投资者才能找到股价涨幅速度最快的股票。

　　为此特别指出的是，一家企业的增长率不可能永远保持不变。一家企业并不总是固定地属于某一种类型。在不同的时期，在企业发展的不同阶段，企业的增长率在不断地变化，企业通常也会从最初的类型转变为另一种类型。林奇在分析公司股票的时候，总是首先确定这个企业股票所属的不同类型，之后确定不同的投资预期目标，最后进一步地分析这家企业的具体情况，分别运用不同的投资策略。

　　（2）进行调研。投资之前必然进行研究。林奇发现大多数人买股票只凭借预感或者小道消息，而不作任何研究。一般来说，这种类型的投资者都把大量时间花费在寻找市场上谁是最好的咖啡生产商，然后计算谁的股价最便宜。

　　而林奇成功的秘诀就是调研，在他黄金投资 25 法则中也是以调研为重点。

　　他认为，实地调查所获得的情况比所有的资料与内部消息要可靠得多，他因运用这种方法在股票市场上很少失手。

　　一是与信息提供者面对面交谈。林奇非常重视坚持与信息提供者面对面交谈，他所管辖的基金公司有 30 名分析师和助理人员以及很多投资组合经理人，当初每两个星期与分析师和经理人开一次会。后来改为阅读分析师每天的笔记，林奇最讨厌向他推荐一只股票而不告诉他充分的理由。每个月他和助理会对持股公司进行一次调查，在每个月里他和助手至少要打 2000 次电话，如果以一次 5 分钟计算，那么每周要用 40 小时。

　　二是他所拜访的公司也是他最可靠的信息来源。林奇努力不懈地

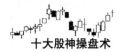

寻找公司就是根据关键变数的变化找到"明显的赢家"，当他不断地拜访一家企业或一种产业，就可以察觉到变动的发生。林奇每年至少要拜访20多家企业，每次拜访的内容他记录在一个本子上，并成了他买卖股票的最基本根据。

三是林奇还与很多行业的专家保持了十分紧密的联系。这样他对行业的动态基本可以做到了如指掌，他通常买入行业内的大部分受益个股证实此道理。他还经常举行午餐会，靠这些获得了很多有用的信息，极大地提高了选股的准确性。

四是林奇还认为逛街和吃东西是一个基本的信息源。没有什么可以代替询问关键问题的地位，可以从实际生活中找到相关信息，一定很可靠，如果你稍加注意，能够在专家们之前从自己所工作的地方或者近邻的购物中心之类的行业中寻找一些前景不错的股票。

（3）对股票进行估值。林奇投资的特点是运用已知的事实进行投资，他喜欢购买成长性好并具有价值的股票。任何一种股票，只要是好的公司，价格合理都可以成为投资标的，而不需要对市场的时机进行判断。

林奇主要利用市盈率对股票进行估值。根据林奇对股票的六种分类，不同类型公司的股票市盈率差别也非常大。大多数投资者通过对不同行业之间、同一行业不同公司之间的市盈率进行比较，找到市盈率偏低的股票，从中赚一大笔钱。然而林奇告诫大家，低市盈率股票并不一定就值得投资："有的投资者认为无论什么股票只要它的市盈率低就要买下来，而这种投资策略对我来说没有任何意义。我们不必要用苹果与橘子相比较。所以能衡量道氏化学公司股票价值的市盈率并不一定适合沃尔玛。"

仅仅考虑市盈率是非常愚蠢的，但市盈率毕竟是一个很容易获得的数据，在正确应用时对分析股票也有很大的用途，所以，你不能对

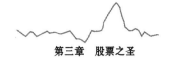

它不理不睬，而是进行合理的分析。

在根据市盈率判断股票高估还是低估时，必须充分、全面地进行比较。第一，把行业市盈率与市场整体市盈率作比较；第二，把目标公司的市盈率与行业平均市盈率作比较；第三，把目标公司不同年份的历史市盈率作比较。

关于市盈率指标如何应用，林奇给了大家一个忠告："若对于市盈率你可以什么都记不住，然而你必须要记住，千万不要购买市盈率特别高的股票。"

林奇也会用每股账面资产与股价作比较，但他很懂得这样做有潜在风险："每股账面价值往往与公司的实际增长没有什么关系，它通常严重高估或低估了公司的真实增长情况。"林奇提醒大家，当你为了账面价值而买进一只股票时，你应当仔细考虑那些资产都是些什么，真实的市场价值到底是多少。在分析公司资产的时候，林奇强调要注意库存现金。假如库存现金数额庞大，就应当根据库存现金对其股价进行调整之后，再计算市盈率。假如不考虑数额很大的库存现金的话，那么我们便会低估公司股票的价值。

林奇也会找到一些收益正合适却很值得投资的公司，由于该公司有自由现金流。一般来说，这样公司均拥有一大笔旧设备的折旧，而这些旧设备短期之内不会被淘汰。这样公司在改革的过程中还能够继续享受税收减免待遇（设备的折旧费用是免税的）。这些折旧使公司的自由现金流大大超过报表上的现金流，极易让大多数投资者低估它的股价。而林奇对现金流量的定义极其严格："假设你按现金流来购买股票，那么你必须确认这个现金流指的是自由现金流。所谓自由现金流是指在正常资本投资支出以后留下的现金。这则是一笔只进不出的现金。"

林奇提示大家，在评价股票的价值时必须对资产评估与公司盈利

能力评估两个方面给予足够的关注。资产评估在一个公司资产重组过程中具有十分重要的指导意义；盈利能力评估主要度量企业未来获得收益的能力。期望收益越高，公司价值就越大，盈利能力就会增强，即意味着公司股票价格具备以后有上涨的可能性。

（4）分析公司股价的走势。林奇认为，公司股价的走势最终取决于公司价值。当然有时要经过数年时股价才能调整到与公司真实价值相符的水平，然而具有价值的公司即使股价下挫时间很长，在多数情况下也最终会上扬。

在任何一张既有股票价格走势线又有收益线这样的股票走势图上，我们都会看到这种股票价格走势与收益走势基本相符的状况。林奇如此总结股票价格波动的规律：

"股票的价格线与收益线的变动趋势是相互关联的，若股票价格线的波动偏离了收益线，它早晚还会恢复到与收益线变动相关的趋势上。大家可能会关心日本人在做什么、韩国人在做什么，最终取决于股票涨跌情况的还是收益。大家可能会判断出市场上股票短期的波动情况，从长期来看股票的波动情况还是决定公司的收益。"

比如，道氏化学公司 1971~1975 年以及 1985~1988 年收益增加时股价随之上扬。在这两个时期之间，也就是从 1975~1985 年，道氏化学公司的收益波动较大，同时股价的波动也较大。

1958~1972 年，雅芳公司收益不断地上涨，股价也随之从 3 美元上涨到令人惊讶的 140 美元。尽管大家对这只股票普遍看好，而相对于收益来说股价明显过高了。1973 年公司收益大挫，让投资者幻想破灭，股价也相应大挫。

2. 对不同类型股票采取不同的投资策略

在林奇看来，不同类型的公司股票均有机会，关键是要看市场处

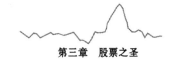

于哪个阶段。他认为，可投资的公司有六种类型，它们是稳定增长型公司、缓慢增长型公司、快速增长型公司、周期型公司、隐蔽资产型公司以及困境反转型公司。这六类公司都可以为投资者创造利润，也为对风险和收益有不同偏好的投资者提供了可供选择的余地。林奇认为，首先分析确定公司股票的类型，对不同的类型采取不同的投资策略。

（1）快速增长型。林奇对这类股票相当喜欢。他直截了当地说，"快速增长型公司"是他最偏好投资的类型之一。假定投资者认真选择，就会发现这类公司中有很多能上涨 10~40 倍，甚至 200 倍的股票。

此类公司的特征是：规模较小，有活力，公司较新，年增长率为 20%~25%。

通常来说，"快速增长型"公司大多数处于快速增长型行业中。然而，快速增长的公司与快速增长的行业并非完全等同，简单地说，在快速增长型行业当中也存在有增长较慢的公司；同样，在增长并不快速甚至停滞的行业当中，也存在有快速增长的公司。对于林奇来说，他更喜欢在他并不看好的行业中去搜寻快速增长型公司。

相应地说，快速增长型公司比其他类似公司具有更大的风险。林奇特别强调的是，第一，那些刚成立不久、被过分吹捧而又存在资金短缺的公司，他认为这种公司风险就会更大。第二，这种类型中还有一类公司最终尚未破产，并且走出了困境，然而存活过来之后变成了缓慢增长型公司。在此情况下，也存在股价大幅下挫的投资风险。第三，快速增长型公司在经过快速增长阶段之后，增长速度渐渐地放慢，规模小的公司就会面临破产的风险，而规模大的公司也会面临快速贬值的风险。

（2）稳定增长型。林奇对这类股票保底持有。他认为，稳定增长型公司的规模庞大，譬如，像可口可乐、宝洁、贝尔电话以及高露洁这样的公司，这些拥有数十亿美元市值的庞然大物并不是那种反应敏

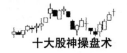

捷的快速增长型公司,而它们的增长速度比那些缓慢增长型公司要快。从这类公司的股票走势图能够看到,它们既不像特拉华州平原那样平坦,但也不像珠穆朗玛峰那样陡峭。当投资者买进稳定增长型公司的股票时,这种类型公司盈利的年平均增长率为10%~12%。

投资于稳定增长型股票是否能获得一笔可观的收益,要取决于购买的时机是否正确以及买入价是否合理。在一般情况下,在林奇买进稳定增长型股票之后,假如它的股价上涨到30%~50%,他就将会卖出,随后再选择那些相似的价格还没有上涨的稳定增长型股票,采用相同的投资手法进行反复的操作。

林奇在自己的投资组合中总是保留一些稳定增长型公司的股票,因为在经济衰退或是经济低迷时期这类股票能够为他的投资组合提供较好的保护作用。

(3)缓慢增长型。林奇对缓慢增长型公司股票表示果断放弃。他认为,一般来说,这种规模庞大并且历史悠久的公司开始时的增长速度也与快速增长型公司一样,后来增长速度渐渐慢了下来,或是因为它们已经用尽全部力量发展了,或是因为它们耗尽了元气从而不能再充分利用新出现的发展机会。当一个行业的整体发展速度慢下来的时候,该行业中大多部分的公司也随之失去了发展动力。这种类型公司盈利的年平均增长率为2%~4%。

林奇把电力公用事业上市公司定义为最常见的缓慢增长型公司。20世纪70年代,因美国电力成本的大幅增长,消费者开始学会节约用电,电力公用事业公司也因此失去了增长的动力。

缓慢增长型公司的另一个特点是,能定期慷慨地支付股息。由于当公司不能想出扩张业务的新办法时,董事会的这种做法在大多情况下可能是公司利润的最佳运用方式。

林奇认为,假如公司的增长速度不是很快,其股价也不会上涨很

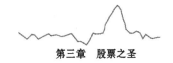

快。既然这样，把时间浪费在缓慢增长型的公司上就没有任何意义了。

（4）周期型。对于周期型股票，他建议阶段性持有股票。

周期性公司是指那些销售收入及盈利以一种并不完全能准确预测却很有规律的方式持续上涨与下跌的公司。在增长型行业当中，公司业务一直在不断地扩张，而在周期型公司中，公司发展过程就是扩张、收缩，再扩张和再收缩，这样不断地循环往复。比如汽车公司、航空公司、轮胎公司、钢铁公司以及化学公司等都是周期型公司。

林奇认为，当经济走出衰退进入繁荣阶段的时候，周期型公司股价的上涨比稳定增长型公司要快很多；反之，经济开始衰退的时候，周期型公司的盈利也会减少。假如投资者在错误的周期阶段买进了周期型公司的股票，就会遭受很大的损失，而且还要等上好几年时间才会再次看到业务重新繁荣。

林奇指出，"周期型公司的股票是所有类型公司中很容易被误解的股票。正是这类公司的股票极易让粗心的投资者轻易地购买同时又让投资者认为它很安全。因为主要的周期型公司都是一些大型的知名公司，所以从本质上看它们与那些让人信赖的稳定型公司没有明显的区分"。

林奇强调，投资周期型公司股票的关键就是时机选择，投资者应该能发现公司业务衰退或者繁荣的早期迹象。假如投资者在与钢铁、汽车和航空等有关的行业中工作，那么投资者已经具备了投资周期型公司股票的特殊优势，这种优势特别是在周期型公司股票的投资中更加重要。

（5）困境反转型。对于如何投资困境反转型股票，林奇认为，应当采取因地制宜的方法。此类股票风险较大，然而倘若抓得准回报也很高，需要仔细分辨。对于那些问题没有预料的那么严重、通过重组起死回生的上市公司股票要特别关注，对悲剧后果无法估量的公司股

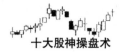

票要尽量回避。

林奇说："困境反转型公司是那种已遭受沉重打击衰退了的公司，几乎面临破产的境地。虽然会有转型失败的公司，但有时的转型成功还是使得对这类股票的投资变得很有兴趣，而且回报也不错。"

林奇认为，投资困境反转型公司股票需要区分不同类型：出资挽救否则后果自负；问题没有我们预料的那么严重；破产的母公司中含有经营良好的子公司；进行重整使股东价值最大化；克服多元恶化。

（6）隐蔽资产型。对于如何投资隐蔽资产型股票，林奇认为，要从上市公司财报中仔细挖掘或者亲自到上市公司考察。

林奇指出，隐蔽资产型公司是任何一家经营你所了解的有价值资产的公司，而这种有价值的资产却被华尔街的专家忽略了。他说："这些没有被华尔街注意到的资产可能隐蔽在石油、报纸、专利药品、金属以及电视台中，甚至隐藏在公司的债务之中。佩恩中央铁路公司就曾发生过如此的情况。佩恩中央铁路公司摆脱破产保护以后，公司的巨额亏损可以税前抵扣，这意味着当它再次开始盈利时并不用缴纳所得税，那些年份公司所得税税率高达50%，所以佩恩中央铁路公司获得新生之后就享有50%的免税优势。"

在林奇看来，最典型的隐蔽资产型公司就是佩恩中央铁路公司。该公司什么类型的隐蔽资产都有：抵扣所得税的巨额亏损、现金、佛罗里达州大量的土地、西弗吉尼亚的煤矿以及曼哈顿的航空权。任何一个与这家公司打过交道的人都可能会发现其股票很值得购买，实际上这只股票后来上涨了8倍。

虽然投资隐蔽资产型公司的机会随处可见，但是应当对拥有隐蔽资产的公司有着真实的了解，一旦对公司隐蔽资产的真正价值有了清楚的了解，所需要做的则是耐心的等待。

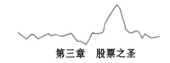

3. 如何选择股票的买卖时机

（1）买入的时机。林奇认为，选择购买股票的最好时机的前提是发现被市场低估的股票："实际上，购买股票的最好时机总是当你自己确信发现了价位合适的股票时，正像在商场中发现了一件价位适宜的商品那样。"

林奇从多年投资经验中发现最好的交易时机可能出现在以下两个特定时期：

第一个时机是出现在每一年年底。股价下跌最严重的时期总是出现在一年中的 10~12 月，这并不是偶然，由于经纪人和投资者通常为了年底消费，愿意以低价出售股票。机构投资者一样喜欢在年底抛出一些亏损的股票来调整未来的证券组合。这一切抛售行为将造成股价下跌，对于价位比较低的股票影响更为严重。

第二个时机是出现在每隔几年市场就会出现的崩盘、回落以及暴跌时期。在这些让人惊慌的时期，假如投资者有足够的勇气在内心喊着"卖出"时依然镇静地买进，就会抓住那些曾认为不会再出现的良机。对于那些经营良好并且盈利高的公司股票，在市场崩溃的时期反而是最好的投资时机。

（2）什么时候卖出。至于股票什么时候卖出，在林奇看来，在两种情况下可以，第一是公司的经营以及业务恶化到不能挽回；第二是股票已超过了本身的价值。此时投资者完全可以卖出。

林奇还建议，投资者应该将过去 20 年内的股价波动的 K 线图拿来作为参考，帮助你判断股市有没有过高或者过低。在实际操作中，投资者可以根据这个原则行事：在股价被适当降低时买进，在股价涨势非常猛的时候卖出。

4. 必须回避的六类股票

在选股方面，林奇与巴菲特一样，很讲究常识，对高科技股通常不碰，碰了也不太成功。以下是林奇回避而不买的六类股票：

（1）热门行业的热门股。大家通常对热门股追捧得趋之若鹜，林奇却对热门股回避唯恐不及："若有我不愿购买的股票，那它必然是最热门行业中最热门的股票。"

林奇认为，热门股之所以这样热门，由于其股价涨得非常快，快得总是使人感到不可思议。遗憾的是热门股下跌起来也非常快，甚至比涨得还要快，快得使你找不到脱手的机会。

（2）那些被吹捧成"下一个"的公司。林奇认为，实际上，当大家将某一只股票吹成是下一个什么股票时，这表明不仅作为后来模仿者的这家公司的股票气数已尽，而且那只被追捧的楷模公司也即将成为明日黄花。

（3）"多元恶化"的公司。林奇认为，那些盈利良好的公司往往不是将赚来的钱用于回购股票或者提高分红，而是更愿意把钱浪费在愚蠢的收购和兼并上。基本上每10年一个轮回，公司好像总是在两个极端之间进行折腾：第一个10年是大量收购疯狂地进行多元恶化，接下来的另一个10年就是疯狂地大量剥离。成功收购的法则在于，你应当懂得如何选择正确的收购对象，而且收购之后能对收购来的公司进行成功管理，起到协同作用。

（4）当心小声耳语的股票。林奇认为，大家对这些股票的小声耳语有一种催眠的作用，极易让你相信，往往这家公司所讲的故事有一种情绪感染力使得你容易意乱情迷。你必须极力提醒自己，假如公司的发展前景很好，那么等到明年或者后年再投资依然会获得很高的回报。为何不暂时等等呢，等公司用业绩证明了自己的实力之后。

（5）过于依赖大客户的供应商公司股票。林奇认为，假设一家公司将 25%~50% 的商品都卖给了同一个客户，这表明该公司的经营处于非常不稳定的状态当中。若失去这个客户，那会给公司造成毁灭性的灾难。除此风险之外，大客户还拥有很大的谈判优势能够逼迫供应商降价以及提供其他优惠，极大压缩利润。

（6）小心名字花里胡哨的公司。林奇认为，一家好公司名字单调乏味，当初会让投资者们闻而远之，而一家毫不出色的公司若名字起得花里胡哨却能吸引投资者买入，并给投资者们一种错误的安全感。

四、林奇操作原则

1. 长期投资胜过短期投资

林奇是一个长期投资的信奉者："我对长期投资的兴趣无人能及，然而正如"圣经"中所说，鼓吹要比实践容易得多。"

林奇还注意到，是因为有了短线投资者和一些专业的对冲基金管理人员，使目前股票的换手率变得极其活跃，短线交易已经充斥整个股票市场，并对市场行情造成了重大影响，从而引发了市场的更大波动。

而林奇很反对短线交易："希望靠短线投资赚钱谋生就如同靠赛车、赌牌谋生一样机会很渺茫。实际上，我将短线投资看作是在家里玩的卡西诺纸牌游戏。在家里玩卡西诺纸牌游戏的缺点是要做很多的记录工作。假设你在股市上每天交易为 20 次，那么一年下来要交易 5000 次，而且所有的交易情况都应该记录下来，之后做成报表向美国

国税局进行纳税申报。所以，短线交易只是一个养活了一大批会计人员的游戏。"

但林奇初期也痴迷于短线买卖，他担任经理的第一年换手率高达343％。可是不久他就发现"很多我持有几个月的股票其实应该持有更长久一些。这不是无条件的忠诚，而是必须瞄准那些越来越有吸引力的公司，过早放弃这种好股票，正应了'揠苗助长'的格言，这是我非常喜欢的格言，自己却成了牺牲品"。

"大家总是四处寻找在华尔街获胜的秘诀，长期以来真正的秘诀就是一条：购买有盈利能力公司的股票，在没有很好的理由时不要抛售。你不一定在分析该购买哪种股票方面是个天才；但倘若你没有耐心和勇气去长期持有股票，你仅仅是一个投机者。区分投资者的好坏的标准并非是头脑，而往往是纪律。一般来说，在几个月甚至几年内公司业绩与股票的价格没有关系。但从长期来看，两者百分之百相关。此差别就是赚钱的关键，必须耐心地持有好股票。"

在此方面，林奇在投资生涯的初期亲身经受这样的痛苦。他提前就发现了家得宝建材公司，当时股价仅仅为 25 美分 。还有类似的股票如玩具反斗城、阿尔伯逊以及联邦快递，都因为没有耐心持股而失去几十倍甚至几百倍的收益。因为有了早期的教训，林奇在后来的投资当中，一旦寻找到好公司就耐心地长期持有。1982 年，他购买克莱斯勒的股票，一直持有至汽车股一个周期的结束。

正因为林奇有这样的理念才使得他在证券市场上能脱颖而出。他从来不去考虑所谓买入时点或者试图预测经济走势，只要他所投资的公司基本面没有发生实质性变化，他就不会将股票抛售。

实际上，林奇曾经对寻找买入时点是否是有效的投资策略作过深入的研究。依据他的研究结果，假如投资者 A 在 1965~1994 年这 30 年中每年投资 1000 美元，然而这个投资者运气非常差，总是在每年的

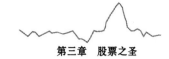

高点买进，那么这 30 年的投资回报年复合增长率为 10.6%。假如另一个投资者 B 在同样时间段内并且用相同的资金"有幸"在每年的最低点买入，那么他将在 30 年中取得 11.7% 的投资回报年复合增长率。

由此可以看出，即使是在最糟糕的时点购买股票，在 30 年的时间里，投资者 A 每年的回报率只比投资者 B 少 1.1 个百分点。这个结果让林奇坚信花费心力去捕捉买点是没必要的。假如一个公司盈利很强，它就能挣越来越多的钱使股票价值持续地上涨。所以，林奇的投资工作就变得非常单纯——去寻找伟大的公司。

这些伟大的公司股票被林奇称为"Tenbagger"，它是指那种股价能翻十倍的股票，而实现如此惊人回报首先要做到的就是长期持有，即使它迅速上涨了 40% 甚至 100% 也不考虑卖出。然而大多数投资者包括很多基金经理在内却在卖出可以继续盈利的股票，反而对亏损的股票不断地增仓希望能拉低成本，此行为被林奇戏称为"拔走鲜花却给杂草施肥"。

请必须记住林奇关于长期投资的一句名言："股票投资像减肥那样，取决于最终结果的是耐心，而不是头脑。"

2. 选股靠勤奋调研

对林奇的选股，他自己有如此生动的概括：我的选股完全是依靠经验，就犹如受到训练的警犬那样，从一家公司嗅到另一家公司。

选股是一件很艰苦的工作，"搜寻值得投资的好股票，就如同在石头下面找小虫子似的。翻开 10 块石头，可能会找到仅仅一只，翻开 20 块石头可能找到两只"。而林奇每年至少要翻开几千多块石头，找到大量的股票，以满足他管辖麦哲伦基金巨大的胃口。

林奇的勤奋是有事实依据的。他每月拜访公司 40~50 家，那么一年就达到 500 家，当然这是《新金融大亨》的作者约翰·雷恩所调查的

结果。而在 1982 年的时候，电视台主持人问林奇的成功秘诀是什么，他回答："我每年不仅要走访 200 家以上的公司，而且还要阅读 700 份年度报告。"无论如何，数量令人非常惊讶的。林奇不但调研美国的上市公司，还要到海外去寻找好股票，他曾说，"除了约翰·邓普顿（全球投资之父）之外，我是第一个重仓持有国外股票的美国基金经理"。1985 年，在一次国际调研活动中，林奇用了 3 周时间调研了 23 家上市公司，并得到很大的收获。他在瑞典走访了这个国家最大的公司沃尔沃，而瑞典唯一的一个研究沃尔沃汽车的分析员竟然没有去过这家公司。

林奇在担任麦哲伦基金总经理的一些数据令人震惊：在一年里他的行程达到 10 万英里，也就是说，一个工作日至少要行走 400 英里。早晨 6 点 15 分他乘车到办公室，晚上 7 点 15 分才回家，路上一直都在阅读投资报告。每天午餐他都跟一家公司洽谈，他大概要听取 200 个经纪人的意见，在一天里他通常要接到几打经纪人的电话，每 10 个电话中他要回一个。他及其助手每个月要对 2000 多家公司检查一遍，假设每个电话 5 分钟，那就需要每周用 40 个小时。

所以说林奇成功的地方在于他是一个实践家，并不是一个理论家。他不在意宏观因素的分析，也不注意技术分析，而强调基础分析中对某一行业以及某一公司做出具体的分析，从中寻找能涨十倍的大牛股。这才是他成功的秘诀。

当然，林奇与很多的投资者不同，否则他们也会创造像林奇一样的业绩了。首先，林奇是建立在对资料有足够充分理解的基础之上，从而让他能快速敏捷地行动，用不着费工夫去获得并不是必须的资料，从而保证了他在多数时候是正确的。

总而言之，林奇非常注重实际调研，这是一种最能减少失误的工作方法。"你要做的也只是要像选择购买日用品一样专心地选购股票。"

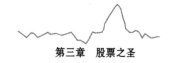

林奇如此告诫投资者。

林奇对人们为何在购买肥皂、枕头、灯泡和卫生纸的时候，仔细地查看枕头上的商标，精明地比较肥皂价格，费心地比较灯泡的瓦数，耐心地比较卫生纸的厚度和吸水性能，而在购买股票时却显得异常的粗枝大叶感到十分迷惑不解。人们通常根据一些耳语消息购买某种股票，而不做任何调查研究。这种信息通常是靠不住的。

其实调查研究一点也不难，也没有什么神秘的地方。很多人都懂得这一点，可他们都很少能细致而有恒心地把调查研究做到底。

3. 把注意力集中在公司上而不是股票上

林奇说："不做调查研究就投资，就像玩扑克牌不看牌面一样盲目。"每一只股票背后都有一家公司，要了解公司在做什么！你必须了解你持有的股票和你为什么持有它。"这只股票肯定要涨"的说法并不可靠。

林奇认为，挑选股票是一个动态的过程。"由于大家很关注股票价格的变化，所以，我们极易忘记这样一个观念：持有一只股票就意味着对公司拥有一定所有权。除非你每隔一段时间就去检查建筑物的结构是否维护稳妥，是否有脱落的地方，否则你不会感觉到自己对租赁房屋的所有权；同样，当你拥有公司所有权时，你应当时刻关注公司的发展状况。"

如果试图跟随市场节奏，那么你会发现自己总是在市场将要反转时退场，而在市场上升到顶部时进场。很多投资者会认为遭到这样的事是因为自己不走运，事实上，是因为他们不切实际的胡思乱想。他们认为，在股市大跌或者回调时购买股票是非常危险的。其实这时只有卖出股票才是危险的，他们忘记了踏空的危险，即在股市快速上涨的时候手中没有股票。这个道理很简单，股价与公司盈利能力直接相

关，往往被忽视，甚至老练的投资者也忽视而不见。观看行情接收器的人开始认为股价有其自身的运动规律，他们跟踪价格的涨跌，来研究交易模式，将价格波动绘成图形。他们本来应该关注公司收益的时候，却试图了解市场在做什么。假如收益高，股价一定要上涨，可能不会立刻就上涨，但最终会上涨。而如果收益下降，可以肯定股价必然会跌。

然而林奇所持的看法却不同，他认为，投资者所投资的是公司，而不是股市，投资者必须关注的也应该是公司，而不是股市，无论股市暴跌还是暴涨，都是如此。

所以，林奇特别提醒投资者，要将注意力集中在公司而不是股票上。每买进一种股票，投资者都必须对这个行业以及该公司在其中的地位有所了解，对它在经济萧条时的应对、影响收益的因素都要有所把握。在这个基础上，再把自己的交易限制在目标企业的股票上。

4. 不了解一家公司的财务状况不要投资

林奇说："当你读不懂某一公司的财务情况的时候，不要去购买这家公司的股票。股市最大的亏损来自投资了在资产负债方面极其糟糕的公司。先看公司的资产负债表，弄清该公司是否有偿债能力，然后再投钱冒险。"

1994 年，林奇发现强生公司的股价在不断地下跌，然而翻看它的财务报表，各项指标都很不错，公司的利润增长已持续了 30 多年，而且公司以往对利润的预期也极少出现偏差。由于强生公司股价的下挫，技术派的投资者纷纷地出售。而他却发现，股价下挫的症结在于政府可能出台一项政策，此政策可能会对公司带来一定的影响，但事实上影响并不一定如想象中那么大，于是他果断地买入了该股票，结果获得了巨大的收益。

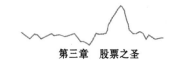

林奇常年阅读公司的年度财务报告，从中主要关注几个关键的数字：市盈率、现金流量、存货、增长率、现金状况、债务结构、债务状况、股息以及股息的支付、账面价值、税后利润、净资产收益率、每股净资产以及每股税后盈利，这些财务知识在一般的专业书上都有。也不必要钻入一大堆财务兵团报表中，了解一些基本情况，确信这家公司有发展前途就可以了。

然而林奇提醒投资者，不关注这些数字是不明智的，然而过分拘泥于数字分析掉入数字陷阱里不能自拔也一样是愚昧的，甚至是更加危险的。

关于如何阅读公司的财务报告，林奇有他独特的看法："无数财务报告的命运是扔进了废纸篓，这并不值得奇怪。封面与彩色页张上的东西还可以看懂，但却没有很大的价值。后面所附的数字就像天书一样，但又非常重要。当然，有个办法能只花几分钟就从财务报告上获得有用的情况。那则是翻过封面介绍，直接找到印在比较差纸张上的资产负债表（财务报告，或者说所有的出版物，均遵循了一条规律：纸张越差，所印内容越有价值）。资产负债表中所列出的资产与负债，对投资者而言，才是最重要的。"林奇认为，通过公司的资产与负债，能够了解该公司的发展或者衰退情况及其财务地位的强弱等，有利于投资者分析该公司股票每股值多少现金之类的问题。

5. 永远不要因为恐慌就全部低价抛出

林奇最推崇巴菲特的观点，只有那些在自己的股票大跌市值亏损50%仍然坚决持股不动的投资者才是适合投资股票的。

投资股票最忌讳的则是不问是非就出售，最害怕的则是慌不择路地清仓。林奇告诉投大家，必须以平常心来面对股市中的每次大的波动，要懂得股市犹如海浪一样是有所起伏的，不要希望永远都处于波

浪的上升阶段。既然股票市场的波动是常态，当股市有微小波动的时候，千万不要惊慌失措地出售股票，极有可能在你出售股票之后的几天内，股价便会上涨到你原先持有的水平。

林奇谈及："假如你在股市暴跌中绝望地抛售股票，那么你的卖出价通常会很低。即使 1987 年 10 月 19 日的行情使得你对股市走势忐忑不安，你也不必要在这一天或者在第二天将股票抛售。"

"你可以渐渐地减持，从而最终能获得比那些因恐慌全部抛出的投资者更高的收益。因为从 11 月开始，股市便稳步回升。到了 1988 年 6 月，市场已经上扬了 400 多点。"

"投资股票就是要赚钱，关键是不要被股市的波动吓跑，这一点怎么强调均不过分。"林奇最推崇巴菲特面对股市大跌时的勇气。

巴菲特曾经告诫大家，那些难以做到自己的股票大跌、市值亏损 50%依然坚决持股不动的投资者，就不要对股票进行投资。

林奇认为暴跌是赚大钱的最好机会："股价大跌而被严重低估，才是一个真正的选股者的最好投资机会。股市大跌的时候大家纷纷地以低价抛售，就算我们的投资组合市值可能会亏损 30%，这也没什么大不了的。"

"我们不要将这种股市大跌视为一场灾难，而要将股市大跌当作是一个趁机低价买进股票的机会。巨大的财富通常就是在这种股市大跌中才有机会赚到的。"

林奇还认为，股市下挫就好比科罗拉多 1 月的暴风雪那样平常，假设你有准备，它并不会伤害你。下挫正是好的时机，去捡那些慌忙地逃离风暴的投资者丢下的廉价货。每个投资者都有投资股票赚钱的头脑，然而不是每个投资者都有如此的胆量。假如你动不动就闻风而逃，你不要投资股票，也不要购买股票基金。

最后，林奇强调，投资者首先要培养的素质就是面对股市的大跌

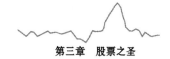

而能够从容镇定。若投资者对此点不是很放心，完全能够应用股票软件来查看股市的历史波动情况，这些历史的数据和图形完全告诉大家，从未有哪一只股票形成下跌趋势之后不触底反弹，也从未有哪一只股票在没有达到谷底以后会转为上升趋势。投资者完全能够把某段历史图形遮住，在遮住任何后半段之后通过前半段判断未来的趋势，再去掉所遮住的后半段，便会发现不管前期的下降趋势有多么厉害，然而一定有相应的反弹周期。

第四章 短线奇才

——杰西·利弗莫尔操盘秘诀

杰西·利弗莫尔是美国 20 世纪早期最有影响力的一个股票作手，他被称为举世罕见的短线奇才。他从 5 美元开始一直到身价超过 1 亿美元，是华尔街历史上无人能及的传奇。他是投机领域中的天才，他敏锐的直觉嗅到哪家公司的股票已处在高位的警戒区域，什么时候可能掉头向下。他成为一头职业化的熊，专门进行卖空来发财致富。他是华尔街的"最大的空头"、"少年作手"以及"华尔街巨熊"，并享有"投机之王"的称谓，被列为 5 位最伟大证券交易者之一。他是华尔街交易技术的开创者之一，当代的股票技术法则的流派均是从利弗莫尔的股票操作手法基础上延伸出来的。

利弗莫尔成功关键：在于跟住大趋势，而不是关注每天的波动；在一个大牛市中，买入并持有，一直到牛市接近尾声。

利弗莫尔操作风格：短线投机。

利弗莫尔操盘的哲学：

（1）驱动股市的不是理智、逻辑或者纯经济因素，驱动股市的是从来不会改变的人的本性。它不会改变，因为它是我们的本性。

（2）耐心等待市场真正完美的趋势，不要做预测性介入；"时机就是一切"，在合适的时候买入，在合适的时候卖出。

（3）投机不仅是一场游戏，更是你自己的事业，需要不断地努力、付出和总结。

（4）亏损是交易的成本，失败并不可怕，可怕的是没有从失败中获得足够的教训！

一、利弗莫尔操作理论

1. 交易心理对股市的影响

利弗莫尔说："投机是天下从头到尾充满魔力的游戏。然而，这个游戏中愚蠢的人不能玩，懒得动脑筋的人不能玩，心理不健全的人不能玩，试图一夜暴富的人不能玩。这些人若贸然进入，到头来最终是一贫如洗。"

利弗莫尔对人性有非常透彻的认识：华尔街没有任何新事物，因为投机就如同山岳那么古老。股市今天发生的事情过去发生过，将来会再次发生。华尔街从来没变过。只是口袋变了，还有股票变了，华尔街却从来没变过，因为人性没有变。

上述这两句话对技术分析的假设"历史会重演"做出了一定的诠释。在股票市场上历史又惊人相似、重演。通常，股市反映的是当前经济活动以及对将来经济活动的预期。

利弗莫尔懂得心理因素在市场上的重要性。他认为，由于贪婪、恐惧、无知以及希望，人们总是按同样的方法来重复自己的行为——这就是为什么那些数字所构成的图形与趋势总是惊人相似反复出现的原因。艾略特与江恩在这个基础上建立了波浪理论与时间循环周期理

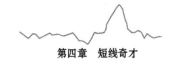

论，企图以此刻画市场的行为模式（虽然他们只是研究了表面现象，然而这些开创性的工作仍然为我们将技术分析应用于市场心理的定量分析提供了很大的帮助）。

图 4-1 是对"历史会重演"的最好例证，让我们一起感叹历史的神奇吧！

上证指数周线（2007 年 8 月至 2009 年 2 月）

道琼斯指数月线（1929~1933 年）

**图 4-1　道琼斯指数月线（1929~1933 年）同上证指数周线
（2007 年 8 月至 2009 年 2 月）惊人相似**

利弗莫尔也认为，人们的行为来自奇怪的从众心理。大众的反应，曾在 20 世纪 20 年代末期造成股价疯狂地暴涨，最后造成大崩盘。

利弗莫尔有如此的感受："1929 年的大萧条让我完全相信了心理因素作用。黑色星期二是股市历史的一个最大关键点。当时，整个市场在一天之内下挫 11.7%，而且一直在下挫。"

1929 年大萧条到来，利弗莫尔的个人财富也由于做空市场而达到了 1 亿美元，从而成为美国最富有的人之一。

必须了解心理学，并了解它对股市的影响，这是利弗莫尔在追求利润中的重要发现。

利弗莫尔对市场的心理层面十分感兴趣，曾努力研读过心理学课程，所花的精力不亚于研究证券。从研读这些课程，能够看出利弗莫尔非常热衷于了解市场的每一个层面，即使绝大多数人可能认为那些领域与证券业搭不上边。利弗莫尔愿意把握每一次机会，以改善他的操作技巧。

利弗莫尔认为，其实方法在股票投资中还不是最重要的。而股票交易由三个元素所组成：心理状态（情绪控制）、资金管理以及系统开发（交易方法）。心理状态是最重要的（大概占60%），其次是资金管理/头寸确定（大概占30%），而系统开发是最不重要的（只占约10%）。在他看来，只有充分利用了心理因素对股价带来的波动才能获得投资机会。

2. 顺应市场是最明智的

利弗莫尔说："跟随趋势走，趋势就是你的好朋友。"他认为，对价格运动背后的所有原因十分好奇，并不是什么好事。只要认识到趋势在什么时候出现，顺着潮流驾驭你的投机之舟，就可以从中获得好处，不要与市场争论，最重要的是，不要与市场争个高低。在多头市场做多，在空头市场做空。假如市场横向整理，就抱持现金退居场外，一直到信号证实趋势朝某个方向走为止。

利弗莫尔的理论是："在这些重大的趋势后面，总是有一股不可抗拒的力量。"

他认为，大波动、基本形势以及大盘等，基本上是同义词，等同于主要趋势。顺应市场主要趋势，安坐不动则是利弗莫尔股票交易的核心理念。从"在一小段涨跌中抢进抢出"，到在大趋势中安坐不动，

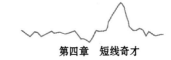

利弗莫尔认为这是他本人操作方法的升华，是他交易思想成熟的标志。他经过十年的实战磨砺和从老前辈老帕特里奇那儿吸取的宝贵经验，利弗莫尔的交易理念开始逐渐成熟。他也逐渐认识到大趋势的重要性——抓住市场的主要趋势，忽略次要趋势。

顺应市场的变化，去发展新的交易策略，更是他成功的关键所在。善变的利弗莫尔，不但发展出符合他自己个性的交易系统，而且更难得的是，这些交易系统不是机械的、以自我为中心的，而是随着市场的变化而改变的，他知道在什么样的市场运用哪种交易策略。

利弗莫尔告诫投资者，在股票市场中要顺势而为，因为你可以偶尔战胜股价，然而你永远不能打败市场。市场对于投资者而言，永远站在正确的一面。因此，你应该在多头市场做多，在空头市场做空，只有这样，你才有可能不至于被市场抛弃。

3. 最小阻力线理论

利弗莫尔说："成功的交易总是根据最小阻力线进行的。""我们可以说，价格就像其他所有的东西那样，沿着最小阻力线运动。它们总会怎么容易就怎么来，因此，假设上升的阻力比下跌的阻力小，价格便会上扬；反之亦然。"

依据最小阻力线以确定交易时机。利弗莫尔强调的最小阻力线就是我们通常所说的盘整的阻力线与支撑线。

他认为，考察市场大势必须观察最小阻力线，来确定当时整个市场的方向。最小阻力线主要分为大盘量化与个股量化。

在描述市场趋势时，利弗莫尔没有运用"牛"和"熊"这两个词，因为他觉得这两个词会束缚大家的思想，他认为它们会使人的头脑变得不太灵活。他往往使用"最小阻力线"这个词，并确定当时的最小阻力线是积极还是消极，或是中立的——既不积极又不消极。在交易

前，必须观察当时股票交易市场的大势，譬如美国证券交易所、道琼斯股票交易市场以及纳斯达克股票交易市场。在进入交易前，最重要的一件事是确定最小阻力线是否与你的交易方向一致。

利弗莫尔所说"价格沿着阻力最小的路线运动"，可能包含了四个含义：一是明天价格很有可能上涨；二是明天价格很有可能下跌；三是明天价格很有可能盘整；四是明天价格可能上涨也可能下跌。

价格沿着阻力最小的路线运动，那么，最小阻力的路线是哪一条呢？一个品种所有时点阻力最小的路线可能有四种：上涨、下跌、盘整或者上涨下跌都有可能，然而站在任何一个独特的时点，阻力最小的路线就只有一种，即上述四种之中的一种。我们能够通过各种方法去研究、分析以及总结，能够得出在哪些情况下阻力最小的路线是上涨，哪些情况下是下跌，哪些情况下是盘整，哪些情况下是上下都可以。

在利弗莫尔来看，对于成功的投机者而言，最重要的事情是市场、板块，最后为股票确定"最小阻力线"的方向，顺风行船，容易前行，千万不要迎风而上，当市场低迷的时候，不知向什么地方去时，不妨退出市场，休息一下。当顺风又起，有利于重新启航的时候，再进场。对于那些活跃的交易者而言，很难不进行交易，但后来利弗莫尔才懂得，拿着现金，坐在市场外面耐心地等待，才是最重要的。

一般来说，利弗莫尔从不在股价最低点买入或者在股价最高点卖出，他只在趋势转变的那个突破点以后进行交易。所以，利弗莫尔通常是在盘整行情中的最低价买进和最高价卖出。

4. 板块理论

利弗莫尔很喜欢钓鱼。在整个冬天里他总是在棕榈滩度假。这使他可以远离纽约与交易市场，尽管他通常在设在棕榈滩上的办公室里

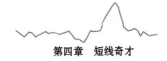

对他的股票生意加以遥控。

　　大西洋的风光深深地吸引着他。当他乘着他的游艇"安尼塔·威尼斯号"出海的时候，他喜欢独自在后甲板上思索，游艇驶向基维斯特，他在那里能够钓到大海鲢，并且观看佛罗里达的落日。对他来说，大海总是让人感到十分兴奋，大海能够净化他的心灵，清洗他的大脑，从而让他更深层次的思考。在海上度过的这段时光能使他获得重要的发现，譬如，他就是在海上发现了板块运动的重要作用的。

　　在 20 世纪 20 年代，利弗莫尔的一个重要发现是"板块运动"，在他的操作策略中，他尤其关注"板块运动"。通过长期的观察，利弗莫尔发现，股票在运动的时候，并非单独地运动，它们是跟随板块运动的。假设美国钢铁股票的价格上涨了，那么伯利恒钢铁股票的价格早晚也会上涨。利弗莫尔经过多次观察到这一现象，这成了他在股权交易中的一个非常重要工具。

　　利弗莫尔说："为了自己的头脑适应市场，并在市场上得到成功的最明智的办法就是深入研究板块的表现，能够更好地区别出好的板块与不好的板块，买入那些有希望获利的板块股票，抛出那些没有希望获利的板块股票。

　　"通过时间证明，华尔街上的投资者往往认识不到他们所面临的问题。目前，对股票市场感兴趣的有几百万人，而在前几年只有几千人。最重要的是，在购买股票过程中，必须首先通过观察板块的表现，最大限度地区分出好的板块与不好的板块，但我目前不能过多地强调这一点。

　　"我当然不会购买弱势板块中的弱势股票，我喜欢购买最强劲板块中的最强劲股票。当然，投资者必须按照市场每天的变化改变自己已有的预测与立场，并及时采取行动，假设各种因素已经对投资者不利的话。"

对利弗莫尔而言，板块运动的道理极其简单。他这样解释："假如美国钢铁的股票受到投资者追捧的基本原因是正确的，那么钢铁板块中的其他股票也会因为同样的原因受到投资者的追捧。当然，这个规律也适合卖空市场——当某一板块因为基本原因不再受到投资者追捧时，那么，这个板块中的所有股票也会因为同样的原因不再受到投资者的追捧了。"

利弗莫尔还有一个重要的提示：假设在受到投资者追捧的板块中的某只股票没有和其他股票一起上涨，很可能就意味着这只股票是弱势股票，或者是出了毛病的股票，所以，必须立即把它卖掉，或者至少不能留得太多，投资者在购买没有跟着整个板块一起运动的股票时，要非常小心。

"板块运动"的唯一例外是，某只股票的成交量所占到整个板块成交量的50%甚至更多，则这一板块的其他股票的成交量一定早晚会跟上这只股票的成交量。

利弗莫尔的经验是，板块的表现对整个股市的发展方向是相当关键的，大多数投资者都忽视了这一点。他认为，板块往往是改变市场趋势的关键；有些受到偏爱的板块越来越弱，最后一直到一文不值，此现象通常意味着市场的调整。这就是利弗莫尔为什么能预见到1907年与1929年市场转向的原因，因为当时首先是领头羊板块下挫了。

5. 六点运动准则

利弗莫尔的操作要诀就是六点运动准则，他利用时间序列，来考察个股六种运动形态：次级回升、自然回升、上升趋势、下降趋势、自然回撤以及次级回撤。

在利弗莫尔看来，投机就是预期将要到来的市场运动。

他是这样认为，在某个股票价格达到更高的情况下，仅当市场从

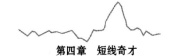

极端点开始回升或者回落了大致 6 点的幅度以后，才能表明市场正在形成自然的回升过程或自然的回撤过程。这一轮回升行情或者回落行情并不意味着原来的市场趋势正在发生变化，只是表明市场正在经历一个自然的运动过程。市场趋势与回升或者回落行情发生之前完全是一致的。

然而利弗莫尔并没有将单个股票的运动当作整个股票群趋势变化的标志。为了确认某个股票群的趋势已经明确变化，他通过该股票群中两个股票的运动组合来构成整个股票群的标志，这则是组合价格。简而言之，要将这两个股票的价格运动结合起来，就能够得出他所谓的"组合价格"。利弗莫尔发现，单个股票有时候可以形成巨大的价格运动，大到足以写入记录表中上升趋势或者下降趋势栏。可是，若只是依靠这一只股票，便会卷入假信号的危险之中。只有把两只股票的运动结合起来，就可以获得基本的保障。所以，趋势变化信号需要从组合价格变动上获得明确的验证。

利弗莫尔严格地坚持以 6 点运动准则作为判断根据。在他下面列举的记录中，有时候美国钢铁的变化只有 5 点，那么伯利恒钢铁的相应变化就可能有 7 点，在此情况下，他也将美国钢铁的价格记录在相应栏目之内。因为，将两个股票的价格运动组合起来构成组合价格，两者之和达到了 12 点甚至更多，正是所需要的合适幅度。当运动幅度达到一个记录点时——也就是说两个股票平均都运动了 6 点时——从此之后，利弗莫尔就在同一列中接着记录以后任一天市场创造的新极端价格，换句话来说，在上升趋势的情况下，只要最新价格高于前一个记录就列入记录；在下降趋势的情况下，只要最新价格低于前一个记录就列入记录。这个过程一直持续到反向运动开始。当然，后面这个向相反方向的运动，也是按照同样的原则来认定的，即两只股票的反向运动幅度达到平均 6 点、组合价格达到合计 12 点的原则。

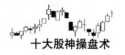
二、利弗莫尔盈利法则

1. 赚大钱的诀窍在于跟住大趋势

利弗莫尔以市场趋势为根据，获得巨额的利润。他说，赚大钱的诀窍在于跟住大趋势。进场操作前，最明智的做法是先了解大盘的趋势。

他认为，必须清楚地了解市场整体的表现以及大盘如何影响大部分的股票，这是相当重要的。

利弗莫尔是一个投机家，但他第一次获得很大的成功却来自对于基本面的分析，即对股市大的趋势变化的分析。他预计到了 1907 年的股市崩盘，一天之内获得 300 万美元的收益。1907 年，当股市依然火爆时，他却观察到信用环境在不断地紧缩：上市公司愿意以更低的价格来发售新股进行融资，股票经纪商头寸十分紧张，很多公司破产，等等。他便开始卖空最活跃的股票，到了这年 10 月股票市场已经崩盘了，这时利弗莫尔获得了 100 万美元的财富。

1929 年美国经济又是大萧条时期，利弗莫尔做空又获得 100 万美元的财富。

他的成功是在于趋势，那才是最终获得财富增长的法宝。利弗莫尔超人之处正是趋势能横扫一切不确定因素的战略的思想，他首先从战略上运用强度确认了对手，而在战术上运用强势交易锁定了对手，最后搏浪一击而成功。

利弗莫尔认为，赚大钱不是靠股价起伏，而是靠主要波动，也就

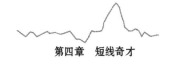

是说不靠解盘，而靠评估整个市场及其趋势。可以同时判断正确又坚持不动的人极其少见，利弗莫尔发现这是很难学习的一件事情。然而股票作手只有真正在了解这一点以后，他才有可能获得巨大的利润。

利弗莫尔的交易系统精粹，是以研究大盘趋势为基础。必须要等到大盘上升时，才开始买入，或者在大盘下挫时，才开始抛出。利弗莫尔说，世界上最强、最真实的朋友就是大盘趋势。当市场犹豫不决或者上下振荡时，利弗莫尔总是持着观望。利弗莫尔不断地强调这些原则：一厢情愿的想法一定要消除；如果你不放过每一个交易日，每天都投机的话，你就不能够获得成功；在一年中仅有寥寥可数的几次机会，可能只有四五次，只有这些时机，才能够允许自己下场开立头寸；在上述时机以外的空当里，你必须让市场逐步酝酿下一场大幅运动。

2. 追随领涨股

追随当时的"领头羊"，这则是利弗莫尔的盈利法则之一。对照观察领涨板块中最强的两只股票，买进龙头股，永远是牛市迅速获利的秘诀。没有最高的只有更高的。很多投资者患恐高症，看强买弱，这则是最大的误区。利弗莫尔依据道琼斯理论的形成，他运用四个板块中两只股票的信号。当然，应用道琼斯理论的人运用铁路股票来分析工业股票的波动。利弗莫尔则决定运用不同板块的领涨股来相互确认价格波动。

他认为，操作时必须要追随"领头羊"，其他股票何去何从用不着考虑。投资者关注的重点是那些领头行业与强势行业中的领头股票。"领头羊"股票的一个很重要特征就是突破阻力区域、率先创造新的最高价格。

"每一轮行情均有一群主流品种领涨整个市场，这些股票是你的最

好选择品种！假如你总是对它视而不见，或喜欢在二线股上寻找机会期待补涨，那只能说你的方法有问题，也可能是性格原因所造成的，这则是个非常致命的弱点。"

"集中所有的精力去操作市场中新多头的领先股，即首先等待市场确认哪些股票是领先股——一般是涨势最强的股，再进场进行操作。只有集中火力去操作领先股群，而不是分散投资到整个市场。回避疲软的行业和那些行业中疲软的股票，即不要购买便宜的股票。因为疲弱不振、价格下跌的股票总是很难回涨，因此交易者必须限制自己只买正往前冲刺、交易热络的股票。"

"某一股群中的大多数股票，后市展望是相似的，即'极容易看清的股群倾向'。领先股群中，假如某只股票的表现十分突出，同一股群的一些股票也会有很好的表现。这是价格走势一个极其重要的因素，因此交易者必须经常观察相同股群中的多只股票，密切地注意它们的动向。假如强势市场中，某一股群的股票表现不是非常强，必须把该股群的头寸轧平，或是完全回避那个股群的任何股票。"

利弗莫尔对领头羊的兴趣表现在两个方面。他说："你必须主要研究当日表现最好的股票，也就是领头羊，而不是对整个股市进行研究。研究这只股票的表现——假如你不能从表现最积极的股票上获利，那你就不可能从整个股市上获利。其实是，这样能够缩小你的交易范围，让交易变得更容易控制，这样你就能够集中精力，操作具有最大潜力的股票。不要过于贪婪，不要总是想在股价最高时出售，在股价最低时买入。"

利弗莫尔还认为，一只股票的价格比较高，并不表明这就是卖出的最好时机。比较高的价位绝不是卖出一只股票的信号，利弗莫尔说："只是由于某只股票目前的成交价比较高，并不意味着它未来的价格不会更高。"利弗莫尔对卖空也是如此认为的，"只是由于某只股票价格

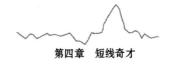

走低，并不意味着它未来不会走得更低。我从来不在某只股票刚下跌的时候就买入，我也从来不在某只股票刚上涨时就抛售。"

在股价创下新高时买进，在股价创下新低时卖出，在他那个时代，这是与普通股民的观点相反的观点。利弗莫尔让市场告诉他做什么。他按照市场告诉他的东西获得信号，获得暗示。他从不对市场进行预测，他根据从报价机中收到的信息进行行动。某些股票若在一段很长的时间内一直保持着新高或新低，就能够长时间地持有这些股票。

利弗莫尔说："我相信炒领头羊股票一定能够赚钱，要追随同一板块中表现最强劲的那只股票走——不要找其他的股票，不要找表现较差的姐妹股，就追随领头羊走，就追随让你放心的那只股票走，就追随同一板块中表现最强劲的那只股票走。同时必须注意，这只股票或许不总是同一板块中的领头羊。有时候，在同一板块中某家很小，但管理很好的公司，因为开发了新产品，它的股票就会处于领头羊的位置，淘汰掉旧领头羊，成为新的领头羊。因此你必须要随时注意：选择同一板块中表现最强的那只股票，不要寻找便宜的股票，也不要找那些沉寂了很久，现在才重新活跃起来的股票。"

利弗莫尔注意到，在每一次新的大牛市中，总有一些板块受到投资者的偏爱，也总有一些板块失去投资者的偏爱。在一次重大市场行情中的领头羊板块，很可能在下次重大市场行情中并不是领头羊板块。要保持灵活的思维，记住，现在的领头羊或许不是两年以后的领头羊。

3. 运用关键点交易法进行交易

利弗莫尔说："在每一次交易中，只要我保持耐心，等待市场来到我所谓的'关键点'，才进行交易，我总是能够赚到钱。每一次交易只要我失去耐心，还没有等到关键点出现就介入，以求获得暴利的结果，几乎均赔钱收场。"

利弗莫尔的关键交易包括两个意思：一是等待市场的走势完全符合了牛市初具规模的特征，让股价能够形成明显的大趋势，这则是时间要素，并不是江恩流派所谓的波浪理论；二是如何研究在大概率上真正地掌握股价在开始大幅度波动之前的关键时刻。

实际上他所提到的"关键点"与我们平常在股市中所提及的"阻力位"（压力位）与"支撑位"相似。只不过"关键点"是一个更侧重于空间的概念，是在"阻力位"（压力位）与"支撑位"的基础上产生的独立交易工具，市场的活动是围绕这个"点"开展的。

关键点理论能够让利弗莫尔在"最恰当的时机"买入。根据利弗莫尔的说法，关键点的定义是：进行交易的最恰当的心理时刻。

他认为，在关键点上买入，就能够使你抓住最好的入市机会。

"对关键点，我怎么强调都不过分，因为我一弄懂它，它便成了我交易的真正要诀之一。然而在（20世纪）二三十年代的股票投机中，它基本上还是一种不为人知的交易技巧。关键点就是一个时间设置器。我就是运用它在股市上进进出出的。"

利弗莫尔认为，应该掌握这些关键点：反向关键点、连续关键点以及冲高回落。

（1）反向关键点。利弗莫尔认为，反向关键点代表市场基本方向的一次变化——反向关键点的出现通常是进入一次新行情的最好心理时刻，它代表基本趋势的一次大变化。

"对我的交易风格而言，假设反向关键点出现在一次长期趋势的最高点或者最低点，它不会对我产生一点影响，由于我买卖股票，是不分长线还是短线的。"反向关键点对我而言就是最好的交易时机，反向关键点的出现总是伴随着一次成量的大幅增加，伴随着一次购买高潮，有买进高潮就有出售高潮；反之，有出售高潮就有买进高潮。成交量的增加是理解关键点的一个很重要的因素——成交量的增加则证

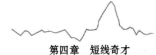
实了关键点的出现。买主与卖主之间的这场较量，或是这场战争，让这只股票扭转了方向，或者向上冲，突破新高，或者向下跌，跌到谷底。对这只股票而言，这是一个趋势的开始。在此情况下，成交量的猛增通常在一天内便结束了，股票平均日成交量就会增加50%~500%。

"反向关键点往往是在长时间的趋势运动以后出现的。这就是我为何总是认为耐心是成功抓住行情的关键原因之一。只要你有耐心，就等到某只股票的一个真正的反向关键点出现。为此，我曾经做过实验。"

"我首先试探一下。我先买入少量的股票，这点股票仅仅占到我最终要购买的头寸的极少一部分，要看我的第一笔交易是否正确。接着，我对反向关键点是否已经出现做出最后的验证。我盯住这个板块，至少是盯住这一板块中的另一只股票，看它是否有相似的形态。我需要获得最后的确认，它会证明我是否处于正确的轨道上。"

利弗莫尔认为，在一轮大的趋势中，每个成功的投资者需要做的是：等待市场大的反转点，在顶部的高点若出现反转，我们需要做的是在有下跌趋势的高点抛售。那么在底部的低点我们需要做的是在有上涨趋势的低点买入。

（2）连续关键点。利弗莫尔认为，"连续关键点"就是证实行情正在按正确的方向发展。

"除了反向关键点以外，还有一个次重要的关键点，我把它称作'连续关键点'。此关键点通常出现在一次行情期间，对某只处在一种明确趋势中的股票而言，它是一次自然的回落。它是一次正在发生的行情中的一个潜在的跟进点，也是你增加头寸的机会，从这个关键点开始，这只股票将向着和调整之前相同的方向运动。我将连续关键点定义为股票在下跌过程中暂停一段时间的一个巩固点，正像一个将军有时在一次重大的战役中那样停顿一段时间，从而使他的供给跟上他的部队，使他的士兵获得休息。它往往是这只股票的一次自然回落。

然而，精明的投资者会认真地观察这只股票从这个巩固点将朝着什么方向运动，而不会去预测其方向。"

利弗莫尔认为，在大的趋势之中找到波段的中间反转点，譬如对于一只处在一波大行情牛市的股票来说，在价位很高时忽然形成了一次自然回落，但整个趋势是向上的趋势，在中途我们要抓住自然回落的反转点，此点位则是加仓的机会。

（3）冲高回落。"我还认为，一只股票的行情的大多数通常发生在这一次行情的最后两个星期或者更长一段时间。我将这段时间称之为最后标价阶段，同样的道理也能应用于商品交易。因此，我再三地强调，投机者应当有耐心，要蓄势待发，要等待，但同时交易者也应当对随时出现的信号——无论是好的信号还是坏的信号——时时刻刻保持警惕，然后再运用。"

"冲高回落是指在一天之内的逆转，我很担心随着成交量非正常地增加——至少比平均成交量增加 50%而出现的价格'冲高回落'，此情况通常造成'一天之内的逆转'"。

"我总是在市场上去搜寻价格偏离市场的迹象。对我而言，价格偏离就是股价严重偏离了其正常价格。股价的突高与成交量突然增加或者突然下降，股价突然偏离正常的价格形态，对我而言，所有这些均是潜在的危险信号，而且通常是退场的信号。"

"对我来说，一个强烈的信号令我非常吃惊，并给了关注的信号是'一天之内的逆转'，这是在一次长期行情快结束时通常出现的一种运动。我将它称为：'一天之内的逆转。'就是当日的价格超过前一天价格，但当日的收盘价却低于前一天的收盘价，并且当日的成交量超过了前一天的成交量。"

对于利弗莫尔来说，此情况就是一种让人关注的"危险信号"。为何？因为在上涨期间，所有人都跟随趋势，也就是跟随最小阻力线走，

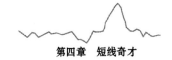

它只有正常的回落。然后它忽然就不正常了，忽然偏离了正常的回落……只有 3 天，它就上涨了 15 个点，并且成交量大幅度地增加，它突破了其正常形态。这是一个危险信号，一定引起注意！

利弗莫尔的态度则是，如果你有"耐心"，在股价上涨期间静静地等待，那么到目前，在"一天内的逆转"以后，你一定有"勇气"去做你应该做的事情，要认识到这个危险的信号。你现在一定考虑抛出这只股票。利弗莫尔相信："耐心"与"勇气"。

突破新高——对于杰西·利弗莫尔而言，"新高"总是一个好的信号。对他而言，这意味着这只股票已突破了高端阻力，并且很可能继续上涨。利弗莫尔不喜欢画图形，他只能用数字说明一切。

从巩固点上突破——有的时候，如果一些股票在继续它们的行情之前，就需要一段时间来巩固，而且建立一个新的基础点。此基础点允许这只股票喘一口气，为盈利提供一个机会，以赶上股票的新价值。在大多数方面上，它与连续关键点的作用是一致的，尽管构成图形看起来不一样，并且巩固基础点形成的时间通常也比较长。在巩固基础点出现的时候，要耐心地等待连续关键点所要求的形势出现——"不要加以预测"，等待这只股票通过它的表现告诉你它将向哪个方向发展。

利弗莫尔从一开始交易，就很关注成交量。显然，对他而言，成交量的迅速变化，就是一种"偏离"或者"偏差"。它就是一种偏离正常情况的变化。要看它是"积累"还是"分配"。利弗莫尔是寻找"分配"的专家。他对这个问题已形成了一种强烈的观点，因为他懂得股票是怎样通过他那个时代的"集合基金证券商"进行分配的。"集合基金证券商"负责分配内部人员的股票，这些内部人员将他们自己的股票去组成一个集合基金，而且将销售和分配股票的工作交给像利弗莫尔这样的专家。

股票从不是在上升的时候分配的，而总是在下降的时候分配。原

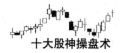

因非常简单，大家不愿意承担亏损，一般股民都是在股票下挫时将它们留在手里，等着它们上涨到他们当初买进的价格，这样，他们就能够将这些股票出售。这就是为何有这么多股票在回升到原来价格的过程中总是站不稳的原因。高价买入的人现在要抛出，好收回他们的现金，而收回了现金，他们就十分高兴了。

这就是利弗莫尔在突破新高时买入的原因之一，也就是说，因突破了新高，市场上有可能就没有待价而沽的股票了，没有等待在更高价位上出售的股票了，通常来说，一只股票一旦突破新高，它就会比原来价格高出许多。

成交量的变化是一个"值得警惕的信号"。它好像总是意味着发生了什么变化，就会出现了什么不同，就会出现了什么偏差。所以，利弗莫尔对它总是很关注。然而究竟是因为成交量造成某只股票价格下降，还是因为一般股民对某只股票的"真正兴趣"而使得这只股票价格上涨，对于这一切，利弗莫尔从来不问是什么原因。对他来说，只有成交量是一个值得警惕的信号，这是一个明显的事情。这种事情"发生了"，对他而言，这就足够了，不用去问"为什么"。在失去赚钱机会的时候，原因便会出来了。不要试图弄明白一些事情发生的原因，要让市场为你提供线索，股票的运动就是一种经验性的依据，等到后来就会了解其中的原因了。

反之，假设成交量大增，而价格却没有跟随上升，也没有创造新高，并且没有行情将继续下去的任何明显迹象，那么此时就要注意：这通常是一种明显的提示，警告这只股票的价格或许已经到顶了。

必须注意：在一次行情快结束的时候，成交量大幅度增加通常是一次真正的分配，因为股票从强手转给了弱手，从专业操盘手转到了普通股民。一般股民会以为成交量大幅度增加是正常调整以后，不是向最高价格调整就是向最低价格调整，而出现的活跃与健康的市场的

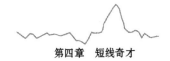

一个信号，但此看法是没有充分证据的。

总之，利弗莫尔总是很警惕地观察整个市场或者单个股票的成交量，将成交量看作一次大盘结束的重要信号。他还看到，在一次长期行情的结尾，有些股票价格突然直线地上涨，成交量激增，接着就停滞不前，进而从高位下滑，表现疲软，最后就是一路下挫，这些股票是表现不正常的股票——在一次大调整来临前，它是不会创造"新高"的。

成交量大增也为卖出不能马上兑现的大笔股票提供了很好的机会。利弗莫尔懂得，想在每一次高峰或者低谷时抓住机会是愚蠢的。最好的做法是在出现成交量激增时，将大批股票出售一个强势市场。在平仓时，也是这样，你最好在一次强烈的快速下滑以后恢复头寸。利弗莫尔从不试图抓住最高位或者最低位。

4. 大波动才能让你挣大钱

利弗莫尔说："对交易者来说，最大的敌人不是市场，也不是其他的东西，而是他自己，只有大波动才能让你挣大钱！"

1915年，利弗莫尔三次破产之后，他运用伯利恒钢铁股价的增值大波动的关系东山再起。是因为1914年8月到12月，华尔街闭市，到了1915年2月，利弗莫尔非常看好因大发战争财的伯利恒钢铁公司，当时该股股价为50美元左右，但对大盘进行对比时，道琼斯工业指数尚未显示出强度，仅仅是领导股出现了牛角尖。利弗莫尔耐心地等待，到了1915年5月下旬，道琼斯的牛市强度开始显示出来了，而在伯利恒钢铁股价从6月初开始快速地攀升，在3周之内股价上涨到90美元以上，这进入了利弗莫尔早年多次成功的"过百"经验之中，而他的成功股价过100美元就会继续上攻的信心给予了他从98美元买进，而在145美元出售，只用两天的时间就有成功的机会，为了这两天，他耐心地等待了6周时间。这是华尔街给予他的耐心与经验的回

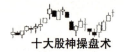

报，从一个破产的人，到突然间恢复了所有的成功交易信心与股本，他用了6周的时间，而搏浪一击的成功操作只需要两天就完成了结果。可见，实际上对于职业交易者来说，心理与经验的配合才能真正找对市场的大波动方向。

利弗莫尔如此总结到：

在此我要说一件事情是：在华尔街经历了这么多年，获得了几百万美元的财富，又损失了几百万美元的财富以后，我想告诉大家这一点：我的想法从未替我赚过大钱，总是我坚持不动为我赚大钱，必须懂得是我坚持不动！对市场判断正确没有一点感到奇怪。你在多头市场里总会找到很多一开始就做多的人，在空头市场里也会找到很多一开始就做空的人。我认识很多在合适的时间里判断正确的人，他们开始买入或卖出的时候，价格正好出现最大利润的价位上。他们的经验和我完全一样——也就是说，他们从来没有赚到钱。能够同时判断正确又坚持不动的人极其少见，我发现这是最难做到的一件事。然而交易者只有真正地懂得这一点以后，他才可以赚大钱。这是千真万确的盈利法则，交易者懂得如何操作以后，要获得几百万美元的利润，比他在一无所知时想获得几百美元的利润更容易。

原因在于交易者必须了解非常清楚，却在市场沉着镇定，准备按照他认为肯定会走的方向走时，他变得不耐烦或者质疑起来。在华尔街根本没有这么多是属于傻瓜阶级的人，甚至不属于第三级傻瓜的人，却都会赔钱，道理就在于此。市场并没有击败他们。他们击败了自己，因为他们虽然很聪明，却很难做到坚持不动。我开始知道要赚大钱必然要在大波动中赚。无论推动大波动起步的因素是什么，一切都具备，大波动可以继续下去，不是内线集团炒作或者金融家的技巧导致的结果，而是依靠基本形势。无论谁反对，大波动肯定会按照背后的推动力量，尽其所能地迅速推动到尽头。

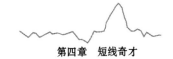

不理会大波动，想方设法抢进抢出，对我而言是致命的错误。没有任何人可以抓住所有的起伏，在多头市场中，你的操作就是买入与紧抱，一直到你相信多头市场将要结束时为止。如果这样做的话，你应该研究整个大势，而不是去研究影响个股的特殊原因，接下来你要忘记你所有的股票，永远要忘记！一直到你认为你看到——市场反转、整个大势开始反转的时候为止。如果这样做的话，你应当用自己的头脑和眼光，否则我的建议会告诉你低买高卖一样愚蠢。任何人所能学到一个很有帮助的事情，就是放弃尝试抓住最后一档——或第一档。这两档则是世界上最宝贵的东西。

假设一个人对自己的判断没有信心，在这种游戏中注定走不远的。这些就是我学到的一切——研究整体的状况以及承接部位，而且坚持下去。我可以没有丝毫不耐烦去等着，可以看出会下跌，却一点也不动摇，必须懂得这只是暂时的现象。我曾放空 10 万股，看出大反弹将要来临。我正确地认定这种反弹是无可避免，在我的账面利润上，会带来 100 万美元的差别。我依然稳如泰山，看着一半的账面利润被损失，但我没有考虑先回补、反弹时再放空的做法。我懂得假如这样做的话，我很可能失去我的部位，进而失去确定赚大钱的机会，只有大波动才能为你赚大钱。

利弗莫尔的交易思路基本上是以价格变动为标准，首先需要确定价格所处的状态，这还需要找出波动幅度以衡量它，按照规则说明来确定状态，波动幅度则需要经验来确定了，不能机械地照搬，通过波动来预测个股和大势的变动方向，以便抓住"关键点"，如果从形态上来说就是买入的时候只买第二次的探底。

三、利弗莫尔操作技巧

1. 并行交易法

并行交易就是仔细地查看股票与它的姐妹股，并且将它们加以比较。假设你准备购买通用汽车的股票，应该要查看就像福特或者克莱斯勒这类姐妹股。并行交易要求投资者对同一板块的两只股票互相对照进行交易。譬如把雅虎与美国在线的股票放在一起进行对照和比较，做出投资的决策。

这种"姐妹股交易法"是利弗莫尔发明的。根据利弗莫尔对他两个儿子的说法，"并列交易法"或者"姐妹股交易法"对于成功的投资者来说是相当重要的。"孩子们，不要只盯着一只股票，必须要同时盯着两只股票，并要跟踪两只股票。"为何呢？由于同一板块的股票总是一起运动的。必须同时跟踪两只股票，看到它们在一起运动，看到它们互相证实对方的表现，这样会极大地提高你的心理承受能力。当你亲眼看到这两只姐妹股的确是在一起运动，亲眼看到它们在互相证实对方的表现时，你就绝不会不跟着正确的信号走。

正是这种并列交易法使得利弗莫尔做出正确的投资政策。利弗莫尔一旦做出投资，他便会提高"警惕性"，对投资目标给予"适当的注意"，他每天不但观察所购买的股票，而且还利用并列交易法观察姐妹股的行情，这样能够发现正在发生什么或将要发生什么的信号。

对利弗莫尔而言，假设一个人懂得如何读取证据，那么证据、信号和真相便会在市场上能够看得见的，这就好比法庭调查员勘察犯罪

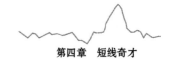

现场那样。他认为，如果线索是十分明显的，那么你就可以看到别人看不到的东西。一个投资者必须做的只是观察市场正在告诉你什么，并且要对它做出反应。因为答案就在于市场本身，挑战来源于对呈现出来的事实做出正确的解释。他对他的两个儿子说："股票交易很像侦破一桩永远不会完结的大案子——你不可能知道其全部真相。"

并列交易法，利用观察姐妹股进行交易的方法，是利弗莫尔最大的成功诀窍之一，尽管过去几十年了，然而这种方法到现在仍然有效（索罗斯把这一个交易技艺应用得最熟练，其做法是：在同一行业中，选择最好的股票和最差的股票，详见第二章）。

这种技巧无论是在交易过程中，还是在交易完成之后的持股过程中，都是极其重要的。

2. 试探性操作策略和金字塔操作策略

发掘趋势的变化，是一件极其困难的事情，由于它与交易者目前的想法、做法正好背道而驰。这就是利弗莫尔运用试探性操作策略的重要原因之一。

利弗莫尔说："对大部分投资者来说造成伤害的是主要趋势的变化。他们的投资资金被套牢，是由于他们的投资方向不正确，是由于市场运动的方向对他们不利。为了验证我对市场正在出现的变化的看法是否正确，我通常使用小笔头寸试探法，先下一张交易额很小的单，是买入还是卖出，取决于趋势改变的方向，来验证我的判断是否正确，通过发出试探性的交易单，投入真正的资金，我通常可以获得趋势正在改变的信号，因为每一笔股票交易总是在比上一次交易更便宜的价位上成交的。这说明这只股票的价格正在下挫。"

"我所说这些东西，就是我的交易系统的精华，这个系统是以研究大盘趋势为基础。我只是去了解价格最可能运动的方向。我还要利用

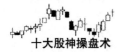

额外的测试，检验我自己的交易，以便决定重要的心理时刻。在我开始操作以后，我是用观察价格行为的方式来做这一点。"

利弗莫尔的试探性操作策略是，在操作开始先建立少量的仓位。假设操作成功，他就会补仓，只要市场走势符合他的预期，他就会继续买入（或是做空），这就是他的金字塔策略。他总是在价格上升中逢高摊平，而不是在下挫中逢低摊平。逢低摊平的操作方法是，在他那个年代和当今大部分时候，都是较为通行的方法，然而它却不是最有利可图的。他向许多不同的经纪行下单，避免行踪被华尔街发觉，因为华尔街很多人对他的操作能力与名声相当感兴趣。

试探性操作策略若开始成功，利弗莫尔就可以确定市场正要反转向下，因为价格已经以不可思议的速度上升了一段很长的时间。这是所有杰出交易者应用的重要技巧之一。当一切事情看起来都非常美好的时候，他们总会关注市场中的蛛丝马迹，借此分析是不是要发生趋势的变化。

利弗莫尔在 1929 年那个时候，股市早已就发出崩盘在即的很多信号。当时的领先股价格已停止再创新高，走势停止不前。精明的交易者开始逢高抛出。几乎每个交易者都用 10% 的保证金购买了股票，并且认为自己已经成为股市专家，逢人就高谈股票。此种热过头的现象，正是一个极其明显的信号，告诉大家：当每一个人都进入股市，就再也找不到更多的买盘力道，就会把市场推得更高。

到了这年 10 月，股市终于崩盘了，这时利弗莫尔坐拥几个月来不断地建立的庞大空头部位。这些空头部位一经回补，从而获得数百万美元的利润。

利弗莫尔还强调，假设你的头笔交易处于亏损状态，那么不要继续跟进，绝不要摊低亏损的头寸。必须要将这个想法深深地刻在你的脑子里。只有当股价持续上升的情况下，才继续买进更多的股票。假

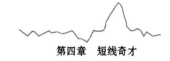

设是向下放空，只有股价符合预计方向回落时，才能进行加码。利弗莫尔热衷于做空那些价格创新低的股票。

利弗莫尔认为，如果你判断市场大势即将反转，想做空头交易，在熊市尚未真正到来前，必须先用一个小单去试探，而不是一开始就重仓投入。假如试探性的交易失败了，你就必须退场，这时亏损就不会太大；假如成功了，你可以在适当的时候加仓。牛市做多时也应该如此。

这个策略的执行方式是先建立一部分的股票头寸，一直到买足你当初准备拥有的全部股数。所以，在购买之前必须决定好究竟买多少股，这是一件极其重要的事情。这也是妥善的资金管理规划下的法则。

索罗斯从这条策略中获得很大的好处，他在该策略的基础上发展为：先对市场做出一个假设，再投入少量的资金测试。在第二章中已经讲过索罗斯的操作方法通常是：先形成一个假设，建立了仓位去测试这个假设，然后等市场证明这个假设的对或错。如果是对的，再加码。

3. 耐心等待正确的进场时机

利弗莫尔说："有些事情能让我等待很长的两星期，看着我很看好的股票上涨 30 点，才觉得买入非常安全。我不可以鲁莽地进行操作，我一定要正确，因此我一直在等待。""为了等待正确的时刻来临，我花费了六周时间，等候重要的心理关口发出叫我全力冲刺的信号。"

利弗莫尔的交易习惯是：首先估计某只股票将来行情的大小，然后才是确定在什么价位入市。在交易之前先对行情的大小与风险情况估计，做出了取舍之后寻找时机。

利弗莫尔有这样的体会：

"1991 年我刚进华尔街不久，曾在一档股票上投入了全部的资金。

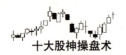

我相当看好这家公司，并且股价的确在慢慢地攀升。但忽然有几天股价回落震荡，使得我无法镇定。有一天，股价突然在收盘前下跌到我买入价的3%之下，我从原先的盈利到出现亏损了，当时我拿不定主意，因为基本面都还好，股价下挫的成交量也不太大。我没有立即卖出止损，到第二天灾难便发生了，由于公司盈利没有达到预期5美分，开盘时股价以30%重挫，我在开盘之后第一时间卖出了结了头寸，承担了损失，从那之后，我长达半年的时间没有再交易，一直在寻找自己的错误，一直到自己可以操控不再去犯同样的错误为止，然而这个教训让我懂得了无论在任何时候，购买股票都不能在股价下挫的时候持有仓位。"

后来利弗莫尔总结到，应该谨慎地选择时机是相当必要的，操之过急就会付出惨重的代价。正像市场在适当时机会向你发出正面的进场信号一样，同样肯定，市场也会向你发出负面的退出信号，但前提条件下你需要有足够的耐心去等待。是因为真正重大的趋势不会在一天或者一个星期就结束。它走完自己的逻辑过程是需要一段时间的。就股市来说，既然是一轮历史性的牛熊周期性转换，必然需要一定的时间周期，是不可能轻而易举地完成整个转势过程。

利弗莫尔认为，假如你对行情形成了明确的看法，千万不要迫不及待地进去。必须从市场出发，耐心地观察它的行情演变，伺机而动。

利弗莫尔从不在最低价格时购买，也从不在最高价格时抛出。他要在适当的时候买入，在适当的时候抛售。

这就需要有耐心，等待适当的关键点出现，等待适当的交易时机。假如利弗莫尔所关注的那只股票没有出现对他有利的行情，他也不必太在意，是因为他明白另一只股票迟早会出现对他有利的行情。耐心……耐心……耐心——这就是他掌握好时机，取得成功的秘诀。

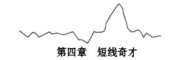

利弗莫尔总是将"时间"当作一种真正的和重要的交易因素。他经常说："赚钱的并不是想法，而是'静等'。"

大多数人这样认为，利弗莫尔是先买入股票，接下来再静等它的变化，如此的解释是不正确的。在大多数时候，利弗莫尔手中持有现金观望，一直到适当的行情出现。他的很多成功就在于他能够持有现金观望，耐心地等待，直到"适当的行情出现在他的面前"。当行情出现，有很多对他有利的机会出现时，正在这个时候，他就犹如眼镜蛇一样，"噌"的一声蹿出去。

"我后来的交易理论的一个很重要方面：就是在关键点上进行交易。只要我有足够的耐心，在关键点上进行交易，我就总可以获利。对投机者而言，时机就是一切。"

对大多数交易者来说，时间要素在股票交易中起到很关键的作用。首先应该把握好进场的时机；操作时应该保持耐性，久而久之，一定会有收获。

四、利弗莫尔操作原则

1. 必须了解股票的个性

利弗莫尔说："股票像人那样，也有自己的个性，并且不同的股票有着不同的个性：自信、保守、易变、烦躁、亢奋、敏感、直接、符合逻辑、容易预测以及不容易预测。我往往在股价回落到容易预测以后，就像研究人那样去研究股票。"

"我当初并不是意识到这一点的。我了解有些人，通过分析某一只

股票的个性在股市上获得很多钱，他们顺着股票的个性，按照其个性特点买入或者卖出。当然，值得注意的是，个性有时候是改变的，尽管不是通常改变。"

"我深信，只要某一只股票表现正常——该下挫时就下挫，该上涨时就上涨，该调整时就调整，或是一切都没有按照值得担忧的趋势去发展，投机者就不必感到担忧。事实上，假设一只股票是在一个新高区域内成交的，那么这是对投机者的一种鼓励。"

"此外，投机者也绝不能因为一时成功而得意忘形，放松警惕，从而忽视了这只股票的价格已经到顶的信号：它正在出现一个关键点，这个关键点表明，它将向一个新的方向转变，也许会向一个相反的趋势转变。我的信条就是：'时时刻刻地要警惕危险信号。'"

利弗莫尔认为，在股票价格一路上升的过程中，此前的价格回落均属于正常反应。然而，忽然出现了异常的下跌（利弗莫尔所说的"异常"是指从当天某个极值点忽然下挫6点以上的情况），而且这种现象在以前的价格走势中从来没有出现过，我们就要特别注意。因为股票市场的非正常现象通常意味着危险信号已经出现，提醒大家不能轻视。

2. 交易需要理性的计划

利弗莫尔说，交易就是理性与情性的对抗！交易一定需要理性的计划。股市从来都不是波澜不惊的。它是为蒙蔽大多数投资者、大多数时间而设计的。在股市上主要有两种情绪：希望与恐惧，希望通常是由于贪婪而产生的。而恐惧通常是由于无知而产生的。虽然你可以赢一场赛马，但是你不可能赢所有的赛马。你可以在一只股票上赚钱，但你不可能在任何时候都可以从华尔街上赚到钱，这对任何人来说都不能。

利弗莫尔告诫大家：假如没有自律、明确的策略以及简单易行的

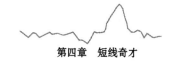

计划，那么就会陷入情感的陷阱。由于没有计划的投机者就好比是没有明确的战略，这样会成为没有可行的作战方案的将军。没有明确计划的投机者只能算是投机、投机，再投机，终于有一天会"中箭落马"，也会在股市上遭受重大的失败。事实上，在所有交易者的一天中，都没有处理最重要的事情的计划。这就如同战场上的一个将军，他所率领队伍的生命取决于他那周密的计划，取决于对此计划的执行，同样，在股市中没有错误与漫不经心的余地。

3. 控制交易，严格执行资金管理原则

利弗莫尔认为，资金管理是一很大的难题。他在管理自己的钱时，有三条主要的原则。

（1）分批分比例买入。利弗莫尔认为，在买股票时必须分几次买进，而且每次只买进一定的比例。他在操作的时候，买入30%当作第一次试探，再买入30%当作第二次试探，最后才买入40%。为此，他有三条规则：一是不能一次性满仓，否则，这是十分危险的；二是等着市场证明你的判断，在关键点之上追加买进；三是调整以后依然上涨，追加买进。

（2）止损原则。利弗莫尔有五条止损原则：一是亏损金额超过总计划投资部位的10%，就要抛出。二是不能为了平摊亏损，减少持仓均价，没有目的补仓，这是极其不可取的。三是当发现自己买入的股票选错了方向时，即使不下跌，也要立即止损。四是截断亏损，让利润奔跑。五是出售亏损头寸，持有盈利部位。

（3）保留一份备用现金。每年从利润中取出一半当作储备金。利弗莫尔认为，为了保住本钱，随时把获利的一半放入保险箱，或是存进银行。现金就是你藏在家中的秘密子弹，你必须要保存一笔储备金。就如同优秀的将军身边保留预备部队为正确时刻之用。"我一

生最大的遗憾是，在我整个交易生涯之中，我没有对这条规则给予很大的重视。"

总的来说，利弗莫尔的一生当中四起四落，在股市上几次获得庞大的财富，但最后又失去，以至于他用枪了结自己的生命。他用自己的生命来告诫自己的儿子："我只有在违背自己的规则时，才会失败。"他在临死前对两个儿子说："在成功结束一笔交易的时候，必须要记住把获利的一半抽出来锁进保险箱里。"如果他每次提出二三十万美元："算一算你的钱，把它作为一个决策来执行。这种拥有的感觉，就会减轻你拿这些钱再次搏命，以致损失的那股顽强冲动……这种方法帮了我好几次大忙，我只后悔这一生没有彻底遵守。"最终失败原因是他打破了早年花费很多时间好不容易发展出来的市场操作守则。他也违背及时认赔出场的守则，继续死抱赔钱的部位。为了将钱捞回来，不顾一切拼命地操作，结果损失更惨重。

所以说，所有成功的交易法则，譬如风险控制、止盈止损等，均是建立在理性的基础之上，掌握和应用这些法则并不算难，难的是无法控制自己感情的冲动，一旦非理性的东西占据上风，这些对交易者生死存亡的法则，都将把这些法则抛之脑后，想一想这是多么可怕的事情！很遗憾的是，没有任何人有足够的智慧和力量彻底清除非理性的情绪，进入宁静的境界。利弗莫尔失败的主要原因，不是交易法则的失败，也不是被市场击败，而是被人性打败。利弗莫尔作为一个交易奇才，他曾有过无比辉煌的过去，有着对市场深刻的理解，有着目光敏锐的洞察力，有着很多成功的法则和经验，然而这些看上去并不是牢不可破的东西，在非理性情感的冲击下，瞬间就会土崩瓦解。

第五章　全球投资之父
——约翰·邓普顿操盘秘诀

邓普顿是 20 世纪最伟大的操盘手，是邓普顿基金的创始人，向来以"逆向投资大师"而闻名。1947 年进入基金理财界，在此后的 45 年中，每年平均回报率达到 15.2%。他是一个最早走出美国，在 20 世纪 50 年代首开全球化投资的风气，被《福布斯》资本家杂志称作"全球投资之父"、"历史上最成功的基金经理之一"。

邓普顿成功关键：在全球范围内搜寻已经触底但又具有优秀远景的行业，投资标的都是被大众忽略的公司。

邓普顿操作风格：长线投资。

邓普顿操盘的哲学：

（1）最佳的投资时机，是当所有人恐慌退缩的时候。

（2）天下从来没有免费午餐，绝不依赖感情、情绪而投资。

（3）在购买股票时，要在优质股之中寻找廉价股。

（4）倘若你想比大多数人都表现得好，那你就得与大多数人的行动有所不同。

一、邓普顿操作理论

1. "极度悲观点"理论

邓普顿说："在极端悲观的点位上投资。"极度悲观的时候买进，或是称作"极度悲观原则"。

极度悲观点是"100 个人之中第 99 个人放弃的时候，你就成了剩下的唯一买家。假如最后一批卖家就要退场了，那么在他们卖出之后，价格还会下跌很多吗？当然不会。最后一批卖家要退场的时候，你应该在一旁睁大眼睛等着买进。一旦所有的卖家都离场了，从理论上来讲，市场上就只剩下买家了"。

邓普顿喜欢在悲观的市场或者说熊市进行买入，以低廉的价格购买，体现了他作为"便宜货猎手"的本性，他懂得市场的悲观情绪永远只是一时的，因此在别人悲观抛售的时候正是他接手的大好时机，但悲观总会有一天消散并被乐观所替代，这则是牛熊市场的交替过程。

他认为，在股市中对某家公司所持观点最为悲观时，假如该公司的前景或者人们的情绪出现了反转，那么你通过所持股票赚钱的可能性就会大大增加。

前景越是暗淡，回报率就越高，前提条件是这个前景发生了逆转。这是极度悲观点投资原则背后的一个基本条件。当笼罩股市上空的情绪发生变化的时候，你在股价上就能够获得极高的回报。

也就是说，在市场已变得极端不正常时买进股票，并对那种不正常的观点进行利用。运用这种思维方式有点儿违反人的本性，因为作

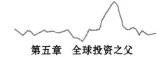

为人类，我们总是在用尽全部力量寻找最好的前景。然而，你购买便宜的股票，就应该到造成了暂时悲观前景的地方去寻找悲观点。

这是邓普顿所阐述的"极度悲观点"理论的基本原理。从而为我们提供这样的启示：要想购买股价"低"的股票，"低"，才能有安全边际；要买因大家误判而造成的冷门股，无效市场才是价值投资者赚钱的最好时机；在危机中你要敢于出手，在人们恐惧时，你要表现出过于贪婪。

2. 选择价值被市场低估的股票长期投资

邓普顿说，购买股票，是购买其公司价值，而不是去购买市场趋势或者经济前景。很多聪明的投资者懂得，虽然股市暂时会受到大趋势或外来因素的影响，然而最终股市还是由股票本身的业绩来决定。个别股票在熊市也可以走高，个别股票在牛市也可以下挫。要明白股市与经济走势一致并不是必然的，所以，投资者应购买个别股票，而不是市场趋势或者经济前景。

自股票市场诞生以来，投资者极度乐观与极度悲观的情绪如影随形，持续不断地交替上演。邓普顿在1938年投身于股市，在他进入股市前的1929年，极度乐观的情绪将道琼斯工业指数推高至380点，此后股市的"黑色星期二"开始，接下来的是连续10年的宏观经济大萧条。在这个大萧条中，极度悲观的情绪又把道琼斯工业指数压低至42点，从最高点下挫了89%。此后虽然宏观经济一直表现不太令人满意，然而股票市场的极端情况终归要被修正，道琼斯工业指数又从1932年的最低点上升了372%，到1937年底已经达到197点。这一幕与我们刚刚经历过的2008年和2009年的中国股市是多么的相似。

然而到了1938年，美国经济便出现了复苏迹象，而此次复苏却遭受了质疑，是因为欧洲发生了战争。当时大家普遍认为战争将会导致

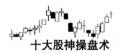

美国经济重新陷入衰退。投资者的悲观情绪造成了美国的股票被抛售一空，道琼斯工业指数从 1938 年的高点下挫了 49%。在这 10 年里，大家对美国经济所持的看法反复无常，很不稳定。依据对道琼斯工业平均指数的研究，这 10 年是有史以来股票价格变化最反常的 10 年。

至于 1929 年股市崩溃很让人感兴趣，并且大家往往被忽略的一点是，真正的灾难出现在此后的两年。大多数美国投资者一想到股市的崩溃、经济的衰退和可怕的 30 年代，均会将这段时期和股市的悲惨境况联系到一起。可见股市仍然有一些相当不错的时期，如图 5-1 所示。

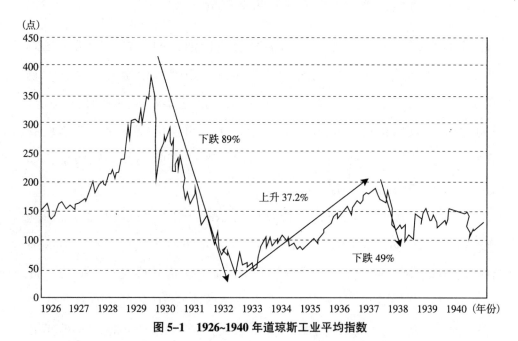

图 5-1　1926~1940 年道琼斯工业平均指数

邓普顿通过对 20 世纪 30 年代美国股市的分析，他获得这样的认识：大体上股票价格变化非常频繁。尽管股票价格下挫在这一阶段非常正常，这时毕竟还处在大萧条时期，但这种下挫却提出了一个重要的问题：虽然股票价格变化异常频繁，但这些股票所代表的公司的内在价值并未发生变化。

简言之，某一公司的股票价格出现上下波动与公司价值没有关系。

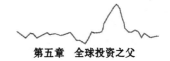

正如图 5-2 所示，实线所表示的该公司的价值随着时间的推移在不断地增长。该公司所出售的商品逐年增加，多年以来一直为其业主在每年的基础上增加收入额。然而，股市对这家公司的热情却时高时低，这是由于股票买家与卖家因为任何因素而对这家公司的态度发生变化。

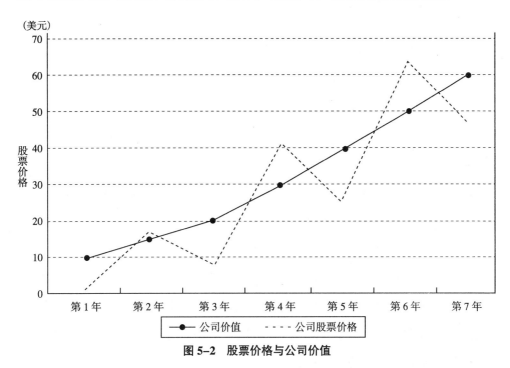

图 5-2　股票价格与公司价值

邓普顿用一句话来描述："有时引起高价的原因就是高价本身。"重点在于，投资股票，最重要必须确认它的价值与市场价格之间的差异，一定记住：某东西的价格与其价值很可能有很大的区别。投资者必须评价股价是否远低于他们相信一家公司具有的价值，这是投资股票的指路明灯，"怀疑"就是最好的指南针。

也就是说，投资应以个股的价值为考量，而不是市场前景或经济趋势。因为个股的表现将决定大盘的涨跌幅，而不是大盘的走势决定个股的价格，即便空头市场仍有逆势上扬的个股。选择价值被市场低估的股票长期投资，耐心等待市场回升到合理价值，才能让你获得超

额的利润。

邓普顿认为，股票价值是投资的基石，如果价格远低于价值，那么对价值的判断必须充分甚至从最悲观的角度出发。

3. 全球化投资理念

邓普顿认为，避免把所有的鸡蛋放在同一个篮子里，最好的方式则是全球化投资，不仅能够寻找更多更好的获利机会，也能够分散投资单一市场的波动风险。

当市场仍局限于美国华尔街投资的时候，邓普顿于 1954 年便提出全球化投资的观念，并成立第一档全球股票基金——邓普顿成长基金，并把全球化投资的理念推广到全球，这样使邓普顿成长基金不仅获得更多的投资机会，而且分散风险。

他非常聪明地将他所管理的大部分基金投放在了加拿大和日本的股票市场上，所以他的基金股东们避免了 1972~1974 年美国股市的暴跌。不仅这样，他还充分利用日本大牛市行情获得大大超过美国股市投资的收益率，从 1966~1988 年日本道琼斯指数上升了 17 倍，而同期美国道琼斯指数只上升了 1 倍。

邓普顿的投资方法是，大幅度地投资一个经济正处于低谷的国家，购买大量的低市盈率的股票。然后等着这个国家的经济实现反转，那些原来跌破发行价的股票中的一部分就会有很大的上涨空间。因为上涨幅度巨大，所以所得的利润完全能够覆盖掉投资失败的损失。等到收获颇丰以后，他会再到另一个地方寻找目标。可以说，邓普顿是很早提出全球化投资概念的基金经理。

换言之，邓普顿注重的是一个国家的宏观经济，对于投资的股票并不精挑细选，投资的假设是宏观经济向好会带动大部分的企业经营状况获得改善。

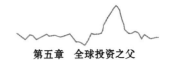

在邓普顿成长基金成立之初，邓普顿对日本企业进行投资，这与当时第二次世界大战后流行的行为与情绪截然不同。那时候，日本的政治经济基础依然处在混乱的状态中。在战后的几十年里，"日本制造"一直跟廉价小饰品联系在一起。可是邓普顿却看到了其暂时的物质匮乏之外的东西，他认为日本人具有传统的节俭、勤劳、家庭观以及对于公司忠诚等品质。

为了证明他的全球视角，邓普顿在全球范围内实践着他的投资哲学，即使在当一些国家已经开始为他们自身的经济窘境而感到悲观的时候。他开始进行很具预言性的市场评论。譬如说，1949 年 3 月道琼斯工业平均指数徘徊在 172 点时，他这样写道："十年后当我们回顾的时候，或许会发现 172 点还是有上涨余地的。"十年上涨已经过去了，道琼斯工业平均指数已经超过了 600 点。

也就是说，邓普顿的投资特点是在全球范围内搜寻已触底但又具有美好远景的国家以及行业，投资标的都是被人们所忽略的企业。

1985 年，因高通货膨胀以及政治因素，阿根廷的股票市场出现严重的衰退。邓普顿认为这是一个买入股票的好机会，他大量买进那些他认为可以恢复到正常水平的股票。国际货币基金组织在 4 个月之内通过了一项援助阿根廷的计划，邓普顿的股票一下子上涨了 70%。

1997 年，因投资者的投机行为以及出现严重的政治经济问题，亚洲的股票市场即将崩溃，邓普顿抓住这个机会在韩国和亚洲其他地区进行投资。1999 年，亚洲股票市场恢复的时候，邓普顿获取了巨额的利润。

4. 多元化投资理念

邓普顿说，对于不同类型的投资，保持开放和灵活的心态，可以选择机会对不同类型的股票进行投资。

实际上，邓普顿非常注重于多元化投资。他如此说道："关于投资的一个重要事实是：没有一种投资项目总是好的。为了构造好的投资组合，关键在于你对不同类型投资要有一个开放心态。有的时候你要购买蓝筹股票、周期性股票、公司债券以及可转换债券，等等。可是，也有些时候你要放心地投资国库券，由于它们可以让你有机会去利用更好的投资机遇。"

邓普顿的这种观点是建立在他对风险的深刻认识基础之上的。他在他的著作《约翰·邓普顿爵士的金砖》中这样说：在股票和债券上面，也如同生命里的其他方面似的，你会从这些数字里面找到更多的安全感。尽管你非常细心，做出了很多的研究，可是你是不能预测和控制未来的。由于一次台风、地震以及供应商的一次毁约，或者因一次由竞争者造成的很难预料的技术进步以及一次由政府要求的产品召回或者严重的内部问题等，这其中任何一个情况，都能够使你损失上百万美元的资产。

正因为这样，邓普顿认为，假如你保持开放的心态，那么你会比那些锁定在特定种类的投资机会的投资者取得更大的成功。

值得注意的是，不能简单地认为多元化的投资是一件很容易的事情。它通常意味着你必须了解多种投资品种，还要研究那些你所不熟悉地区的市场，并通过努力来确定你的投资，这种选择是非常明智的。

至于资金分配问题，邓普顿认为，当股市到顶的时候，投资者应当将100%的资金投放于债券，当股市处于底部的时候，就应当把100%的资金投放于股票。当然，邓普顿知道这些策略很多人很难做到，就算专家也不一定能预测何时见顶见底，一般投资者就更难做到。

所以，邓普顿认为，投资者应该经常将50%的资金投资于环球股市，比如环球基金，对于其余50%的资金应该根据市场情况投资于股市或者债券。比如当你感到股市偏高的时候，就应当将这50%资金全

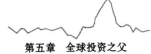

部投资于债券；当你估计股市见底的时候，就应该将这 50% 的资金投资于股市。这样做的好处在于，即使你预测错误，认为股市下挫却原来是上涨，仍然有 50% 的资金投资于股市，就不会错过获利的机会。

二、邓普顿盈利法则

1. 不断搜寻低价股，低价股是暴利的金矿

邓普顿认为，一个最大盈利法则就是不断地搜寻低价股。也就是说，在全球市场中去寻找价廉物美的股票。在他的眼中，投资于"便宜好货"，背后必然就会有暴利。

邓普顿在第二次世界大战爆发的时候，他购买那些人弃之如敝屣的股票，平均持有大概 4 年的时间，在这 4 年里很多股票由原来的丑小鸭变为现在的天鹅，这样他发了一笔大财。

1939 年希特勒对波兰发起了战争，邓普顿马上意识到世界大战就要爆发，战争能够将美国带出大萧条。因而他在萧条与战争的双重恐怖气氛之下，借款 1 万美元买进在纽约股票交易所和美国股票交易所挂牌、价格在 1 美元以下的公司各 100 股。在这 104 家公司当中，34 家临近破产之中，其中 4 家后来一文不值，然而整个投资组合的价值在 4 年之后上涨到 4 万美元。

邓普顿所说的便宜是指股票相对内在价值的便宜，"便宜股"并不是指绝对股价的高低，而是指购买价格大大低于股票的内在价值。

他所买入的股票并不是那些历史经营业绩很好的企业，而是那些已经破产或者濒临破产的边缘化企业。他之所以这样做，是源于他对

美国战争历史的研究：在美国历史上曾实行的战时税收政策。经营很好的公司因为战时经济的繁荣得到的额外收益会被政府征收税率高达85%的所得税；而那些以前处于亏损的公司不需要缴纳这样的税收，因为现在的利润需要弥补过去的亏损。根据一项统计证实：1940年之前经常亏损的公司在1940年之后的5年里平均上升了10倍，而1940年之前从不亏损的公司在5年里仅仅上升了11%。

因此，邓普顿认为，购买"便宜股"必须具备三个条件：

第一，你对公司内在价值的估算，只有判断出这家公司值多少钱，你才能知道股价是高是低，但要判断一个公司值多少钱是很不容易的。譬如"价值投资之父"格雷厄姆对股票内在价值的估算就有一本书叫《证券分析》。

第二，必须做大量功课。除了对价值的估算之外，还要进行比较。邓普顿不仅对美国股票进行分析还对外国股票市场做出研究，只有做足功课，才能抓准机会。美国有许多价值投资者对公司价值分析十分内行，比如巴菲特，想在美国这样的成熟市场寻找便宜股是很困难的。邓普顿通过对不同国家股票进行比较，很早转移到日本股市，在日本放开资本市场管制之后，赚了很多钱。

第三，必须有很好的心理素质。邓普顿的心理素质非常好，可以说是坚如磐石，他经过科学计算并确认的便宜股，大众的恐慌、购买之后股价继续下跌、专家世人的质疑，对他来说都是能够承受的。

正如邓普顿所认为的，这种对低价股做出比较的方法，能够让你找到最理想的低价股并回避危险地带。

当然，购买便宜货这一技巧必须在特殊市场行情下的极端体现。比如彼得·林奇以及巴菲特等，购买那些暂时被不看好但实际状况还不错的这种类型股票。

邓普顿还认为：①波动是机会，波动越大，寻找低价股的机会就

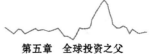

越大。②当市场被消极悲观情绪笼罩的时候，公司价值与股价之间出现的错位的机会就越大。

邓普顿的超人的地方，把这项技术应用在全球范围内，运用国家地域间经济发展的时间差，或是市场周期的时点差，寻找市场低估的公司。例如，20 世纪 70 年代在日本、20 世纪 90 年代末在韩国、"9·11"事件之后在美国，均是利用市场的低点进场，之后享受市场的回升。

可以说，邓普顿的整个投资生涯就是在世界范围内寻找能买到的最好低价股。

2. 利用大众最乐观时做空，赚取巨额的利润

邓普顿认为，假如某只股票出现明显高估的话，那么你应该做空。他就曾在 21 世纪之初电子网络风潮中做空过大量的网络股票，并赚取了巨额的利润。

在 2000 年互联网的泡沫当中，在大家都不断批评巴菲特与老虎基金的朱利安·罗伯逊已经过时，邓普顿选中并购买了 84 只高科技股票，每只股票做空获得 220 万美元，在短短几天几个星期的时间里赚取了 8000 多万美元。

那么他购买股票的标准是什么呢？主要来自于他对市场的调研。在美国，股票上市之后有 6 个月的锁定期。他发现高科技公司上市以后，公司的管理团队等 6 个月的锁定期满之后，就立即卖出手中的股票，拿钱马上走人（与我们中国创业板的情形相同）。邓普顿的购买策略是找到那些比 IPO 价格上升了 3 倍的科技股，在原始股东锁定期到期前的两周时间里，将这些科技股卖空。

卖空一直以来被很多投资者认为是一种高难度的投资活动。卖空不但要对基本面有深入的研究，而且还需要对交易时点有很准确的把握。依据对股票价格运动的统计表明，股票价格的波动并不按照正态

分布，反而往往出现肥尾现象。也就是说，大多数股票的底部非常清晰，当下挫到一定估值水平时就不再下挫；而当股票上升时，涨到哪儿算是到头却无法确定。以上现象对价值投资者而言是个好事，在低点买进的股票即使不涨，也不会出现亏损，而且只要持有，总有一天会涨起来的；然而对卖空者却是一个很大的挑战，因为不知道股票涨到何处就会停止，假设在做空处继续上涨一倍，整个本金就会全部亏损掉了，更可怕的是上升了一倍后可能还会继续上涨。那么，邓普顿是如何把握卖空点的呢？

当最后一位持股者决定卖出股票时，当所有卖家都已经不存在，只剩下买家时就是极度悲观点。相反，当所有买家都已经进场，只剩下卖家时，就是极度乐观点。2000 年 3 月 10 日，美国纳斯达克指数创下历史上的新高，已经达到最顶峰。当日的《华尔街日报》有这样一个标题："保守的投资者们跃跃欲试，科技股并非昙花一现。"此文说明最后一批买家进场了，舞会立刻将要结束了。著名的操盘手伯纳德·巴鲁克当年也有相似的对顶部的判断标准：连擦鞋童都在向他推荐股票的时候。

邓普顿认为："当别人慌忙抛出股票时你要买入，而在别人急于买入时抛售，这需要投资者有很大的毅力，可是回报也是惊人的。"

而被称为"低价股猎手"的邓普顿，正是凭借着不同于平常人的逆向投资法则，在大家抛售股票使其价格下挫直到价格远低于其价值时，购买这些股票，然后大家购买这只股票使其价格远高于其价值时卖出，从而获得很大的收益。

所以说，邓普顿的投资是"在大萧条的低点买进，在互联网的高点抛售，并且在两者之间挥洒自如"。

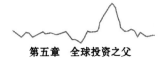

三、邓普顿操作技巧

1. 在市场最悲观的时候买入

邓普顿是以依照"在最不景气的时候投资"的法则而闻名于世。他这样说："当大众都失去信心的时候，这则是投资的最好时机。"

邓普顿用一句经典的话来总结这种规律："行情总是在绝望之中诞生，在半信半疑之中成长，在憧憬之中成熟，在希望之中破灭。"

邓普顿通常将低进高出发挥到极致，在"最大悲观点"的时候进行投资。极度悲观情绪弥漫的时候，正是购买的最好时机。

1939年，欧洲有各种战事之说，造成美国股市和欧洲股市暴跌49%。由此邓普顿推断：美国也必将会卷入战争中去，美国工业将受到很大的推动，从而为美国参战提供大量物资。他对美国内战以及第一次世界大战进行了研究，他发现战争大大地刺激了对商品的需求。同时生产出来的商品需要通过全美各地的交通，包括铁路进行运输，所以铁路运输以及其他相关的上下游产业都将会出现繁荣。

所以，邓普顿抓住机会购买股票，依据研究，邓普顿坚信其看法，并借钱买入股票，借1万美元购买股价不到1美元的所有股票，他深信：战事引起的经济繁荣使所有公司都欣欣向荣。

他与巴菲特一样都是相信"用便宜的价钱买好的股票，然后将它们长期保存"的简单投资法则的投资大师。对他来说，在别人最绝望时，是购买最便宜的股票的时机。

邓普顿就是善于利用别人的糊涂，买入他们情绪化而抛出的股票。

邓普顿认为，永远在市场最悲观时入场。当大家都想入场的时候，就是出场时点；当大家都着急出场的时候，则是进场时点。

按实际投资的经验，最好的出场方式是：在股市处于高涨的时候，要逐步地分批卖出。不要等待市场下挫时才恐慌性抛出，而是在市场依然还在上升时就分批出场。另外，当大家都想出场的时候，则是进场时机，由于在恐慌性抛出之下，有着投资价值的股票很可能出现被低估。

低买高卖是一个说起来容易做起来难的法则。当股价不断地上涨时，大多数投资者会争相购买股票；当股价不断地下跌时，大量的投资者纷纷地卖出；当几乎所有人都感到悲观的时候，股市便会崩溃。没有投资者不明白要低买高卖的道理，但绝大多数人都是高买低卖。

"追高杀低"是很多投资者的通病，也是大多数散户亏损最主要的原因。这都是因为人性很难克服"贪婪"（由于贪婪而追高）与"恐惧"（因恐惧而杀低）两项弱点所造成的。

邓普顿讲了一则故事：假如有5名建筑师都认为要建一幢大楼，则这楼就必须要建的；假如有5名医生认为应该做一个手术，则这个手术非做不可的；然而假如有5名股票经纪商建议买某只股票，那么你就最好千万不要买。这个道理很简单，经纪商不过是市场交易的催化剂，必须通过交易量的增长以维持生计，当他们向你建议买进的时候，但这时价格已上涨得很高了，高到一定程度之后就需要出售，此时就必须寻找买主了。因此，你必须时时牢记华尔街这样一句名言：不要做非理性"追高杀低"的投资决策，必须在任何的投资市场中都能满载而归。

邓普顿认为，在大众看好前景的时候买入股票，是极其愚蠢的，因为你永远不会跑赢大市。他记住了恩师格雷厄姆的话："在所有人包

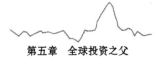

括专家都感到悲观的时候买进。在这些人感到乐观的时候抛出。"他完美地利用了"逆向操作法"。

所以，在实际操作中，当股市不断地冲高、所有人都想进场时，你要逐步地分批抛出，不要等市场下跌时才恐慌性抛出。而当行情持续下跌，所有人都失望甚至绝望时，你可以分批地买进。这时，有一些价值型的股票因暴跌被低估，则是进场的好机会。

2. 以低于价值的价格买入

邓普顿说："股价下跌到公司价值线之下时，以低于价值的价格买入，这个策略适合所有的投资领域，不管股票、不动产、艺术还是邮票。"

邓普顿认为，投资股票好比是购物，无论我们买楼买车，还是买衣服鞋袜，都会四处比较价格，用心选购最好的商品，这样做能够省下一半的钱。

邓普顿秉持的操作策略是承袭老师格雷厄姆的"价值投资法"，他们都在市场中搜寻"物美价廉"的股票。

"投资价值被低估的股票，它的挑战在于如何判断它的确是具有潜力的超值股，还是它的价值就只是这样而已。"邓普顿说："有的股票6元也嫌太贵，有的股票60元也觉得很便宜。投资者就是要寻找价廉物美的股票，而不是低价股。物美才是真正的重点，然后在物超所值的情况下购买。"

邓普顿说，在他年轻的时候发现，股价表现可以和公司价值相差很远，正是这种观察让他在1937年进入投资顾问这个行业，股价与正在运作的公司价值是分离的，并且不一致，这种非常常见现象的原因可能是大家对讲故事、收集消息以及共同分享谈资都有一种天生的渴望，各个公司非常容易被编成故事进行谈论，这种谈论使我们

买入估价过高的股票，那些虚构的故事很容易引人上当，造成投资上的灾难。

他的主要目标就是以大大低于其真正价值的价格买入。但必须注意两点：假如购买的东西意味着增长潜力很有限，没有关系；假如购买的东西意味着未来 10 年以两位数的速度增长，那么就更好。关键是在于公司的发展。如果你能在发展中的公司里找到理想的低价股，那么它们就能够持续数年为你带来丰厚的回报。所以，必须注意的是股票价格与价值之间极端错位的情况，而不是纠缠于一些简单的琐碎细节。

3. 在高品质的企业中去寻找相对低廉的股票

邓普顿偏好是寻找便宜货中的最便宜的股票，由于许多股票看似便宜货，但它们并不属于这一类。每一次邓普顿找到一只股票，就会认真地研究它，只有在他完全相信它们具有投资价值时才去购买。

根据市场规律表明，最便宜的股票通常是完全为大家所忽略的股票。邓普顿认为，假如你能够评估大家所忽略的因素，但这些因素又能够让事情好转，那么到某一个时候，每件东西都可能变成便宜货。为了观察到这种因素，你应该戴起与他人不一样的眼镜，因为别人不能够观察到这种因素。与其他任何技能相比，投资者更需要有一种慧眼识货的能力，邓普顿称之为"具有弹性"。

邓普顿还强调，寻找别人肉眼不能寻找的潜力股，你必须要避开无休无止、一成不变的"消息"与意见，以免受到大众情绪起落的影响。

最后邓普顿如此总结：要在高品质的企业中去搜寻相对低廉的股票。高品质企业的特征：在快速成长的市场中它能够在销售上巩固其领先地位；在技术领域中保持它技术领先优势；以及卓越的管理团队、

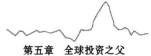

行业内的低成本厂商和充足的资金，可以在很短时间内成为新兴市场的先行者，从而拥有高利润率的消费产品的著名而可信的品牌。

4. 在买入的时候必须彻底了解公司的信息

邓普顿在投资之初，一直利用他对投资者行为的观察而进行资本积累。他买入股票之前，首先对这家公司进行全面的了解。只有掌握足够的信息，才能构建心理堡垒。

邓普顿的家位于福利沙洲俱乐部，此地会聚来自全球各地的企业家，他能够得到许多第一手的数据，此外，他不仅是年轻总裁组织的创始人，而且还是执行长论坛的会员。这些组织都会举行一些集会，他在集会上结识各行各业的总裁和高级经理人。正是有了这些人脉关系使他几乎都能找到与公司相关的重要信息。

在他的投资生涯早期，邓普顿曾亲自访问过 100 多家公司，去看工厂，权衡每一件事的轻重。他往往会问公司管理者的第一个问题是："你们是否有长期计划？"接着又问："你们平均每年的增长率为多少？"如果增长率预估目标高于过去，他会问："为什么将来会跟过去不同？"接下来的重点则是："谁是你们最大的竞争对手？"最后，邓普顿认为这个问题尤其发人深省："假如你们没有办法购买自己公司的股票，那么你们会投资那一家竞争的同业呢？"访问以后，为了要了解这家公司的主管是否自卖自夸，他往往会花费一些时间与这家公司的竞争同业或主要供货商交谈，结果往往会有意想不到的收获。

总的来说，邓普顿认为关键在于挑选真正便宜的股票，他采用的是自下而上的分析方法，对企业的具体状况进行判断。主要有以下几个要点：

第一，多个估值指标相互印证。

市净率、市现率、市盈率等指标，都要用上，不要只用其中一个。

大多数指标说便宜，那大概是真便宜。

第二，通过比较之后买入。

（1）不同国家的同行业、同类型企业之间，对一些估值指标进行相互比较，来判断是否便宜。譬如，以美国公司与韩国的同类公司进行对比，是否被低估。

（2）同一行业内的竞争对手进行相互比较，邓普顿认为，了解公司最重要的信息来自于其竞争对手。对同一行业其他公司的大举并购，可能就是市场上价格偏低的一个信号。

寻找便宜货是个接连不断的过程。世上没有最便宜的，只有更便宜的；对于更便宜的股票，邓普顿设定的标准是，比现有股票要低估50%。

邓普顿往往货比三家，一旦持有某种股票上涨，不再是便宜货的时候，假如同时又发现更便宜的股票，他毫不犹豫地卖掉前一个股票，更换新的更便宜的股票。

5. 用 FELT 选择股票

邓普顿认为，"42 码的脚不能穿进 37 码的鞋"——用 FELT 选择股票。

所谓 FELT 就是——Fair、Efficient、Liquid、Transparent。投资任何股票之前，都应该审视股价是否合理（Fair），股市是否是有效率交易（Efficient），股票是否具有流动性（Liquid），上市财务报表是否透明（Transparent），这是选择股票的四个方面。

第一，如果这只股票的价格已经达到或者超过其现有的及未来可预期的价值的话，那么这只股票就失去了买入和投资的价值，因为投资是价值发现的过程，如果没有价值发现，投资就失去了它的意义。

第二，如果一个市场效率很低，由于制度或者监管方面的问题，

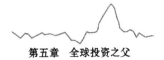

不能实现有效率的交易，那么他们的投资同样得不到保障。

第三，投资规模要和股票规模相称。如果某只股票盘子很小，或者规模虽大但交易活跃度很低，交易量很小，那么它同样不适合大资金的投入，因为一方面它很难吸到足够的低价筹码，同时在出货时又很难迅速地全身而退，处于进退两难的尴尬境地。所谓"42码的脚不能穿进37码的鞋"，说的就是这个道理。

第四，财务报表的真实性也是决定投资成败的关键因素。再好的业绩如果是虚假的，对于投资者来说同样是致命的。由于财务报表是反映企业经营状况、资金状况的最基本素材，如果失真，将误导投资者做出偏离企业真实状况的判断，最终造成重大投资失误。

邓普顿认为，资产净值——是投资决策的一个有效依据。

投资是有风险的，而风险和收益又是相辅相成的。风险越大收益越高，风险越小收益越低。那么我们在投资时，除了要考察企业的经营团队，要运用"FELT"方法进行分析和评估以外，"资产净值"也是我们进行投资决策的一个有效依据。

所谓"资产净值"是指投资对象（上市公司）的总资产价值减去总负债所得的净值，除以企业发行在外的总股本，如果这一数值高于当前股价，说明股价处于价值低估状态，未来具有上涨潜力，值得投资；反之，则是价值高估，有投资价值。资产净值的估值法，本质上还是Fair（合理股价）的一种方式，通过股价和净值比较，寻找价值发现。之所以用资产净值，主要是以防万一，万一企业经营出现问题，被实施清盘的话，其实物资产还能维持在买入的价格以上，确保投资不会出现重大损失，因此这是一种相对保守的估值方法。

使用这种方法，需要注意两个前提：一是资产评估一定要客观、准确，如果评估失真，净值不实，一旦清盘可能就无法实现原先资产净值。其对策是可以邀请多家评估机构进行评估，尽量采用公允价格

进行衡量。二是以实物资产的评估为主，对品牌、商誉等无形资产尽量不要考虑，因为无形资产的波动性、不确定性很大，容易带来投资风险。

6. 找到能替代股票时，是卖出股票的最佳时机

邓普顿说，卖出股票的最好时机，是当你发现另一只股票的投资价值比现时持有的一只高出 50%时。

他的意思是说，假如你持有一只股票，这只股票一直表现得很好，它目前的交易价格是 100 美元，而且你认为其价值也就是 100 美元，那么这时你就需要买进一只价值被低估 50%的新股票了。譬如，你可能已经找到了交易价格为 25 美元的股票，但是你认为它们的价值为 37.5 美元，在这种情况下，就应该以交易价格 25 美元的新股票去更换交易价格 100 美元的原有股票。

"当你找到了一只能够替代它的更好股票时。"邓普顿认为，这种方法最富成效，由于与单独看待股票和公司相比，这可以让你更容易地决定应该什么时候卖出股票。如果一只股票的价格正在接近你对它的估计价值，那么寻找取代股票的最好时机也就到了。在一般寻找过程中，你可能会发现某只股票的价格远远低于你对其公司的评估价值，此时，就能够选它来替代你现在持有的股票。

此种方法非常独特，不了解的人还以为邓普顿是波段操作。所以邓普顿强调，这样做必须遵照一定的原则，而且不该成为反复无常或者毫无必要地变换投资组合的借口。当然，在持续寻找过程中，假如能找到的价值低估的股票越来越少，那就表明股市已经到达顶峰，这时就应该撤退了。

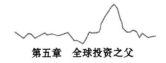

四、邓普顿操作原则

1. 重视长期投资

邓普顿说，股市的起起落落是具有一定的周期性与循环性，即使是低价股，它也需要时间的移动才能体现出它的价值并在股价上反映出来。简单来说，长期投资才是股票投资的根本方法。

邓普顿注重于长期投资，他认为，保持不变的投资则是获得高回报的策略。假如你把股市当作是"家"，而不是旅行中的驿站，那么在长期中你就会做得更好。假如你在股票变动 1% 或 2% 的时候就做出买卖的决定，总是做短线、权证交易或者期货，那么你理想中的"赢"就会掩盖越来越大的风险。因为大多数情况下你就遭受亏损，得到的利润也会被那些佣金所消耗掉，或是本来向下的行情会触底反弹，对于那些短线的买卖来说这是很大的一种蔑视。

在很多时间里，美国大多数基金经理有一个典型特点是：频繁地进行交易，而不是持有股票，债券的换手率就更频繁。而邓普顿却不这样，他比那些基金经理持仓时间要长达 4~5 倍。根据有关研究表明，作为整体，若基金经理持有股票而不是频繁地交易，那么所获得的收益会大于频繁交易下获得的收益，同时，风险与税都会大大地降低。

譬如说，A 基金历史上的情况是第一年赚了 100%，第二年赔了 50%，而 B 基金每年都赚了 10%，年年都这样，实际上 B 基金的长期收益要比 A 基金大得多。只有在你能完全掌握市场的起伏时考虑基金

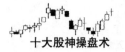

A 才是可行的，然而实际上极少有人能够做到这一点。

邓普顿所持有股票的时间均是以年来计算的，大多数股票持有的时间为 5 年。因为短期趋势遭受很多未知突发因素的干扰，然而从长期来看，股价总会回归原有的真正价值。通常经济研究表明，一个经济周期需要 8 年，才能完成由经济紧缩到经济过热的周期。

巴菲特曾说过一句非常著名的话：我看赚钱这件事情的角度是看一辈子。

2. 不要随波逐流

邓普顿说："若你和别人一样买入相同的股票，那么你也会和别人一样拥有相同的投资绩效。除非你的操作方法与大多数人有所不同，否则就不可能获得非常好的绩效。"

"我的观点是，假如你正在挑选公开交易的股票，那么你应该反其道而行之。要与公司价值进行对比，用最低的价格去购买股票。股票的卖出价之所以便宜，原因只有一个：大多数人都在抛出。要想买到低价股，你应该注意观察大众最恐惧和最悲观的地方。只要你以低价购买很多有获利潜力的股票，你才能取得一次成功的投资。要真正能做到这一点，唯一的方法是在大多数人都卖出的时候趁机买入。在这一点上，投资者通常会陷入矛盾，因为要与主流意见完全相反并非一件很容易的事。"

邓普顿这段话形象地说明了"逆向思维"的重要性。

多年资本市场的实践表明，在一个具有风险的投资市场中，只有少数人赚钱，而绝大多数人赔本，这是一条永恒的规律。那么，怎样才能成为少数的赚钱者？一个很简单的方法就是，与大多数人保持不一样的立场，应该采取"人弃我取，人取我弃"的操作法则。

当一波行情逐渐上涨到最高点的时候，实际上也是泡沫与风险逐

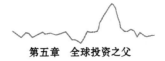

渐积聚的过程，但在表面的盈利效应示范之下，越来越多的投资者被眼前的收益所诱惑，都期望把自己全部资金投入进去，这时是资金投入最大化的阶段，通常也是行情高点与头部的所在，一旦后续资金流跟不上，不能维持持续提高的市场价格，那么行情就不可避免地进入回调。

回顾多年中国股市的历程，历史反复地证明了这一规律的正确性。每当行情达到高潮，这时营业部大厅人满为患，投资者汗流浃背、神情亢奋，股指通常面临着高点。相反，当市场陷于谷底，证券机构门可罗雀，即使反复地动员，投资者也很少响应，结果却是安全的底部。

而被称为"低价股猎手"的邓普顿，正是凭借着不同于大多数人的逆向投资法则，在大家抛售股票使股价下跌直到价格远低于其价值时，买入这些股票，然后大家购买这只股票使其价格远高于其价值时抛出，从而赚取最大利润。

做一个"逆向投资者"，真正的便宜货只有在众人都犯错的情况下才会出现，但要与大众唱反调，并保持自己的判断力不受其他人的影响，这的确并不容易。

很多投资者会买，并且只会购买那些得到投资分析家认可的，具有光明前景的股票，这是极其愚蠢的，但却是人的天性。逆人群中的潮流而行，实在是一件很困难的事情。在看起来最黑暗的时刻，几乎所有人都在卖出的时候进行购买则更为困难。假如你顺着市场操作，从定义上来说，你买的是市场，那么你不可能会赚的多于市场。与传统的"投资智慧"相悖的投资决策才可以获得最丰厚的回报，因此你永远不要随波逐流。

3. 注重"实质"报酬率

邓普顿说，进行长期投资计划的时候，必须要注重于"实质报酬

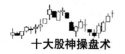

率"，是因为投资所得的利润应扣除"通货膨胀"和"税赋"之后才是真正的报酬率，假如投资者忽略通货膨胀与税赋的影响，那么长期投资就会变得更加困难了。

也就是说，为了更加清楚地衡量自己的投资，你必须懂得去掉税收和通货膨胀因素之后的收益。对于一个长期投资者而言，这是一个最理性的目标。如果不考虑税收与通货膨胀影响的投资策略，那么就忽略了真正的经济环境的本质。

邓普顿认为，保护投资的购买力不遭受损失，对于保证一个很好的投资组合来说相当重要。投资者犯的最大的错误就是将大量的资金投资于固定收益的证券中，并没将世界货币的价值考虑到自己的公式。实际上，物价上涨会降低货币的购买力。

例如，如果通货膨胀率每年为4%，那么10年之后10万美元的购买力便下降到6.8万美元。简单来说，为了让购买力保持不变，那个投资组合必须增长到14.7万美元，10年中至少要有47%的收益率。这还是在不考虑税收的情况下得出的增长率。

当衡量一项投资的时候，必须考虑整体的经济情况。

4. 不要过分依赖技术分析

邓普顿说，光依靠技术分析的投资方法通常会误判形势，必须以调查来辅助。

必须灵活应变，当应用的投资策略效果很不错时，依然需要谨慎，要预防随时变化。因此不要盲目相信分析工具以及公式等。据说，当年邓普顿管理基金的时候，往往会隔一段时间更换投资和选股的方法，因为他认为没有一套投资策略是经常有效的，在不同的情况应该利用不同的投资方法。

他认为，虽然投资国际化，能寻找更多更好的获利机会，也能够

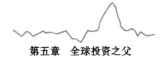

分散投资单一市场的波动风险。然而外国市场，特别是政治、经济状况不稳定的新兴国家，形势可能瞬息万变，假如光依靠技术分析等的投资方法是难以掌握全盘局势，必须通过实际的调查访问才能快速应对变化。所以，投资要点遍布全球重要金融市场的国际性投资集团更有可能有效把握全球金融形势的命脉。

邓普顿是这样总结的：技术分析有着其优势，比如具着很强的客观性，能够进行量化判断。同时依据历史能够重复的原理，能够进行统计分析与前瞻性推导，具有比较强的逻辑性。然而不可否认，技术分析仅仅是所有分析方法当中的一个部分，而不是全部，特别在新兴市场中，技术分析方法只是一种相对次要的、辅助性的分析方法，只有当政策面、基本面以及资金面等因素相对稳定的情况之下，技术面才能发挥阶段性的作用。

邓普顿所运用的分析技巧是，首先从确定一家公司的内在价值开始。1940年，他的顾问公司系统地运用格雷厄姆原创的全盘分析技巧，认真地分析企业的重要财务比率，期望从中找到股票的真正价值，在那时候这种工作是很辛苦的，然而当今由于有在线信息服务而可以免除，每年只需花少量的金钱，就能够获取许多的信息。企业分析的方法非常多，邓普顿认为这几个因素非常重要，并且普遍性的适用。熟记以下重点，能够帮助你在投资决策上的判断。

（1）本益比。

（2）营业利益率。

（3）清算价值。

（4）营盈成长稳定性：假如某公司的盈余有一年下跌，也许没关系，但若连续两年表现不好，就必须对它保持怀疑的态度。

（5）弹性是中心守则：在每一件事都进行得非常好的时候，你应该准备进行改变。当整个循环与你的估算相吻合得天衣无缝时，必须

准备获利了结。

（6）不要信赖任何的原则与公式：任何定理都有很可能在一夜之间被打破。

邓普顿像格雷厄姆那样，总是在搜寻便宜的投资对象。而邓普顿更注意的是几年内价值会超过现值的股票，因此邓普顿是成长导向的投资者，也是价值导向的投资者。他与费雪一样不熟悉科技，也不擅长分析管理状况，对超额营运资金并不感兴趣；他的思考方式像是股市作手，不像巴菲特、费雪那样，有时候更像是一个企业家。

他有几个特色值得大家学习：

（1）做决策时的果断力。

（2）对小型股的执着。

（3）价值投资的投资哲学。

（4）丰富的企业人脉。

（5）运用信息帮助判断。

第六章　投机大师
——伯纳德·巴鲁克操盘秘诀

巴鲁克是一个有着传奇色彩的风险投资家，他是一个曾一度征服了华尔街，后来又征服了华盛顿的很受人敬佩的人物。1897年以300美元作为风险投资起家，32岁时他的财富已经达到了320万美元，但经历了1929~1933年经济大萧条以后，他的财富依然能达到几千万美元。他是那个时代少有的几位"既赚了钱又保存了胜利果实的大炒家"。大家对他冠以"投机鬼才"、"独狼"以及总统顾问等美名。大家更愿称他为"在股市大崩溃前抛出的人"，他与同时代的杰西·利弗莫尔齐名，被列为5位最伟大证券交易者之一。

巴鲁克成功关键：依靠随市场行情的准确判断，能够鉴别出何时是应该买入的低价和该卖出的高位。

巴鲁克操作风格：短线投机。

巴鲁克操盘的哲学：

（1）人性是最重要的，只求做好但不贪婪。

（2）不要企图在底部买入，在顶部卖出。

（3）快速接受亏损，并处理损失。

（4）永远不要把所有资金投资出去。

一、巴鲁克操作理论

1. 群众永远是错的

巴鲁克曾经说过："群众永远都是错的。"此句话曾引起很多非议，然而事实胜于雄辩。最能够证明巴鲁克观点是正确的，莫过于他能在1929年大危机来临之前顺利地逃顶。20世纪20年代末美国的股市崩塌对全球投资者的震撼是永远难忘的。1928~1929年两年里，投机风气在股市里非常流行，使股价暴涨，巴鲁克也积极参与其中。据他介绍，在1929年大危机来临之前顺利地逃顶，表示自己当时已经对几乎一路攀升的股价感到十分不安。

也正是因为大危机，巴鲁克对群体的盲动有了更加深刻的体会。他意识到，作为有独立思考能力的个人，人们往往是明智而很有理性的。当成群结队、情绪互相影响时，却全都变成了一伙笨蛋，总是在股市上升的时候感到非常兴奋，而在它下挫的时候又感到非常沮丧。巴鲁克讥讽地说："股市存在的目的是让更多的人变成傻瓜吗？"因而巴鲁克相信，既然群众永远都是错的，那么要想在股票市场中赚钱的话，必须与大多数人反向操作才行。也正是因为巴鲁克这种特立独行的投资风格，他得到了"独狼"的外号。

"群众永远是错的"则是巴鲁克投资理念的第一重点。他的许多关于投资的认识均是从这一基本原理衍生出来的。譬如，巴鲁克主张一个很简单的标准，来鉴别什么时候算是应该买进的低价以及应该卖出的高位：当大家都为股市欢呼的时候，你就必须果断地卖出，不要管

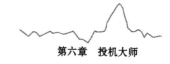

它还会不会继续上涨；当股票便宜到无人想要的时候，你必须大胆地买进，不要管它是否还会再下挫。

在股市中绝大多数人都是追涨杀跌的盲从者，都是想随大溜赚上一笔钱，结果是正好相反。顺势而为看起来非常容易，然而股市大众的疯狂之势却永远难以预料。要想战胜市场，最好的办法是远离市场的疯狂，冷静地思考投资价值，逆势而为，在市场疯狂地暴涨时立即卖出，在市场疯狂地下挫时立即买入。

在大众一哄而上的时候，巴鲁克总是冷静的袖手旁观，当大众冷静的时候，他却是热情高涨。这种采取与大家相反的办法行事的风格，正是巴鲁克的独特的地方。

美国 20 世纪 20 年代和 20 世纪 80 年代的道琼斯指数走势，如图 6-1 所示。

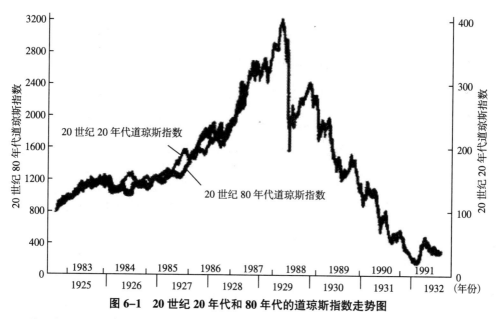

图6-1 20 世纪 20 年代和 80 年代的道琼斯指数走势图

注：从 1896 年道琼斯指数的一个重要低点算起，到 1929 年，是 33 年，这里产生了重要的高点和股灾；到 1932 年见底，是 36 年；到 1987 年股灾是 91 年，1987 年是一个顶部，也是一个底部。

2. 最重要的是人性，不求贪婪

巴鲁克经常说道，他在华尔街的投资生涯，就是了解人性的漫长过程。他对人性具有深刻的分析和思考：

他认为，股票市场所引起的波动，所记录的并不是事件本身，而是大众对这些事件做出的反应，是股市中的男人和女人如何感知这些事件可能会对未来造成什么样的影响。

也就是说，最重要的是，股票市场就是大众造就的，是大众努力地阅读将来，也正是因为人类具有这种不知疲倦探求的特性，股票市场才成为一个戏剧化的竞技场，男人与女人在股票市场中用他们互相冲突的判断进行较量，让他们的希望和恐惧互相竞争，用他们的优点和弱点互相对抗，用他们的贪婪之心和抱负理想进行比拼。

不过，巴鲁克最初在华尔街身为办事员和跑腿时，对这些一无所知，也毫无觉察。他该犯的错误全都犯了。后来巴鲁克认识到自己在华尔街的整个生涯实质上就是接受人性方面教育的过程。

这时，巴鲁克才反思 1929 年股市崩盘的人性原因。为什么崩盘前市场上大多数人会不计后果狂热地高价追涨买入呢？

正是因为这场大危机，巴鲁克对群体疯狂行为有了更深刻的体会。他总结出群体疯狂行为的两个特点。

第一，高重复性。"这些群体疯狂行为在人类历史上不断地重现，发生的频率这么高，说明它们一定反映了人类天性中有着某种根深蒂固的特质。不管人类企图做成哪件事，好像总会被驱动着做过了头。"

第二，高传染性。"这些群体性疯狂行为还让人感到奇怪的一面，不管受过的教育多么高，也不管职位有多么高，都不能让人得到不受这种病毒传染的免疫力。"

巴鲁克是这样回忆他当时抛出股票的经过：1928 年多次出售股票

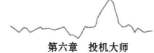

的时候，他总觉得行情突发逆转下挫就迫在眉睫，结果却发现市场不断地上涨。1929 年 8 月，他正在苏格兰度假，获得一个消息，有人建议用老铁路公司的股票去交换新组建的两家控股公司的股票，这次交换很有可能将相关公司的股票提升到很高的价位。他发电报给三个关系很好的人，问他们对当前行情作何判断。一个著名的美国金融界人士评价整体工商业形势时说它"就像风向标，表明将会出现一阵狂风似的繁荣发展"。这种过于乐观使他深感忧虑，于是他决定马上回国。回国不久之后，他决定抛售所有的股票。所以大家称之为"在股市大崩溃前抛出的人"。

巴鲁克是那个时代最能把握时机的投机者，他只求做好但并不贪婪，他从来不等待最高点或者最低点。在弱市中买进，在强市中抛出，早买早卖，抓住稍纵即逝的投资机会，这则是他投资理念的精华。

"在股市操作之中，我一次又一次当股票还在上涨途中时就抛售，这是我一直能够保住财富的一个重要原因。很多的时候，如果继续持有某只股票，我本来可能赚更多的钱，当然话又说回来，当某只股票崩盘的时候，我本来也会恰逢不幸，遭受巨大的亏损。如果说因为这种习惯做法让我错过了一些赚钱机会，同时也避免了陷入'破产'的地步，而我看到大多数人正是因此而不名一文。"

"当希望高涨的时候，我总是不断地告诫自己：二加二依然等于四，谁也不曾发明过什么方法，能够做到没有任何付出却能够有所收获。而当展望前景陷入悲观的时候，我会再三地提醒自己：二加二仍然等于四，谁也不能让人类长期消沉下去。"

所以，巴鲁克告诫大家：人性是最重要的；只求做好但不贪婪。

3. 依靠判断力与市场走势来指导自己的行为

巴鲁克说，股票市场的任何所谓"真实情况"都是通过人们的情

绪波动来间接地传达的；在任何短时间里，股价上涨或者下跌主要都不是因为客观的、非人为的经济力量或者形势和局面的改变，而是由于大众对发生的事情所做出的反应。

他认为，了解是判断力的基础，如果你了解了所有的事实，你的判断就是正确的；相反，你的判断就是错误的。

股票操作成功的关键，在于是否能摆脱自己情绪的影响。不能控制自己的情绪，在股市中获得盈利的机会是非常少的。

巴鲁克始终信奉，与正确地买入股票相比之下，正确地卖出股票要难得多。他说，因为在股票操作过程中存在情感因素，假如一只股票上涨，大多数投资者会继续持有，因为他们希望得到更多收益，这就是贪婪。假如一只股票下挫，他还会紧抱不放，期待可以回升，至少在卖出的时候不会亏本，这就是侥幸。巴鲁克努力地避免这些情感对他带来的影响，而这样的影响很可能是破坏性的。巴鲁克的规则是，在股票上涨的过程中抛出，假如下跌，就及时退场认赔。

1928 年，他曾经多次在市场上涨到新高时抛出。随着股价一路攀升，他又回到市场，购买更多股票。到 1929 年 8 月为止，市场上扬速度非常之快，致使巴鲁克往往今天买进强势股票，明天就抛出。他的操作法则是，依靠判断力和市场走势来指导自己的行为。而这种操作方式证明，跟随市场走，而不是跟随个人对市场的感觉走，这是非常重要的。

4. 投资者和投机者的素养

巴鲁克相信判断和思考。他认为，如果对收集的信息缺乏判断和思考，那它就没有一点儿价值。他还相信，只要做出了正确的判断，把握全局，抓住重点，就会成功。同时他还把机敏的素质和不偏不倚的判断，视为股市成功的关键。

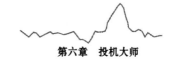

他认为，绝大多数人在股市亏损的主要原因是，他们以为不经过努力就可以在股市中赚钱，把股市当作不费吹灰之力一夜暴富的地方，是奇迹诞生的地方。可是，巴鲁克通过实践证明，如果不付出股市所要求的努力，就不要指望发财。当股市为巴鲁克带来财富，当股市一路走势如他所预料的时候，他仍然保持自己谦逊的品质。这种品质使他保持了一种平衡，进而让他能慎重行事，做出正确的操作决策。

因此，巴鲁克认为，无论投资者还是投机者都应该具备六大基本素养：

（1）自立。应当独立思考。不要情绪化，除掉一切可能造成非理智行为的环境因素。

（2）判断。必须对每一个细节都考虑到，从而不放过任何一个细节。断然不要让自己期望发生的事情影响自己的判断。

（3）勇气。不要过高估计不利的因素，使你畏缩不前，但你具有极大的勇气。

（4）敏捷。你必须学会发现，善于发现一切可能改变形势和可能影响舆论的因素。

（5）谨慎。你应该顺其自然一些，否则无法做到谨慎。股市对你有利的时候，你必须保持谦虚。当自己认为股价已经达到最低点就进行买入，这不是谨慎的行为；最好再等一会儿，晚一些买入也不会迟。执意等到股价上涨到最高点再卖出，这也不是一种谨慎行为，因为快一点儿脱手大概更安全。

（6）灵活。把所有客观事实与自己的主观看法综合起来进行考虑，必须彻底放弃固执己见或者"自以为是"的态度。执意在某一个时间段内赚取一定数额的想法会完全破坏你自己的灵活性。一旦你做出决定，就要立刻行动，不要等待和观望股市会怎么样。

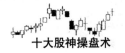

二、巴鲁克盈利法则

1. 把握稍纵即逝的机会

股市成功的关键在于，要眼疾手快。人们往往惊异于巴鲁克的判断力——他能够抓住稍纵即逝的机会，能够敏锐地发现市场上的细微变化，而且能做出快速反应。

有人把巴鲁克称作"投机大师"的原因之一是，从表面上来看像孤注一掷的风格。其实不然，这种果断风格正是巴鲁克出类拔萃的成功特质，特别表现在他能够抓住其他投资者慢半拍的时机。

1898 年 4 月，美国与西班牙为了扩张自己的势力范围，便引发了利益冲突，最后引起一场战争，这就是"美西战争"。战争爆发前，纽约股市就遭到重创。然而战争开始以后，美国军队胜利的消息接连不断地传出，巴鲁克认为美国一定会最终获得胜利，并且战争一结束，股市肯定会快速回升。

情势的发展证明他的预测是正确的。7 月 3 日，美国海军将西班牙舰队全部歼灭在古巴的要塞城市圣地亚哥，巴鲁克期望在消息还没扩散的时候在伦敦购买很多低价股票，在纽约股市第二天开盘之后趁着股市上涨伺机高价出售。然而，因为天色已经太晚了，当日已经没有去纽约的火车，巴鲁克马上决定花费巨资包租整列专车直达纽约。7 月 4 日早晨，天一刚亮，巴鲁克快速地跳下火车，接着马不停蹄地乘上一艘开往曼哈顿的小船，靠岸之后又一路奔跑冲到办公室里，急忙打开发报机，向伦敦发出了购买大量股票的电报，从而抢得了先机。

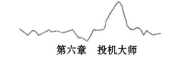

当纽约人们一夜安睡以后，伸着懒腰起床打开收音机，才听到美国得胜的消息，然而面对停盘的纽约证交所和其他地方股价已经上涨的交易所，也只好望尘莫及，这场"闪电战"使巴鲁克大赚了一笔钱。

巴鲁克在股票操作实践中发现，要想投机成功，必须对市场的瞬息变化做出快速的反应。他认为，一个真正意义上的投机者会观察那些预示未来前景的当下事实，并且在未来情况出现之前就要立即采取行动。

他是这样定义投机者的：评判未来并且在未来情形出现之前就要立即采取行动的人。必须做到这几点：一是你必须得到关于某种形势或某个问题的事实；二是你必须对这些事实所预兆的前景形成准确的判断；三是你必须立即行动，以免为时已晚，再行动已经没有任何意义了。

2. 股市的盈利，在于出色的分析和研究

巴鲁克的盈利大多数来自于出色的分析和研究。他认为，投机者应该像外科医生一样，可以在一团复杂的肉体组织和彼此抵触的细节中找出有重要意义的事实。接着，投机者还必须像外科医生一样，能够以自己眼前的事实为根据，冷静、思路明晰、技巧娴熟地进行操作。

1904 年初，巴鲁克听说，SooLine 公司打算新建一条西向铁路，来提高自己的小麦运输能力。他对此进行了广泛的调查和分析之后，开始逐步买进 SooLine 公司的股票，该公司股价在 60~65 美元。突然之间流言四起，流传该公司这条线路的潜力达不到当初的设想。巴鲁克毫不理会这些流言。他决定吸取几年之前的教训，不受外在影响与观点所左右。小麦取得了大丰收，SooLine 公司的收入增幅达到 50%，而每股也上涨了 110 美元。他继续对该公司进行关注，再次对它的未来前景进行预测。最后他得出的结论是，这只股票的高价位将得不到

支撑。因此，他在暴跌之前抛出。

巴鲁克认为，这次盈利，得益于他出色的分析和研究以及日益丰富的理解股价走势的经验。对股市来说，要能够改变自己的观点，不要在情感上局限于某个方向（无论是熊市还是牛市）。从这次交易中能够看出，巴鲁克是怎样通过分析和研究，依据自己深信的事实而采取行动的。在认为形势发生变化的时候，他能够快速改变原来的计划，这是他在 SooLine 公司的操作中成功的主要原因。

1901 年 8 月，股票市场开始下挫。到了这年 9 月 6 日，麦金利总统遭遇暗杀者枪击，昏迷不醒。巴鲁克决定开始做空市场，其重要原因在于，当时国家处于不稳定状态，无法确定会出什么乱子。这时他敏锐地考虑到，铜的供应必然会超过需求。在初期的做空证明判断是没错之后，他在这只股票下挫中持续放空。在以每股近 60 美元出售时，他获得将近 70 万美元的利润。这次交易还使他相信，应当坚持研究，坚持以事实为依据。

巴鲁克认为，股票投机者始终要面对一个问题：就如同解开盘缠错杂的绳结似的，必须分清哪些是冷冰冰的确凿的事实，哪些是大众对待这些事实时展现出的热烈情感。相比之下，没多少事情做起来比这更为困难的。投机者面临的挑战，是如何在处理事实的时候，让冷冰冰的事实摆脱火热的情感。

巴鲁克认为，要在股市中获得真正的成功，就必须全力以赴。由于挑战非常严峻，应当全神贯注。他说，股票操作要想成功，就像当医生和律师一样毫无二致。你的确投入全部的时间去研究。股市与其他任何值得追求的事业一样，都需要保持最高度的警觉。

值得一提的是，彼得·林奇就是从巴鲁克身上吸收的养分——投资之前必须注重事实的研究，这也是彼得·林奇盈利法则之一。

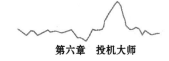

3. 比较两地股市同一股票的价差，寻找赚钱的机会

巴鲁克还有一个操作习惯，就是每天把伦敦股市和纽约股市同一股票进行比较，得出这只股票价差是多少，接下来再从中去寻找赚钱的机会。他得出这样的结论：在星期一早上，同一种股票在两地行情往往会存在较大的差异，那他就会在低价位的股市买进，然后再到高价位的股市中出售，从中赚取一大笔钱。

每天巴鲁克最喜欢做的一件事，就是在星期一以最短的时间去发现伦敦和纽约市场上价格差异最大的股票，然后经过套利买卖使两地的价格趋平，并从中获得暴利。这个办法可以说是屡试不爽，巴鲁克就是依靠这种投机获利。

巴鲁克这种盈利方法非常值得中国股民借鉴，在中国香港与中国内地同一个股票的 H 股和 A 股有很大的价差，因此，投资者能够从比价关系的稳定性及其制约作用中找到投资机会。

三、巴鲁克操作技巧

1. 注意投资对象

巴鲁克提出必须注意投资对象的三个方面：一是它必须要拥有真实的资产；二是它最好有经营的特许优势，这样能够降低竞争，其产品或服务的出路有很好的保证；三是投资对象的管理能力，也是最重要的。

巴鲁克在评估某家公司的基本面和总体情况的时候，他通常考虑

上面所说三个方面。他在进场操作之前，总会认真地研究这家公司，特别是其管理情况以及财务前景。

1901 年，巴鲁克通过分析了路易斯维尔—纳什维尔铁路公司和它的利润前景，购买了这只股票。其股价不到 100 美元，之前刚刚发生北太平洋公司的狂跌，这只股票曾经一路上扬，此后又暴跌，这也是导致 1901 年恐慌的部分原因。他买进路易斯维尔—纳什维尔铁路公司股票，是因为做了仔细深入的分析，并且希望实现拥有和经营一条铁路的儿时梦想。1902 年 1 月，这只股票出现强势攀升。他与一群投资者一起，开始购买大量的股份，企图掌控该公司的控股权。可是，他的梦想并没有得以实现，由于他那伙人从来没有真正控制这家公司，当然，在最终卖出股票的时候，他获得丰厚的利润，将近达到 100 万美元。

巴鲁克认为，在你买入股票前，应当弄清楚一切可以弄清楚的关于这只股票的公司、公司管理与竞争对手的情况，以及公司的盈利状况与未来发展前景。

并且他还告诫大家，宁愿投资一家没什么资金但管理很好的公司，也不要去碰一家资金充裕但管理糟糕的公司的股票。

经过多年的操作，他发现，最初所犯的两次亏损惨重的错误，是绝大多数投资者都要犯的错误，即对公司的管理、收益、前景以及未来增长潜力了解太少。正是这些错误，造成他多次输得精光。他发誓要管住自己，吸取教训，也正因为这样，他全力以赴对自己所投资的公司进行深入的研究。

2. 不要企图在底部买入或在顶部卖出

巴鲁克从来不相信逃顶抄底，只相信高抛低吸。如果股价过于高估的时候就抛出，如果股价过于低估的时候买入。他这样认为："有的

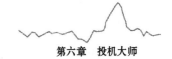

人喜欢自吹自擂，说什么能够逃顶抄底，但我不相信没有任何人能做到这一点。股票看起来价钱很便宜，我就买进，股票看起来价钱非常高，我就卖出。正因为这样的行为，我才成功避免被市场波动中出现的极端狂野的情形冲昏头脑，才不至于随波动的大潮一起颠簸起伏而葬身水底；事实证明极端狂热与极端悲观的氛围必将引起灾难。"

巴鲁克对所谓的超额回报并不赞同，他告诫大家，不要企图买在底部、卖在顶部。他如此讲道："谁要是说自己总是可以抄底逃顶，那必然是在撒谎。"

巴鲁克还多次在价格上涨中出售股票，1929 年也是这样的。就在硫磺业股票到达顶部之前，他把持有的 121000 份股票抛出。1929 年 10 月崩盘的时候，他已经全部抛出所有股票。他能保住财富的原因之一，就是能够做到在上涨中抛售。他相信，没有人可以在顶部卖出、在底部买入。这种特别是在多年的实践中培养出来的"感觉"，通常促使他在感到股价过高时立即卖出。不过，他并没有什么具体的规则来判定什么时候股价过高，而是他更多地培养了一种感觉，那是一种细致研究市场、多年操作以及顺应市场所形成的感觉。

3. 卖出股票时应考虑"安睡点"

巴鲁克曾经谈到，卖出股票时必须考虑"安睡点"。也就是说，假如股票让你担心得夜不成寐，就应当卖掉。你需要借助潜意识抛出它们，了结无谓的烦恼。

巴鲁克在股票投资初期，听到别人说，"抛售一部分股票，一直到能睡着"。

巴鲁克认为，这实在是非常可贵的智慧的语言。此说法相似于菲利普·费雪所说的"保守型投资者高枕无忧"。假如你忧心忡忡，那是潜意识在不断给你发送警告信息。所以，最明智的做法就是出售股票

一直到不再为股票担忧为止。这种把自己持有的股票转为现金退场的做法，是一个聪明的选择。

4. 最好只买几只可以持续关注的股票

巴鲁克认为，股市交易不能过于分散投资，最好只购买少数几只股票，密切地进行关注。他认为，一个投资者不可能同时知道很多股票的所有相关事实资料。巴鲁克发现，集中全部精力，这是他在股市中成功的关键。他相信，投入股市，就必须专心致志，不能一心二用。他认为，一个人不可能在很多方面都是专家。巴鲁克喜欢专注于一件事，并且完善这件事，最终目的是做好这件事。

对股票投资必须进行明智合理的判断，就需要投入大量的时间和心力，并且跟踪研究影响一只股票价值的各种因素也需要投入时间和精力。虽然对于数只股票你能够了解所有可以了解到的情况，但对于一大批股票，你不可能了解所有你需要了解的信息。

有一句格言说，知之较少是十分危险，在股票投资领域比在其他任何领域都更有效、更正确。

5. 定期重新评估所有的投资

巴鲁克说："定期重新评估所有投资，看一看持续变化的情况是否已经改变这些投资的前景。"

他将自己的成功归之于："为让自己受到严格的自我审视与自我评估，我付出了很大的努力。而当我逐渐认识自己时，我便能更好地理解他人。"

巴鲁克通过很多次股票交易进行投机操作遭遇挫败以后，他终于痛定思痛，领悟到思考和基于思考的判断和行动多么重要。于是，巴鲁克说："我开始养成一个习惯，一个从此永不摒弃的习惯就是分析自

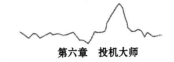

己为什么失败，弄清楚在哪些方面出了差错。随着我在股市上操作的规模越来越大，后来我将这个习惯做得更加全面和更为深入。每当我操作完一次重大交易，特别当市场形势已经转向萧条时，我就抽身离开华尔街，到一个非常安静的地方，让自己回顾自己所做的一切，检查在哪些方面出了纰漏。这时，我决不会寻找借口原谅自己，心里只考虑着要防止再犯同样的错误。"

巴鲁克经常会对所有的操作进行分析，探讨自己的操作方法是否需要改变。他还通过分析去发现自己所犯的错误，以免以后重蹈覆辙。这一点，他在交易之初就已经身体力行。为了进行彻底的分析，不受到外部环境干扰，他有时候尽可能地远离市场。在必要的时候，他会清空所有的仓位，离开市场。事实上，每年夏天，他都前往欧洲度假。彻底地逃离市场活动，停下来反思自己以前的交易，这通常有益于身心健康。利弗莫尔也曾发现，这种远离市场的做法是非常珍贵的，他会通常休假远遁，充电之后又回到市场。对巴鲁克来说，远离市场的做法相当重要，因为他能够恢复心灵的平静，一心一意地反省以前的操作。

四、巴鲁克操作原则

1. 要在最短时间内止损

巴鲁克所信奉的交易技巧之一是，必须要对自己诚实，在操作上无论自己做错还是做对都同样要有心理准备。这就是他高明的市场之道。他经常这样说道："没有一位投机者每次都能够做对。事实上，有

一半的次数做对，这已经是相当高的命中率了。假如做错能快速止损，就算是十次只做对三四次，也可以发财。"

巴鲁克提醒大家要学会止损：犯错在所难免，失误之后唯一的选择就是要在很短时间内止损。他认为，因为操作中存在情感因素，假如一只股票上涨，通常大多数投资者会继续持有，希望获得更多收益。假如一只股票下跌，他还会抱牢不放，期待能够上调，至少在卖出的时候不赚不赔。巴鲁克尽量避免这些情感的影响。他认为，在股票上涨的过程中要卖出，假如下跌，就快速出售认赔。

"总体来说，动作必须要快。假如你不能坚定这样做，请你减少介入。一旦你心存有顾虑，就要减少介入。可是，当你下定决心以后无论市场如何反应，都必须马上行动。尽管这样，在制订操作计划的时候，你还必须要考虑市场动向。"

巴鲁克的交易记录显示出：1925年是股市强劲的一年，他的盈利达到140多万美元，而亏损交易却只是略高于415000美元。值得注意的是，与收益相比，他成功地把亏损的交易保持在可控制的范围之内。在1926年风云变幻的股市里，他还成功赚得457000美元。

巴鲁克在整个投资生涯中，都严格地遵照自己制定的策略，在操作过程中严守纪律，从而成为著名的富豪。

2. 永远不将所有资金投资出去

巴鲁克非常注重对风险的控制。他认为必须经常在手中保留一定的现金。

1899年，巴鲁克在纽约证券交易所花了39000美元购买了一个席位。这笔交易使他信心大增，由此他的名字进入纽约证券交易所精英的行列。那时候他拥有豪斯曼公司1/3的股份，而该公司盈利高达501000美元，这样获得了167万美元。他的事业好像一帆风顺，财源

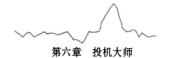

滚滚。可是不久之后他又听信了别人的小道消息，并将大部分资金投入进去，他以每股 10 美元的价格买进美国酿酒公司的股票。几星期以后，这只股票的价格就从 1899 年 6 月 13 日的 1025 美元，下跌到 6 月 29 日的 625 美元，短短的几星期之内，他几乎变得一贫如洗。对于刚出道的巴鲁克来说是一次毁灭性的打击，使他一度失去了信心。

从这次的失误当中，巴鲁克为自己制定了一个规则，那就是，万万不能投入所有的资金，要在手中保留充足的储备金。这样做是为了避免孤注一掷，在市场对自己不利时造成破产。在市场下挫到底部的时候尤其需要储备金，为了有利于在市场上攻时得益，因为他懂得，这一刻迟早就会到来。如果是这样的话，他手中有大量的资金就会抓住新的机遇。

巴鲁克如此总结道："任何将军都不会让自己的军队始终战斗不止，任何将军也不会把部队全部投入战斗，而不留下一部分当作后备力量。不能达到只要出现判断错误自己的财力便不堪承受的程度，由于手中保留大量的现金储备，还能够在未预料到的机会出现的时候，充分利用这些机会。"

3. 坚守自己最熟悉的领域

巴鲁克曾经说过："即使任何人也不可能对所有的投资进行彻底了解，最好的做法是坚守自己最擅长的那块。"这是巴鲁克所坚持的投资观点。

他认为，任何人都不可能对所有行业的投资要领完全掌握，最好的投资方法就是找到自己最熟悉的行业，然后投入所有精力。

巴鲁克曾经因为不熟悉咖啡而惨遭失败，巴鲁克说，这次损失造成的痛苦还是其次，关键在于信心受到沉重的打击。于是他痛下决心，

对于自己不了解的东西绝不再冒风险。他是这样总结的："有的人认为自己无所不能，无论是买卖股票，还是涉足房地产、经营企业以及从事政治活动，这些全都同时去做。依照我自己的经历，没几个人能够同时做一件以上的事情，并且还都能做好。不管在任何领域里，一个熟练的操作者会得到一种近乎本能的感觉，此感觉能让他认识到大量的东西，对于自己认识到的东西他甚至都很难解释。投机要获得成功，需要太多的专门知识，就好比在法律、医学以及其他任何职业想取得成功需要太多的专门知识一样。那么，对积蓄不太多的人来说，想让自己的积蓄得到很好的收益，又不能全职地去研究投资，应该怎么办呢？对于这种人，我的建议是，想方设法找到一个值得信任的投资顾问。没有利害关系且小心谨慎的投资分析师，又不效忠于哪家公司，也不与哪家公司结成联盟，他们的工作只是根据某只股票自身的品质判断其优劣。"

4. 不要相信"内部消息"

巴鲁克说，在购买某只股票之前，必须要掌握事实。他告诫大家，那些很不可能懂得股票的人经常以专家自居透露小道消息时，千万不要上当。他回忆起，1929 年的一天，有一个定期受他施舍的乞丐告诉他，自己有一个关于股市的小道消息。人们喜欢把这件事与约瑟夫·肯尼迪的经历进行对比。约瑟夫·肯尼迪是美国前总统约翰·肯尼迪的父亲，20 世纪 20 年代一位很成功的股票投机家。据说，1929 年，在股市崩盘前的暴涨中，一名擦鞋童曾经向他透露过股市的小道消息。肯尼迪认为，假如连擦鞋童都已经成为股市专家提出购买建议，市场一定已经接近顶部。也就是说，假如人人都已经投入股市，假如所有需求都已经得到满足，那么股价再不会有上涨的空间。不过，乞丐向巴鲁克建议，与鞋童向肯尼迪透露的小道消息一样，正好都发生在 1929

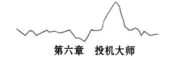

年大崩盘之前。他俩都是在崩盘之前，就已经对所有股票进行清仓，而绝大多数投资者却遭受了毁灭性的打击。

巴鲁克如此说道："对任何给你'内幕消息'的人士，不管是理发师、美容师还是餐馆跑堂，都要当心。"

不可否认，在股市蒸蒸日上的时候，内部消息就会非常多。最悲哀的是，在股市上涨期间，至少会有一段时间不管谁提供的内部消息好像都非常起作用，这只会将大多数人拉进市场，进而会越陷越深。

第七章 欧洲股神

——安东尼·波顿操盘秘诀

安东尼·波顿是英国富达国际公司投资总裁，是英国甚至欧洲最成功的基金经理人，他被称为"欧洲股神"，并享有"欧洲的彼得·林奇"的美誉。他是一个传奇人物，自 1979 年以来，他掌管富达特殊情况基金长达 30 多年，并创造了 20% 年复合收益率，把一只初始资金只为 1000 英镑的基金规模增长了 147 倍。他被《泰晤士报》评选为历史上十大投资大师，位列格雷厄姆和巴菲特之后。

波顿成功关键：以一种逆向进取的方法寻找资本成长的机会。

波顿操作风格：长短线结合。

波顿操盘的哲学：

（1）了解一家公司是非常重要的，特别要了解它的盈利方式与竞争能力。

（2）做一个逆向投资者。当股价上升时避免过于看涨；当几乎所有人对前景都不乐观时，他们可能错过了前景会越来越好；当几乎没有人担忧时就是该谨慎小心的时候了。

（3）必须忘记你购买股票时的价格。

（4）投资者有两个致命的错误。买在高点是一大错误，第二个错误就是卖在低点。既然错了一次，就不应该再错第二次。

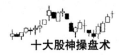

一、波顿操作理论

1. 逆向投资理念

逆向投资是波顿最核心的投资理念，为了传播他这个理论，他在给投资者撰写的一本书中这样写道："在市场极度乐观或者极度悲观的时候，向反方向下注就对了。每一次，当我看到市场所有的投资都举手投降时，就仿佛看到股市见底的明确迹象。这一招，我将近用了30多年了。"波顿说，30多年以来，这招从来没有失灵过。

在波顿看来，逆向投资有两层含义：一是情绪上的逆市，也就是巴菲特经常所说的"别人贪婪时我恐惧，别人恐惧时我贪婪"；二是选股策略上的逆市，去选冷门股、偏门股，不要随波逐流，不要追逐市场热炒的股票。

波顿说："投资需要自己在感觉不那么'舒服'时大胆买入或者卖出。"他还说："要想做到这一点，必须要有勇气，必须要有信念，还要敢于逆潮流行事。"

关于这种逆向投资策略，对于股票来说，波顿是这样理解的：

一是波顿认为市场有它的公允价值。他感觉到整个股市与上市公司一样，都具有其内在价值的，不过，评估股市的内在价值要比评估上市公司的内在价值复杂许多。

在波顿看来，投资非常简单的一条就是：当市场的市场价值高于其内在价值的时候，就依照市价出售股票；反之，当市场的市场价值低于其内在价值的时候，就依照市价买进股票。

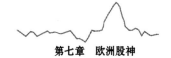

二是情绪是取决于市场的短期价值。虽然市场也有其内在价值，然而实质上这种价值根本得不到真实的反映。每个投资者对未来市场都有预期，都有各自的情绪，而这种情绪对市场的估价产生很大的影响，造成它实际价值偏离了内在价值。

在波顿看来，他所给出的对市场的内在价值的评估，也只是他本人的预期与情绪的汇总。因此他要做的事情，并不是去尝试着准确地给市场定价（因为他明白这是根本不可能的），而是准确地掌握市场中的情绪和这种情绪的变动趋势。

三是市场的走势无法预测。既然情绪取决于市场的价值，那么市场的走势当然无法预测。也许现在人们对未来还是一片看好，然而突然之间一场灾难来临必然就会引起大家的恐慌；或者现在市场还是一片悲观，然而突然之间一条利好的政策到来也会让人们的情绪瞬间乐观起来。

波顿和所有人一样无法预测明天的市场，他只能凭借着他的经验告诉大家：“给那些试图去抓住市场时机的投资者的建议是牛市持续的时间往往会比预期的要长，而在一波强劲的牛市行情之后，一个新的熊市真正开始之前往往会有一些假象。这是因为市场转换过程需要消耗掉牛市中内在上升的动力。”

四是实际上总是存在，只是每个人的态度不同。波顿认为不管是导致市场向上的因素，还是导致市场向下的因素，实际上总是存在的。市场向上或者向下，并不是由于这些因素的改变，而是由于大家看待这些因素态度的改变。

五是股市总是循环。股市总是有涨有跌的循环，从来就不可能一直不断上扬，也不会永远下挫。当牛市持续很长一段时间之后，人们都变得非常谨慎，没有人愿意再购买，此时便出现了熊市。

反过来，当市场出现情绪极度悲观时，卖家已经抛空了所有的股

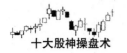

票，此时市场的底部已经出现。也就是说，市场的底部并非由于买家的出现而确立，而是由于最后一个卖家的出现而确立。

波顿习惯于与市场做出相反的投资举动，并且获得了很大的成功。

2. 时刻注意市场的情绪

波顿认为，股票市场就如同一张"晴雨表"似的，与投票机制相似，若人们认为股市行情好，就会跟风购买，这就是市场情绪因素。波顿向人们展示了一幅"市场情绪图"。

从 2006~2009 年，股市经历了从极度乐观到极度亢奋，再从十分焦虑到非常恐慌，现在好像又回到了起点，市场再次充满期待，对未来的前景充满了乐观。在每一次市场的拐点，均对应着市场情绪的波动，而投资者也会不断地经历着自我肯定到自我否定的过程。

观察市场情绪，是波顿极其特殊的一个投资方法。在其研究体系内，恐慌指数占有重要一席。2008 年底，波顿发现，当避险基金宣布向股市投降，共同基金投资者也肆意赎回并高举白旗的时候，恐慌指数已经达到了最高点。

恐慌指数简称为 VIX 指数（Volatility Index），它是芝加哥期权交易所推出的一种波动率指数，恐慌指数越高，就代表市场对未来指数波动程度的预期心理越严重，心态就越来越恐慌。2008 年 9 月 18 日，美国股市恐慌指数一度达到 42.16。从 1993 年开始推出这项指数以来，这是第 5 次突破了 40 大关。

所以波顿认为，股市是一个绝好的"贴现机制"。当经济转好的时候，股市往往会"超额"反映出基本面的利好，因为这时股市已经有了很大的涨幅。当股价下挫的时候，大家通常容易变得更加沮丧。然而，对成功的投资者来说必须懂得如何避免。

投资者有两个致命的错误。买在高点是一大错误，第二个错误就

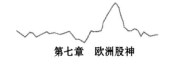

是卖在低点。既然错了一次，就不应该再错第二次。

在牛市中通常会掩盖大众的忧虑情绪。当股市处于底部的时候，所有的问题和恐慌都不断地扩大化，而当市场好转的时候，它们就会淡出大家的视野。

股市就是对未来的完美反映，股价走势代表了股权投资者对未来6~12个月的预期。

绝大多数投资者会在牛市成为乐观主义者，他们更愿意买入而不是卖出；在熊市他们成为悲观主义者，他们更乐意卖出而不是买进。因此投资者想要成功地把握时机，就应该逆市而动，能较好控制自己的情绪。

波顿还说，如果认为趋势能够持续的人越多，趋势就会越不能持续。投入股市的时间越长，对市场的看法就更加成熟（即不再判断股市拐点）。大部分牛市的持续时间均比预料的要长。牛市之后，往往要有多次震荡之后才能出现真正的熊市（笔者认为这是因为消除牛市的乐观情绪还需要一段时间）。假如错过了牛市中的最佳时机（也就是后半期），那么收益就会受到极大的影响。

波顿总结道："在投资行业待得时间长，我对一个问题的认识就会更深刻，那就是'偏见与事实一样重要'。在股市中，假设和别人完全一样，那么我们极可能就错了。偏见是这么重要，以至于一旦偏见达到了极限，那么股票价格偏离价值就越严重。"

因此，波顿提醒大家要时刻注意市场的情绪：从长期来看，股市反映的是公司的内在价值。然而从短期来说，它反映更多的是大家愿意买进的价格，这个价格可能与公司的内在价值有极大的差异。

据此，波顿的投资策略则是，购买那些被市场错误定价的股票，并且等待市场去纠正错误，对于那些定价合理的股票，他几乎从来不购买。

3. 投资股票最重要是信心

波顿说："我从来不为自己的持股设定一个目标价位。我做的是定期检验我的'投资理由'，接着去评估自己对它的信心程度。与为持股设定目标价位相比，我偏好评估自己对它们的信心程度。我不会考虑这只股票的潜在涨幅为20%，那只股票为50%。具体的目标价位预示了一个对未来的准确预测这是不可能的。价格区间可能要更适当一些。假设能够获得公司业绩的准确预测，投资者会觉得非常放心，他们会这样认为：假如预测过程是正确的，那么结果就正确。这是一个非常危险的假设，事实往往不是这样。有的时候，经纪人会给出很具体的目标价位，对此，我的解释是：他们想证明自己预测得比同行更准确，然而事实并非如此。"

对波顿来说，在购买股票的时候，最重要的不是目标价位，也不是资产配置，而是信心。波顿认为，通过预测公司的未来业绩来给出具体的目标价位是不可能的，由于短期股价是买卖均衡的结果，而这个均衡是非常脆弱的，极小的市场变化便会引起波动。所以，波顿做得更多的是定期检验该投资理由和评估信心程度。

在建立投资组合的时候，波顿首先要问自己的是"我的投资组合是否跟我的信心程度相匹配"。在选择个股方面，他也只是选择那些被严重低估的股票，假如对一只股票没有信心，即使是指数中的权重股，他也绝不购买。开始的时候，他只是在一只股票上投入资产组合的0.25%，随后，随着信心程度的增加，逐渐加仓，但任何一只股票在组合中的比例都不得超过15%。

"我购买个别股票的数量往往反映出我对这只股票的信心、风险高低以及我和富达持有该股票的比例。我们设定持有任何一家公司股票的上限是15%，接着我会随着自己对股票的信心水准的变化而变换持

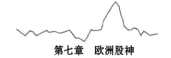

股的数量，或许在一次与公司高层会谈以后，或者由于公司发布新消息而增加持股，或者在股价上扬之后，由于资产负债表恶化而减少持股。因为我管理的投资组合规模庞大，我往往是从持有一家公司 25 个基点（投资组合的 0.25%）开始，随着信心的增加，在前面所提到的限制之下，我会提高持股到 50 个基点（假如管理较小的投资组合，我会从 50 个基点开始），之后到 100 基点，再到 200 个基点，最终到 400 个基点。有时候我持有超大型股可能会超过 400 个基点，然而大多数时候必须是富时 100 指数的公司，我才会持有超过 200 个基点。我持有这么多的股票并往特定的方向前进，一直到发生使我改变方向的事。我一般不会一次大幅调整持股的数量，我的动作大多是渐进式的。当信心增加的时候，我处于增加持股阶段，而在发现股价已经反映利多题材或业绩的时候，往往会开始减少持股——投资很少是泾渭分明的。"

波顿认为，投资必须要有信心，但不要过于自信，应该随时保持开放的心态。

假如你对自己都没有信心，凭借什么去战胜强大的对手。股市是一个无形战场，最大的敌人就是自己，如果对自己缺乏信心，那也是亏损的主要因素。

二、波顿盈利法则

1. 成功投资主要在于"逆向操作"

"逆向操作"则是波顿闻名于世的绝招。波顿在阐述自己的投资理念时说道，"以一种逆向进取的方法寻找资本成长的机会，这就是我投

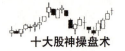

资技巧的重心"。

他一直以来都坚持着逆向投资的理念，投资标的是那些净资产、股利收益率以及每股未来收益被低估，但却具有某些潜在因素能够提升未来股价的公司。

逆向操作是波顿最著名的投资理念，而他所管理的"特殊状态基金"就是在这个理念指导下获得成功的。

成功的秘诀与巴菲特一样，波顿回避了那些高度热门股票，选择了很多与网络无关的股票。

当很多人都对一只股票唯恐避之不及时，波顿却要大量购买，最重要的是，这些当初被遗弃的垃圾在事后再一次地被证明的确是宝贝。

正是这种逆向投资的思路，让波顿 1999 年所购买的 30 只股票居然全部被并购，这些乌鸦都变成凤凰了，因此他获得巨额的收入。

市场的戏剧性让大多数投资者望而却步，但却使逆向投资者获利颇丰。波顿在 20 多年的投资生涯中大多数时候进行逆向投资，并获得很大的成功。其中最著名的成功案例有两个。那就是波顿所经历过1987 年的股市大崩盘和 2001 年 "9·11" 纽约恐怖袭击事件。波顿回忆起在 1987 年大崩盘之后，专家们的意见在当时极其悲观，甚至有经验丰富的投资经理说："假如世界上最大的股票市场一天内暴跌超过22%，那么投资事业将永远无法恢复。"还有很多的研究员预测，这次股市的大崩盘必然导致经济严重的衰退，甚至是经济大萧条。可是波顿基于逆向投资的思考，与当时主流的言论并不一致，他说，市场到一定时候肯定会复苏，大崩盘反而创造了一个很好的买入机会。后来的事实证明他的判断是不错的，此后美国股市发展长达数年的牛市行情。此外，在 2001 年 "9·11" 事件发生之前，波顿正调研保险行业的投资机会，对这个行业前景看好。虽然突然之间发生 "9·11" 这有史以来最严重的保险损失事件，然而波顿认为，事件之后的几个月内，

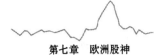

必将会是那些受事件影响最严重股票的买入时机。于是波顿立即购买很多保险业、旅馆业以及交通业相关的公司股票，在市场复苏之后大赚了一笔。

正是这种逆向操作的思路，使得波顿有效地回避了市场热点，找到了真正的价值投资，在别人贪婪的时候，他布局，在别人恐惧的时候，他丰收。

2. 搜寻"特殊情况"股

波顿的盈利模式是，搜寻"特殊情况"股。他说："尝试识别出当前被人忽略，却能够在将来重新获利的股票。由于股市的眼光不太长远，所以，有时就像下象棋那样，只要你比其他人看得稍远一点就能够获得优势。"

对于波顿而言，他喜欢的不是那些评级很高的股票，而是那些价值被市场严重低估的股票。

波顿对具备"特殊情况"的股票特别偏爱，关于"特殊情况"的股票有多种定义，其主要的特征是"失宠于投资者"，或者"价值被低估"。

正因为波顿购买大量的"特殊情况"的股票，使他所掌管的"富达特殊情况基金"从 20 世纪 70 年代以来获得了 14000% 的投资回报，显然超过其他基金公司的平均水平。

在翻阅过 1981 年以来波顿所管理的富达特殊情况基金的十大重仓股以后，就不难理解他所谓的"特殊情况"到底是指什么了。在这 20 余年的重仓股名单中，比如英国电讯、英国石油和渣打银行等人们耳熟能详的公司都只是"配角"，而真正的"主角"都是那些没有名声的"另类"公司，甚至"有那么两三家公司，它们的名字我一点儿都不记得了"，就连波顿自己也对购买股票的"另类"感到很惊讶。

　　是的，波顿投资的正是那些与众不同的公司，"我搜寻那些价格便宜、不受欢迎的，但是可能不久之后能够重新吸引投资者注意力的股票"。波顿的特殊情况基金正是通过购买那些正从衰落或者其他挫折中恢复的公司股票而盈利的。

　　那么，什么是特殊情况公司？波顿认为：价格相对于资产、股利以及未来每股收益来说具有吸引力，同时还具有其他特色、有可能对股价带来正面影响的公司。

　　据有关统计显示，波顿平均持股的时间是 18 个月。在波顿看来，"价值投资有不同的风格，与选择什么时候卖出股票相比，寻找价值类股票更加重要。我们总是在重复'发现价值股票、持有到充分估值之后再转换另一个价值股票'的过程。当然，有些股票我们也会持有 5~6 年，有些股票我们是卖出之后再买进，这完全决定于股票的估值状态"。

　　波顿把"特殊情况"的股票分为四种类型。

　　第一种类型，有被收购可能的公司。如果一家公司存在被其他公司收购的可能时，那么最后的收购价与目前市场的股价相比通常存在 25%~30% 的溢价，假如收购方公司与被收购方公司两家存在竞争关系的话，则收购溢价可能会更高一些。一般来说，收购者的身份有两类：金融收购者和竞争公司。

　　波顿看好存在被收购可能的公司的未来溢价，但他也提醒大家，不能依据小道消息就相信这家公司短期之内会被收购，在购买之前还要做好基本面分析。

　　第二种类型，有复苏潜力的公司。这类公司当下的业绩一般都不好，而且这种不好的情况还将持续一段时间。但很多投资者和分析师均不看好这类公司。

　　可是在波顿看来，当公司在发生管理层变动和重组时，或是分析

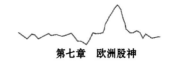

师放弃对它进行调研以及投资者大量抛出其股票时，对他来说却是很好的购买机会。由于这时这类公司的股价往往都会很低。不过，购买复苏股并不是购买垃圾股，在购买之前，波顿要对它进行充分的调研，来说服自己当下的不景气只是暂时的，将来公司肯定会转危为安。

波顿还认为，购买复苏类型的股票必须要快速和准确。由于市场是异常敏感的，一旦等到很多人都能够确定公司的业绩即将复苏时，那么它的股价已经上升了很多。

第三种类型，不对称回报的股票。所谓的不对称回报股票，是指那些能让投资者赚很多钱但同时又不会赔很多钱的股票。波顿相当偏爱这类股票，譬如石油开采公司。这类公司的经营模式是利用已经开采出来的石油兑换现金，接着再用这些现金发掘新的油井。

对于这类公司，波顿认为只要在有吸引力的价位购买，则股价下挫的可能性极小。相反，当公司成功地挖掘出新的油井之后，公司必然会获得巨额的收益。

而对于那些回报对称的股票，波顿不是很感兴趣。

第四种类型，折价出售的股票。所谓折价出售这里是指市场价格，譬如当一些重大的负面事件发生的时候，股价会突然之间出现暴跌。波顿认为这是市场的不理性造成的，股价的下挫有很多是被错杀，而这部分折价一定会在将来的某一天渐渐地补回来。

不过，一般来说重大的负面事件不会经常发生，而且当事件的确发生之后，你首先确认该公司的股票究竟是否被错杀。

在大多数情况下，那些分析师所不熟悉领域的公司，或者主营业务缺乏吸引力的公司所隐藏的高增长可能被人们所忽略，而波顿正是挖掘其隐蔽增长率和隐蔽资产的个中能手。

对此，还为大家进一步介绍波顿经常所持有三只"特殊情况"股票的盈利状况。

第一只股票是 Gallagher 烟草公司。它一直以来都是波顿最喜欢的烟草公司，20 世纪 90 年代后期他就开始买入该公司的股票。波顿选择它的原因是：该公司有趣的地理位置、具有被并购的潜力以及强大的盈利能力。

2006 年 12 月，该公司被日本烟草公司收购，富达特殊情况基金不仅因为该公司业务的增长而获得了股价的增值，还由于其股票被竞争对手并购而获得了很大的溢价收入。

第二只股票是 Cairn Energy 石油勘探公司。20 世纪 90 年代中期，波顿对 Cairn Energy 石油勘探公司的投资非常成功。该公司的股票是典型的不对称回报股票。在这一期间，公司在包括孟加拉国在内的很多地方发现了油气田，股价也随之水涨船高。波顿对它的波段操作也非常成功，他在 1997 年公司股价很高时抛出，此后又在 2000 年股价下跌到很低时重新买入。

对于该公司的波段操作，波顿非常得意，日后也不断提起。同时，对于该公司的管理团队，波顿也有很高的评价。

2004 年，该公司以 700 万英镑从 Shell 公司手中购买一片区域 50%的开采权，后来证明这笔投资相当成功，在这片区域发现了大量油气田。随着新油田不断地被发现和石油价格的上扬，这片区域的价值已经达到将近 30 亿英镑，大大地超过当初的 700 万英镑。

第三只股票是 MMO2 电话服务商。它是一家从英国电信公司独立出来的移动电话服务商，波顿一向对这类公司很感兴趣。

在该公司刚刚独立不久，波顿就拜访了这家公司 CEO，探讨了该公司的未来。在这次交谈中，这位 CEO 非常坦诚地告诉波顿，公司将来有可能会被其他的大电信公司兼并。

对波顿来说，该公司还有一个吸引人的地方就是它的股价很便宜。由于公司拆分之后所有原英国电信公司的股东都获得了 MMO2 的股

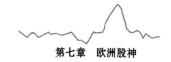

份。然而因 MMO2 公司规模较小，因此大多数持股股东都急于把手中的股票出售。这样该公司的股价一跌再跌，这也为波顿创造了一个很好的低吸的机会。

并购前景加之股价便宜，波顿购买了大量的 MMO2 公司的股票。果然在几年之后 MMO2 就被西班牙电话公司收购了，波顿从中大赚了一笔。

实际上，由于波顿的独特选股思路与敏锐的直觉，他在 1999 年所购买的 30 只股票最后全都被并购，从此乌鸦变成凤凰。可以说波顿是一个真正的"并购王"。

3. 寻宝成功法则：想象力+勤奋+行动力

当股市上绝大多数投资者都对一只股票唯恐避之不及的时候，波顿却要大量购买，更重要的是，这些最初被遗弃的垃圾在此后又能一次又一次地被证明的确是宝贝，是什么在支撑着波顿这种与众不同的判断力？

首先来自他前瞻性的想象力，一位基金经理查特菲尔德·罗伯茨举了个这样的例子："要了解波顿多么有想象力，只要看看他自 20 世纪 90 年代以来就长期持有的诺基亚公司的股票就明白了。20 世纪 90 年代，当绝大多数人，也包括我在内都觉得移动电话就是些没有用的砖头并表示轻蔑时，波顿却很早就认识到这只股票的价值。事实也证明，我们都缺乏这种眼光。"

然而波顿认为光有想象力还是不够的。"我以为，你想要做得更好的话，就应该全身心地投入，没有任何保留。"由此看来勤奋调研也是波顿寻宝的关键。在投资上，波顿坦诚自己会用到很多彼得·林奇的投资方法，"亲自动手调研，访问投资目标公司，并相信如果你预期某种收益，你必须先预期其股价"。从初期开始，波顿的投资方法就是建立

在对公司进行内部调查的基础之上，他不仅要考虑公司内部股票分析师的分析，还要定期召开投资目标公司管理层会议，后来这种模式成为波顿很多竞争对手的范本。在波顿看来，一个成功的投资者应具备两种品质：不但要广泛地研究潜在的投资机会，而且摆脱市场对"热股"普遍追捧的影响。波顿认为逆向操作投资者获得成功的一个重要先决条件就是研究，独立地进行评估各个公司优劣势以挖掘新公司，以及判断当下股价在多大程度上反映了各公司优劣势，这是波顿判断是否持有公司股票的三大途径。

除了勤奋的调查研究之外，他还认为，坚定的执行力和行动力也是成功投资的必要保证之一。波顿就是一个善于广泛研究的投资者，这些研究结果是他在那些有时过度延长了的逆向市场趋势下坚持自我投资的知识库。他从来不屈从于自我主义的顽固倔强，从来不偏见或者恋旧的因素干扰过他做出卖出一只基础恶化股票的决定。

三、波顿操作技巧

1. 选股时必须考虑六方面因素

波顿说："有的基本理念能够让我们界定这家公司股票究竟怎么样。对于单纯的某一只股票来说，有的人看好，有的人不看好，然而不管如何看待，投资者都应当采取慎重态度。尤其当人们都看好一只股票时，要特别慎重。假如对这家公司不进行评估，无法保证它今天优秀，明天也仍然优秀，因此必然要将积极面和消极面因素都进行充分的考虑才行。"

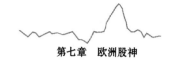

波顿认为，在评估一只股票的时候，应考虑六个方面因素：

一是公司的商业特权。

波顿说，了解一家公司是相当重要的，特别要了解它的盈利方式与竞争能力。他认为，拥有特权的公司比那些没有特权的公司更容易赚钱，一个公司的生存能力是非常重要的。

必须关注公司的动态，主要关注的是公司核心竞争优势的稳定性。波顿说，他曾经过一次失败的投资案例。在英国有一家化学产品公司，他投资之后发现该公司在汇率稳定的情况下，很具有竞争优势，能够跟德国及其他一些欧洲公司有很好的竞争实力。然而，当汇率发生变化的时候，其竞争优势就变得不那么强了。波顿得出这样的结论，该公司是一个受外部影响非常大的公司，像这类的公司不适合投资。

他认为，识别影响一家公司业绩的关键变量，特别是那些无法控制的货币、利息率以及税率变化等因素，对于理解一只股票的成长动力是极其重要的。假如一家公司很复杂，那么就无法看出它是否拥有可持续发展的特许经营权。波顿赞同巴菲特的看法，即宁愿投资于一家由普通的管理层经营的优秀公司，也不投资于由明星经理经营的不良公司。

当波顿评价一家公司的时候，首先了解该公司所处的行业怎么样，生意是否持续？他会调查公司在各个方面的竞争优势。譬如，市场地位、产品、商标、员工、销售渠道以及市场变化导致的市场定位等方面的问题。考虑 10 年之后这家公司是否会更有价值。

二是管理层的状况。

波顿说，管理实际上是很重要的，假设你只看管理层的某一个人的情况必然不行，要从历史严格看管理层的情况，每个季度或者年度都要关注管理层的具体情况。应该最关注的是企业的首席执行官，假如他做得非常好的话，就能够解决很多问题。譬如，是否有长远的发

展目标，是否让公司具有极强的竞争力，他是怎样对待产品的定价以及制定公司发展战略。

波顿认为，在现代企业经营者与所有者分开的制度之下，公司经营者的道德素质对公司经营状况的好坏起到决定性的影响。管理层是否会购买公司股权就是显示管理层工作状况的一个较好的信号。假设可能的话，跟公司管理层正面的接触对了解公司状况将会更有帮助。波顿建议是：投资那些你信任的管理层所管理的公司。

三是财务状况。

财务状况主要是指核心财务比率和现金流。

（1）核心财务比率。波顿认为，核心财务比率也是决定某一个商业模式是否有吸引力的关键。假设评价银行的时候，那么账面价值与投资回报率就显得非常重要。比如，评估某一人寿保险公司不是一个好行业，它资金管理费率达到2%，就显得过高，除非运用高风险投资，否则无法创造长期价值。

（2）现金流。这也是波顿非常在意的问题。他认为，产生现金的公司要比那些消耗现金的公司更好。正因为是这样，他在投资组合中对服务型公司和生产型公司给予了不同配置。那些不需要大量资本就能够发展起来的公司对他特别有吸引力。估值的时候，现金回报率就是评价一家公司吸引力的最终尺码。假如要在现金流和增长率之间做出选择，那么波顿更加倾向于现金流，这就像很多私募股权投资者所做的那样。

从长期来看，企业的复合回报率很少能够达到10%——均值回归是资本主义的不变法则。对大多数公司而言，用于评价它们绩效的财务统计指标，比如销售增长率、利润率以及资本回报率，均会随着时间推移而回归平均水平。

作为成功的投资者，必须花更大的精力用在公司的现金流模式上。

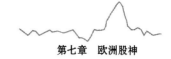

四是估值。

波顿说："研究估值时，必须从不同的角度、不同的方面来估值，不能只看其中的一点。因此在考察市盈率的同时，我也会关注公司价值倍数，其他还包括自由现金流比率以及资产现金流的回报率。"

波顿热衷于那些尽可能长的估值指标，譬如市盈率、市净率、市销率、公司价值以及税前收益。所以，他在估值的时候，主要关注这些指标：

（1）市盈率。

（2）企业倍数法。

（3）自由现金流比率。

（4）现金流收益 vs 资产。

五是被兼并收购的可能性。

波顿认为，公司在并购方面的前景和市场的追捧度，也是购买这家公司的股票所需关注的要素。这个行业里是否处于一个并购者关注或者金融投资者如 PE 看好的行业。

（1）产业合并程度。

（2）对竞争对手或者金融买家的吸引力。

（3）股东背景。

六是技术分析上的上涨动力。

大多数价值投资大师，都对技术分析不感兴趣，甚至排斥。波顿也是一个价值投资大师，可是，他却一直在应用技术分析。或许，这可能是唯一使用技术分析的价值投资大师吧。

他为何会应用技术分析呢？波顿的解释是：

"分析技术面时，选择在一个有利的技术时机买入更有利于获得很大的收益。"

"当我依照基本面分析决定投资个股时，我会将技术分析当作辅助

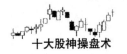

措施。"

波顿通常运用技术分析来帮助他判断买卖的时机以及加仓与减仓时点。波顿认为，市场当时所有基本面分析师的观点均隐含在技术走势上，有时候这个是将来有问题的警示信号。对每个投资者所购买的股票中至少有40%后来走势没有事先想象得那么好，此时技术分析就派上用场。波顿经常应用技术图表作为筛选工具，譬如，在选择困境反转型公司的时候，技术分析对指示趋势的改变就非常有用。波顿的建议是，必须找到一种合适自己的技术分析方法，然后一直应用下去。

波顿通过价值分析来选股，再结合技术分析对其股价趋势加以判断，比如波顿持有一家电视台的股票已经有很多年了，而且该公司的估值依然处于合理状态，然而波顿所掌管富达公司的内部分析都不看好该公司，对此波顿通过技术分析发现它已经处于需求的顶部，有明显的下跌趋势，接着通过做空这只股票以规避下跌的风险，从而保证了原有的收益不会归还市场。

总的来说，"他能够做的就是，让这些失误变成小概率事件"。波顿的同事亚力克斯·钱伯斯如此评价他，"他具有挑选很多成功的股票而避免灾难性股票的能力，实质上这是他作为一个投资者最大的强项"。

2. 要学会"不舒服"地买入

波顿说，逆向投资策略就是把市场上出现的波动看作机会，而且不要害怕购买一些不受欢迎或是暂时表现不好的公司。然而可能过一段时间以后，投资者会被这些公司的某些亮点所再次吸引。

凡是了解波顿的人都知道，他成功的最大秘诀就在于"逆向投资"。波顿这样阐述了这一投资策略的精髓。

"必须冷静地思考其他绝大多数人的看法。"波顿说，"一般来说，

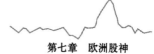

当最坏的消息不断传来的时候，正好是最好的买进机会；而当满世界都是好消息之时，可能就是抛出的最好时机。"

波顿强调说，作为一个聪明的投资者，必须要有很强的纪律性来运用这样的最好买入和卖出时机。"大多数投资者做的刚好相反，当一切看上去都很完美时，他们就会感觉很'舒服'并毫无顾忌地买进，反过来也是如此。"

波顿有如此的体会："根据我的个人经历而言，很多投资者并不喜欢染指任何暂时表现不好的公司，因此，他们极易错过转机到来时的机会。然而，投资者也不应该毫无选择地进行逆向操作。也就是说，不能将那些只是暂时表现不好的潜在优质公司，等同于那些基本面很差的公司，由于后者可能永远都没有翻身之日。"

在波顿看来，必须抓住那些"潜在复苏个股"，投资者不能等到搜集齐了所有支持买入的信息以后再动手，那样机会极可能已经错过。"必须让自己学会'不舒服'地买入。"波顿一语道破天机。

当一家公司的复苏态势已经明显地确立了，它给投资者带来最大回报的时机可能已经过去。对于那些"潜在复苏个股"，购买从来都不嫌早。

"第一次的盈利预警从来都不是最后一次，因此，一个捕捉'复苏个股'的投资者应当在什么时候开始大举介入的问题上保持耐心。"

"做一个逆向投资者。当股价上升的时候避免过于看涨。当几乎所有人对前景都不乐观时他们可能错了前景会越来越好，当几乎没有人担心时就是该谨慎小心的时候了。"

3. 注重风险控制

波顿认为，投资管理最重要的是失误的多少——50%~60%的"命中率"算好的。要想获得好的业绩，你只需要少数几次大赢，而且能

够避开大输——尝试靠不常输而赢。

所以说风险控制也是波顿投资的重点。

只有高风险才能获得高回报？在投机就像山丘一样古老的市场中，这仿佛是至理名言。但是在波顿的眼中，只有低风险，才能获得高回报。

投资者的优秀是否就是要看他对风险的把握。

投资风险越低、失误越少更能说明你是好的投资者。波顿在进行风险分析的时候，只要依据资产负债表的情况，在股票投资中降低风险就行了。

"可以从公司的资产负债表开始研究，从资产负债表能够发现公司的优势和劣势。我的经历告诉大家，绝大多数巨额的亏损，都是忽略不健全资产负债表的结果（备注：这是波顿在 20 世纪 90 年代初最大的教训，代价就是在长时间里的业绩不理想）。良好的资产负债表包括可控的负债和资金充裕的退休金计划，它们都是公司轻松渡过难关的保证，而拥有巨大债务的公司在遭遇难关时就没有那么走运。同时，不管是在繁荣时期还是在困境，稳健的资产负债表也能够轻易为公司的增长和经营提供融资，而不需要再向股东筹资。"

波顿认为，无论在哪个国家，投资者均会面临同样的问题：如果公司中有不好的资产。解决的办法就是干脆把它卖掉。对于投资者而言，投资就面临着风险，有了风险只要将风险剥离就可以了。

在持有策略上，波顿和大多数投资者"买入并持有"的长期战略有所不同，一旦股票的价格已经充分反映其价值以后，波顿会马上把它卖出，因此他每次的投资期限通常是 18 个月，而此做法可以很好地规避市场风险。

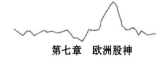

四、波顿操作原则

1. 忘记购买股票时的价格

波顿认为，购买某只股票之前，必须充分地了解风险。然而购买之后，就要忘掉自己为股票支付的价格，因为这时对你来说价格已经没有任何意义。他是如此阐述的：

最重要的是，你必须忘掉买进价格。否则，如果股价不断地下挫，那么它就会成为你的心理障碍。"投资理由"则是成功投资的关键，你必须定期检查。假如公司状况不断地恶化，那这只股票就不值得买入，并且是一只需要赶快出售的股票。即使目前的价格比买进价低，你也得坚决地将它抛出。为证明自己开始时的购买理由是正确的，而持续在这种股票上投钱想把钱赚回来的想法是非常危险的。通常投资的准则是，你不能用亏钱的方法将钱赚回来。幸运的是，我对数字的记性非常不好，因此极少能记住买入价（对我不了解的人来说，这的确让他们感到非常吃惊）。有一个投资组合经理问我："假设我持有一只股票，投资理由被证明是不正确的，股价也下挫到一个很低位置，那我是否还要继续持有呢？"为此，我的回答是："假如投资理由错误，那么即使股价很低，也要坚决抛出。"

在决定抛出股票之前，波顿会考虑是否满足三个条件："如果某一些事情否定了我的投资理由；如果达到了我的估值目标；如果我找到了更好的股票。"

"我经常发现，有一个好方法能够测试我对一只股票的信心，就是

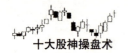

找另一家我喜欢的同类公司，把这两只股票进行比较。在一般情况下，还考虑这两家公司所有的相关因素之后，我偏好哪一家公司就会一目了然了。通过比较两只相关的股票是减少持股清单的好方法，空头市场或盘整阶段特别是重新核查所有持股投资前提的好时机，可以处理你没有信心的股票。我往往会在空头市场减少持股的数量。"

波顿通常会列出一份"观察名单"，上面是他认为能够买入但还没有足够信心采取行动的候选公司。波顿的做法之一是保留关于这类公司的报告（包括内部与外部的报告）以及从公司会谈获得的资料，按照字母的顺序放在他房间的架子上。他经常每季度会温习一次，以决定是否将它们继续留在观察名单里。波顿将股票分成三个类型：

（1）更深入地研究后买入的公司。

（2）继续留在观察名单上的公司。

（3）从名单上除掉的公司。

波顿为他持有的所有股票建档，内容包括最近的内部分析师报告、重要的外部报告以及财报资料，还包括他与公司高层会谈的笔记影印本，每次会谈之前，他必须要参考这些档案。

2. 不必考虑经济前景

波顿说："我个人很少考虑经济的状况，因为我觉得经济状况无法判断，可是通常情况下在经济的积极数据出来前，股市就已经开始复苏了。"

从不考虑经济前景。这一点是波顿与索罗斯最大的不同，索罗斯非常关注宏观经济前景，而波顿认为这根本不值得考虑。

波顿说："根据我的经验来说，经济学观点从来不会帮助你有效地掌握市场的时机。"

"我们最感到压抑和沮丧时就是看经济新闻，然而我觉得经济新闻

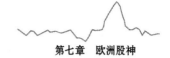

的表征与实际的周期是相反的。最差的情况莫过于在股市达到顶点时匆忙入市，到股市跌入谷底时又快速撤离，这与'华尔街教父'格雷厄姆所提倡的'低价买入，高价卖出'的原则是相违背的。遗憾的是，这种事却通常在散户身上发生：大多数投资者在 1999 年科技网络股如潮的顶峰的时候入市，折腾几次之后却忍耐不住在 2003 年 3 月大市接近最高点时套现离场。当然，市况风高浪急，要在像最近如此动荡的股市中保持镇静的确很难。当我们每天从电视晚间新闻中不停地看到类似于'股市大屠'这样骇人听闻的新闻标题的时候，很多投资者普遍的直觉是要快速撤资，难道不知道这是非常错误的做法？"

波顿在筛选买入与卖出时机时，主要关注的三个要素：牛市与熊市的历史模式（即在牛市上涨了多高和多久，在熊市下挫了多深和多久）；投资者的情绪与行为；一些较为常用的市场比较。

波顿在评估市场前景的时候，重点考虑三个要素：

（1）牛市与熊市的历史，股市上涨、下跌的时间和幅度以及历史情况是高度相关的。

（2）投资者的情绪指标与行为指标，譬如涨跌期权比率、情绪指标、市场宽度以及动荡程度，还有基金的现金头寸与对冲基金的总风险程度以及风险暴露度。当这些指标显示市场处于极度乐观和极度悲观的时候，你就应当反向下注。

（3）查看一些长期估值指标，尤其是市净率和股价/现金流。假如它们超出了正常范围，那么就预示着风险或者机会到来。

若上述三点互相确认，那就说明拐点就要出现。

当波顿确认牛市已经发展到成熟期的时候，他就会减持高风险股票与股价已经有过优秀表现的股票。他认为，一般来说，在一轮行情中领涨的板块不会在下一轮行情中继续领涨。

波顿建议，牛市成熟的时候，你必须减持那些风险程度大的股票。

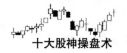

当牛市持续了四五年的时候，你必须有所警惕。

3. 不要看重指数

看大盘购买股票，这是大多数投资者一个根深蒂固的习惯。但是在波顿的眼里，指数却并不可靠，更可靠的则是股票的估值。

"我向来不看重指数，当然我了解指数在投资中占的权重很大，然而我并不单一地相信指数。"

"我在操作股票的时候有自己的一套系统，由于所有参数均是动态的。某一些情况下，人们不看好的时候你可以重仓购买这家公司的股票，这时正是投资者得到高额回报的时候。当一家公司披露消息的时候，而这些消息可能会左右人们的情感。假如你第一个知道这个信息，并在投资组合中做出调整，那么你就可能会得到回报。每个人都会犯错误，在五次投资中很可能会犯两次错误，然而只要不犯大错就能够胜出。"

"股票估值、市盈率是很普遍的方法，但我还会看税前收入、周期价格、资本回报率以及各种各样的参数。将这些参数汇集起来能对这个公司加以评估。要比较公司的增长率与市盈率，我更喜欢增长率高但市盈率低的公司。估值不能简单地看一个公司的现在，而要看公司的历史，这一点极其重要。"

4. 你必须有跟别人不一样的东西

波顿说："我们必须独立思考，以免受到他人影响。你的观点不会由于他人认同而正确，也不会因为他人的反对而错误。"

"投资并不是一项精准的科学，我通过几十年的实践获得一些教训。"必须了解公司的专享优势和品质以及推动公司成长的关键因素。在第一时间内，应该去倾听管理层传达的信息，比他人早尝试

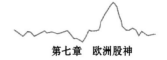

和早思考。

波顿结合自己的个性向巴菲特学习，然而他并不完全模仿或者复制巴菲特。也就是说，在学习巴菲特的理念时也不放弃自己的独立性。

"虽然他很少进行交易，所持有的股票数量也不多。但他（指巴菲特）教会我选择具备坚实经营权的公司，和有能力创造自由现金流的公司。"

波顿不同于"买入持有型"投资者，他的操作方法是，一旦股价充分反映价值之后就卖出。这造成他的投资组合周转率高：70%的投资标的每年会更换，一只股票的平均持股期是 18 个月。

"假如你想胜过别人，那你必须有跟别人不一样的东西。假设你想击败股市大盘，那你持有的投资，就绝对不能是大盘本身。"好一个"你必须有跟别人不一样的东西"！

波顿最大的特点是：逆向操作，偏爱投资中、小型公司。他奉行以高于平均的风险内涵管理基金，寻找遭人抛弃的股票——"理想的投资标的，是受市场冷落、不被追捧的公司。找出那些眼前被市场忽视、未来有可能让公司业绩转好的因素。"

正是他这种不随波逐流的个性，让波顿管理的基金在牛市和熊市时都能够跑赢大盘。1987 年 10 月，美国股市一天内暴跌为 22%。业内弥漫着悲观预期，大多数人认为投资面貌将永远为之改变，甚至会导致经济萧条。

"不知道是出于乐观的天性，还是逆向思维。我当时确认，市场必然会恢复元气，这次崩盘事件，创造了一个很好的购买机会。"波顿说。幸运的是，到年底的时候，波顿的基金仍然获得 28%的增长，而股市大盘的涨幅只不过为 7.3%（金融时报指数报酬率）。

波顿认为，在投资领域中，假如你不是一个随波逐流的人，那么长期来看你一定会有回报。但是，采用和一般大众同样的做法，通常

会让大多数人感到安心。坚持做个逆向操作者是非常难的，波顿坦诚地说："这是一件很孤独的事情。但是，若有三家经纪商打电话，告诉我某个股票值得购买，我通常就会觉得这不太好"。好一个"很孤独"！

简言之就是：在投资的领域里，假如你想要超越他人，想击败市场所有的人，那你一定不能被市场左右，你必须反其道而行之，做到与众不同。

第八章　德国股神
——安德烈·科斯托兰尼操盘秘诀

科斯托兰尼是德国证券界的教父，是德国最有名的投资大师，在德国投资界的地位像美国股神沃伦·巴菲特一样，是德国股市的无冕之王。他是一个全球闻名的大投机家，自从十几岁进入证券界之后，到 35 岁那年他获得了可供一生花费的财富，他被称作"20 世纪的股票见证人"与"本世纪金融史上最成功的投资者之一"。

科斯托兰尼成功关键：在两个过渡阶段逆向操作。依据"科斯托兰尼鸡蛋"理论逆向操作，在下跌的过渡阶段买入，即使价格继续下挫，也不必害怕，在上涨的校正阶段继续买入，在上涨的相随阶段，只观察不动手，被动地随行情波动，到了上涨的过渡阶段，投资者普遍亢奋时退场。

科斯托兰尼操作风格：中长期波段。

科斯托兰尼操盘的哲学：

（1）只有少数人能够投机成功，关键在于与众不同，而且要相信自己。

（2）会影响股市行情的，是投资大众对重大事件的反应，而不是重大事件本身。

（3）买入股票时，需要想象力；卖出股票时，需要理智。

（4）看重小利的人，不会有大作为。

一、科斯托兰尼操作理论

1. 鸡蛋理论

科斯托兰尼在证券市场历经了80多年，发展出一个"科斯托兰尼鸡蛋"的图形，如图8-1所示。他认为：股市的上涨和下跌，是一个循环轮回的过程，上涨过头或下跌过头后都会逐渐得到校正。没有不以崩溃收场的繁荣，也没有不先出现繁荣的崩溃。要想评价一个市场是过度购买还是过度抛售，首先应当理解股市上下运动的规律。股市的任何一次牛市和熊市都是由三部分所组成——校正时期、伴随时期、过渡时期。市场循环过程，可以用椭圆形鸡蛋来解释。

A_1=校正时期：（小额成交额，有股票人数减少）。

A_2=伴随时期：（小额成交额，有股票人数上升）。

A_3=过渡时期：（成交额增加，有股票人数增多）。

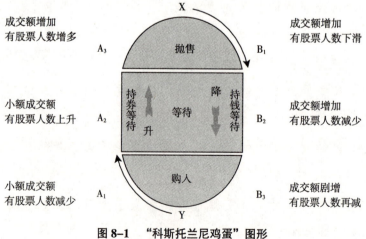

图8-1 "科斯托兰尼鸡蛋"图形

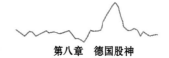

B_1=校正时期：（成交额增加，有股票人数下滑）。

B_2=伴随时期：（成交额增加，有股票人数减少）。

B_3=过渡时期：（成交额剧增，有股票人数再减）。

具体做法：在 $B_3 \to A_1$ 时期购入；在 $A_1 \to X$ 时期持券等待；在 $X \to B_1$ 时期抛售；在 $B_1 \to B_3$ 时期持钱等待。

科斯托兰尼做了这样的一个假设：聪明的交易者是指那些成功运用股票价格周期进行交易的投资者。而市场交易者是指那些顺从市场心理进行交易的投资者。

在 A_2 时期：市场心理较为敏感，一小部分市场交易者开始入场。股市的成交量开始稍稍地上升。但是若有负面的消息，股价仍将下挫。

在 $A_3 \to X$ 时期：市场交易者开始大量入场，各种股价开始快速上升并开始纷纷创下新高，一小部分市场交易者甚至借入资金入场。到 X 点时，市场人气开始达到顶点。

在 $X \to B_1$ 时期：股价依然在持续上涨，但是已经没有新的资金介入，资金面因素开始趋向消极，市场人气依然高涨，聪明的交易者已经开始卖出股票。

在 $B_1 \to B_2$ 时期：聪明的交易者已经退场，股价在创下新高之后终于停止上升以致下滑，部分市场交易者开始卖出，市场心理开始变得十分敏感。

在 $B_2 \to B_3$ 时期：股价下滑幅度超过了市场交易者的心理承受能力，他们开始大量抛售，成交量剧增，市场心理快速地恶化。

在 $B_3 \to A_1$ 时期：大部分市场交易者已经退场，成交额便创下新低，市场心理加速地恶化并在 Y 点附近处达到最低点。聪明的交易者用低价购入大量的股票，以至于股票快速向聪明的交易者手中集中。在聪明的交易者囤积大量的股票之后，市场交易者已经退场，资金面已经开始趋于积极。这时，负面消息已经不能再继续推动股

价的下滑了。

科斯托兰尼认为，行情下滑有它的特点，就是它会迅速来临；而行情上升始终沿着恐惧的高墙慢慢地向上攀升，然而只有最富经验的交易者才可能事先预感到行情下滑的前兆，看涨投机就有更多的机会。

2. 根本没钱的人，必须投机

科斯托兰尼说："我在长达八十年的证券交易中，至少学到一点：投机是一门艺术，而不是科学。"

他认为，投机不完全靠运气和胆识，一门"艺术"想要玩得出色，必须进行长期投入，不要乐在其中，熟稔的专业技巧也是不可或缺的。

科斯托兰尼从 13 岁开始买卖燕麦、历经 80 多年的投机生涯，遭遇很多事情：两次破产！所有财产被银行拍卖；股市崩盘！然而科斯托兰尼说："投机者必须提得起，还要放得下。"每一次冲出谷底，都使他弹跳得更高。

在他的一生中，10 倍的投资获利多达 15 次。从汽车股到政府公债投机，任何投资标的都有可能，秘诀就是想象力与别人背道而驰；另外，战争、政变以及诈欺等，这些只是他生活中的花絮而已。

依据科斯托兰尼的经验，有三种快速致富的方法：一是带来财富的婚姻；二是幸运的商业点子；三是投机。

他对自己一生坚持"投机"是那么理直气壮。他投机各种证券、货币以及期货，也就是说，哪里有投资生财的管道，他就到哪里去投机。

投资和投机，只是一字的差别，但关联却非常密切，低买高卖，哪里有利润的味道，投资者便会嗅出来，勇敢地将资金投入进去。投资也因此变成投机。

投机在一个要求大家安于本分的传统社会，必然会蒙上不道德色

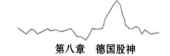

彩。如果这些资金去借助投机就会创造出更大的利润，但它是资本主义社会壮大成长的主要因素。直截了当地说，难道不正是各种投资投机的管道，才让资本主义社会的阶级流动，变得更快速而多元化吗？

所以科斯托兰尼说："有钱的人，能够投机，钱少的人，不能投机，根本没钱的人，必须投机。"

他还说，历史上的第一个投机者，就是埃及的约瑟夫法老。他从七个好年景与七个坏年景的梦中，得出这样的结论，在好年景的时候，他囤积大量的粮食，这样在坏年份时以高价出售给别人。

科斯托兰尼还举了很多投机的例子，比如伏尔泰曾经和女朋友大谈股票和货币，后来以外汇走私客身份走红当时。经济学家李嘉图除了学术活动之外，也是狂热的投机家。最著名的经济学家凯恩斯是少数在证券交易中赚到钱的经济学家，1929 年经济大恐慌的时候，凯恩斯大量购买美国股票，让他大赚一笔。安得列·雪铁龙在蒙地卡罗的赌桌上输掉了自己的汽车公司。

科斯托兰尼认为，追根究底只有德国人才会认真谈论规规矩矩赚钱，法国人讲赢钱（gagner I'argent），英国人说收割钱（to earn money），美国人说造钱（to make money），而匈牙利人则到处找钱。

科斯托兰尼说，经纪人就像是美国人对女人的看法，你不能与她们生活在一起，但离开她们，你又活不下去。

全球最著名的投资者巴菲特，通过投资成为全美国第二富有的人，尽管这样，大多数的投机人士仍然以为只有不断买进卖出，才能赚大钱。

有钱不是坏事，精于投资理财，是现代人基本的素养之一。敢于公然承认自己是"一个投机者"的科斯托兰尼，他认为，有钱不等于富裕，真正的富裕，是懂得用钱创造丰富的心灵。

科斯托兰尼坐在飞驰过布达佩斯的奥迪 A8 型轿车里，建议大家

"享受生活"。他始终牢记这一原则，并奉行到生命终点。

他自信地称自己为投机人士，对他来说，投机是对才智的挑战。他和金钱保持适当的距离，在他看来，这是成功投机人士必备的条件。

科斯托兰尼既不吝啬，也不乱花钱，更不炫耀自己的财富，钱只是实现目的的手段，当他为躲避纳粹，不得不逃离巴黎时，钱帮他摆脱危难，金钱还让他得到最好的治疗，在他生命的最后几个月里，他更体会到其中的价值，金钱也令他过舒适安逸的生活。

他对金钱、对投机的思考很有深度，哲学层面和技术层面兼顾。他不是因为钱而投机，而是把投机看成艺术才投机。他对股票投资者是这样分类的：

（1）交易所的赌徒，它是指交易所的小投机者。他们企图利用每一次微小的股市波动，在 101 元的价位上购买一种证券，然后在 103 元的价位上出售；接着在 90 元的价位上购买另一种证券，在 91.50 元的价位上卖出。他在短期内能够获得成功，当股市震荡或下挫的时候，那他迟早就会破产。他的表现如同一个从一张桌子跑到另一张桌子的轮盘赌徒似的。

（2）交易所的马拉松赛跑者，它是指投资者。投资者与小投机者相反，他买入股票是为了防老或给儿孙们做嫁资，他从来不看行情，他将一部分资金长期投资于股票。对投资者而言，最好的方式就是购买多种标准股票，也就是所谓的蓝筹股。当今最大的投资者是美国和英国的退休基金。投资者无论什么时候进入股市，他们在长期都是盈利的。巴菲特是全球最著名的投资者，他建议每个人都成为投资者。

（3）具有长远眼光的战略家，它是指投机者。投机者介于小投机者和投资者之间，他只看趋势，关注不同的基本因素：货币、利息率、信贷政策、经济扩张、国际形势、贸易平衡表以及商业消息等。他们不受二手消息的影响，设计一个理想的投资组合与战略，依照每天发

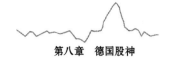

生的事件来调整。正如科斯托拉尼本人所说的，他就是一个纯粹的投机者。

对大多数股民而言，至于自己属于哪一类投资者你必须要有一个基本的认识，这一点很重要，否则你就不会有自己投资的基本原则、盈利模式以及投资纪律。尤其是科斯托拉尼把一般散户投资者称作交易所的赌徒，很有警示意义。中国的大多数小散户都是这种类型。科斯托兰尼虽然把自己称为"投机者"，但事实上他是一个关注大盘趋势，又关注股票基本面以及股票走势技术面的"具有长远眼光的战略家"。

3. 货币+心理=发展趋势

科斯托兰尼说："货币对证券市场来说，就好比是氧气之于呼吸，或者汽油之于引擎那样重要，没有货币，即使将来形势很好，经济一片繁荣，世界充满和平，行情也不会上升，假设没有多余的钱，就没有人购买股票，可以说，货币就是股票市场的灵丹妙药。"

然而仅仅依靠货币，股票市场也不会发生变化，还必须加上心理因素。假如大多数投资者的心理是负面的，则没有人想购买股票，股票指数也不会上涨。只有在货币与心理都呈正面效应的时候，股票指数才会攀升。两个因素都是出现负面的时候，股票指数就会下挫。

假如一个因素呈现正面，另一个因素呈现负面，那么发展趋势就会持平，也就是说，证券市场的行情平淡、无趣，就不会出现大幅波动。科斯托兰尼由此得出这样的公式：货币+心理=发展趋势。这也成为科斯托兰尼的投资理念。

假设某个因素略占上风，就会通过略为上升或下降的指数呈现出来，这就要看哪个因素更强。只有当一个因素产生逆转，造成两个因素同时变成正面或负面的时候，就会出现行情暴涨或暴跌。

结论则是，假如大小投资者乐意并且有能力购买股票，股票指数就会上升。他们乐意购买股票，由于他们对金融和经济形势抱持乐观看法；他们有能力购买股票，由于口袋里有足够的资金。这就是行情上涨的秘诀，即便是经济出现不利的态势，但也适用。反之，当大多投资者很悲观，负面评价将来，并且缺少现金，一是由于大众可以把钱投资到其他地方，譬如储蓄、房地产以及债券，获取更高的利润；二是由于获得贷款更加困难。假设缺少想象力和货币，那么指数就会下挫到谷底。

科斯托兰尼认为，对中期证券市场来说，货币比想象力起到更大的决定作用。假如货币因素呈现正面的，那么到了某一时候，心理因素也会转成正面的。

假设有很多剩余资金留在金融机构内流通，依据科斯托兰尼的经验，这些流动资金的一部分最晚在 9~12 个月以后，就会进入证券交易市场，虽然这时候很多投资者对股票仍持负面态度。在这个阶段，第一批的买进交易遭遇的是完全净空的市场，此时指数就开始上升。上涨的指数使大多数投资者对股票产生兴趣，于是持续出现买进交易，吸引新的买主加入，这样循环不已。

股市评论家与分析家总是喜欢为行情上涨找到原因，由于经济面从来就不是全黑或全白的。假如很难说明当前的经济现状，肯定会用将来的正面发展来解释上升趋势。然后正面的评价渐渐改变大众的态度，货币不断地流向股票市场，导致行情继续看涨。

反过来也是这样。假如货币因素呈现负面的，大众的心理状态在 9~12 个月以后也会转变成负面状态，即使经济第一线的消息仍然是正面的，假如没有新的资金进入，行情还是很难上涨。假如人们期待的指数上涨没有出现，第一批人便会失望地退场。第一批卖出交易将指数压低，从而引发大多数人大量抛售，这样不断地循环下去。此时评

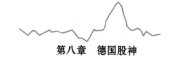

论家依然能够找到负面消息，视为指数下滑的理由，这时候整个气氛已经改变了。对于中期的证券市场发展，货币就显得非常重要。所以，投机者应当密切关注影响货币的各种因素。

科斯托兰尼认为，投资不是科学，所以用心理学来描绘这个市场。他指出，了解大多数投资者的恐慌和预期心理，比看券商的研究报告或者作任何理性分析要有用得多。

4. 一切取决于供给和需求

科斯托兰尼曾经讲过这么小故事：有一个人到大街上散步，他的狗跟在他的身边，狗总是这样，它跑到主人的前面，但一会儿返回到主人的身边，接着，它又跑到主人的后面，看到主人跑得太远，就又跑了回来。一直如此不断。最终，主人和狗到达同一个目的地。主人慢慢腾腾地走了一公里时，狗却来回跑了四公里。

这个人就是经济，而狗就是股市。1930~1933 年的经济大萧条结束之后，美国的经济发展就好比这个例子，经济持续在增长，其中也有一两次的停滞不前，然而证券市场却涨涨跌跌有上百次之多。

科斯托兰尼认为，从长远来看，经济与证券市场发展的方向相同，然而在过程中，却有可能选择完全相反的方向。

科斯托兰尼还说："每天，证券评论员都想尽办法解释当日指数的变化，可是影响指数上涨或下跌的因素却难以胜数。证券市场就像漂亮的女人或者天气一样任性，善于利用各种光怪陆离的魔术吸引猎物，人们对它不抱希望的时候，证券市场也同样冷淡相待。我建议大众必须冷静，不要在意证券市场喜怒无常的脾气，特别是不要为这寻找合乎逻辑的解释。"

"评论员可能局限于三个因素，由于供过于求，证券交易走势疲软；或由于需求大于供给，证券交易行情坚挺，或由于供需平衡，证

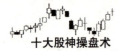

券交易没有变化。"

科斯托兰尼认为，从短期到中期来看，绝对不是好的股票肯定上涨，不好的股票一定下跌，实际情况可能完全相反。一家公司也许获利丰厚，能够支付红利，还有很好的发展前景，然而只有需求大于供给的时候，才会在证券市场中上涨，这是证券交易逻辑的唯一条件。

科斯托兰尼一直记住这条准则，一切取决于供给和需求。他的全部证券交易理论都以此为基础。

他指出，这个事实每个投资者都须铭记在心，否则就不会知道，为何有时指数会出现完全不合逻辑的波动。所以，分析发展趋势的时候，必须对各种影响因素进行评估，而且要能看出将来的供需情况。

二、科斯托兰尼盈利法则

1. 逆向操作是成功的要素

科斯托兰尼认为，"逆向"是投资的成功要素，唯有少数人能投机成功；关键在与众不同，并相信自己：我懂得，其他人都是傻瓜。

科斯托兰尼赚大钱的秘诀在于逆向操作。他说："当股市过热的时候要克制自己的冲动而迅速地退出市场，而当股市过于冷清的时候要鼓励自己大胆进入。"

他认为，当股市热到了几乎所有投机者都进入了股市时，银行就变成了咖啡馆，或是说银行数量比咖啡馆还要多，而且在股市中傻瓜（指投资者）比股票多得多（这是一句比喻）。此时交易者必须克制自己的交易情绪，立即从股市里退出来，接下来欣赏股市是如何崩盘的。

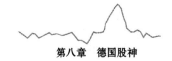

反之，当股市中的股票数量大大超过了傻瓜数量时，或是华尔街的黄金小子（指机构交易者和机构操盘手）已经改行当了商品推销员的时候，你才能够考虑大胆进场买入股票了。

科斯托兰尼操作策略是：在市场转折之前进出，逆向操作，忍受市场最后的下挫，远离市场最后的辉煌。看重的则是市场趋势。

在第二次世界大战爆发之前，大多数投资者认为，应该在价格便宜时候买入，假设没有战争，就会经历一场快速上涨的行情，假如战争爆发了，那么所有一切已经无所谓了，世界末日就在眼前，到时候人们有钱还是没钱，一切都没有关系了，有的人说的理智，做的愚蠢，还有的人说的愚蠢，做的理智，战争爆发了，然而证券交易所没有关闭，甚至期货交易也照常地进行，没有延期偿付，甚至也没有实行外汇管制，1939 年 9 月 6 日，科斯托兰尼将最后一笔卖空投机的利润拿出来转到美国。此时形势发生逆转，所有买进，还有像科斯托兰尼这样把所有卖空投机结清的人，都获得意想不到的收获，指数持续六个月全面上升，一直到法国军队完全溃败之后，才出现下滑情形。

在历史上有很多大投资家、投机家们总是在市场出现很大的分歧，尤其是出现巨大恐慌时出手。巴菲特在金融危机中出手，科斯托兰尼在战争之前做得多，杰西·利弗莫尔则选择在市场最疯狂之际放空。大投资家们总是孤傲地远离人们的喧嚣，远远看着市场的贪婪和恐惧。

逆向投资中，之所以认为当下是机会，主要是对将来有一个很好的预期。而当下，正是人们恐慌的时候。大多数投资者并没有能力像战略家那样看到很多行业未来的复苏之路。大多数投资者通常是跟随大众恐慌和贪婪，敢于做逆向投资的投资者，则往往倒在错误估计行业未来的复苏上面，他们极容易将"一蹶不振"当成"摔了一跤"。

伟大的投资者必须有两件投资利器：一件就是发现危中的机会，寻找社会大动荡中的大机会，大到战争、金融危机，中到行业，小到

公司遇到困难，他们总是善于发现这样的机会，抓住错杀中的好标的。逆向投资通常能够让投资人感觉与众不同，但投资大师们的另一投资利器更值得投资者学习：寻找革命性的行业机会，顺应大时代。从汽车、网络到目前的新能源，每一次工业革命，都伴随着大公司的崛起。那些伟大的投资者，正是在这个过程中产生的。

逆向投资不过是短期的逆群体思维，最终还是在追求顺应企业和行业的复兴。归根结底来说，逆向投资也是一种顺势的哲学。

2. 在逆转股中寻找真金

科斯托兰尼认为，进行投机，能够运用"转机股"发财。

他说："特别是分析正处于亏损状态的公司时，如此行情分析法更显得太过偏却不懂变通。根据那群分析师的说法，投资者根本不应该碰这些公司的股票，是由于它们的本益比全部都是负数。然而，我投资过最赚钱的股票，却是通过这种公司的股票。当我买入股票的时候，这些公司均处于亏损的状态。然而，当这些公司的业绩重新回到获利阶段的时候，股票也会同时向上飙升。"

所以，科斯托兰尼通常将精力放在所谓的"逆转股"上，在追求多样性方面的机会超过了整个市场。逆转股是指那些陷入危机出现亏损甚至不久就会破产的公司的股票，其股价在公司不好时相应跌入低谷，假如这些公司逆转并能够重新盈利，那它的股价会快速回升。曾经濒临破产的克莱斯勒股价是 3 美元，被科斯托兰尼购买之后暴涨到 150 美元，这就是一个很好的例子。

克莱斯勒公司是当时世界第三大汽车制造商，在 20 世纪 70 年代末将要破产。科斯托兰尼以 3 美元的价格买进它的股票。经纪人建议他赶快抛出，由于该公司不久一定会破产。可是科斯托兰尼想，把一只从 50 美元下滑到 3 美元的股票赶快抛出，这简直是不可思议的。机

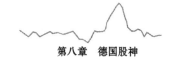
会跟风险是不成比例的。假设公司真的破产了，每股仅仅赔 3 美元；然而若公司被拯救了，他所获得的收益将会为 30 美元，甚至比之更多。结果他得到了成功。克莱斯勒的新上任总裁以高超的技艺对该公司进行改组，其股价从 3 美元向上暴涨，此后保持在 150 美元的水平。这样使科斯托兰尼获得将近 50 倍的收益。

如果转机股已经得到市场认同，那么它的涨幅是十分惊人的。但是如果转机股已尘埃落定，那么它的股价通常是在高位；假如事先介入，那么公司发展前景是否持续？新计划是否得以实施？新经营者企图心又怎么样？都是未知数，因而会有一定程度的风险存在。

一般来说，持续多年营运不善的公司，假如在本业上能够持续三个月比上年同期增长 25% 以上并且逐步上升，就可以看作可能性很高的"转机"。

对于转机股来说，在熊市末期反而是机会而不是风险，运用市场挖坑过程中的泥沙俱下去搜寻转机股，通常是最具信服力的"逆向投资"。

"转机"是代表着希望，绝处逢生、力挽狂澜的意义。在 A 股中，有这类公司，业绩并不出众，也许入不了机构投资者的法眼，然而它却暗含着很大的潜力，就成为黑马的集中之地。对于这类丑小鸭中有潜质成为白天鹅的公司，可以称作"转机股"，也许明天的白马就在这些中间产生。

但是，转机股与白马股在选股理念上是不同的，不要求业绩的连续快速增长，最看重的则是一个加速度，即业绩环比的变动趋势。主要分为三类：①上年年报业绩同比大幅地下滑，但一季报业绩大幅地减亏或者预增；②上年年报业绩持平，但一季报业绩大幅放量增长；③上年业绩小幅增长，今年一季报快速增长。

对第一类股票来说，通常先期股价跌幅很大，一旦基本面不像预

期的糟糕，极可能迎来大幅度的反弹。对于第二类、第三类公司，其股价跌幅没有第一类公司那样大，在确认环比业绩的同时，还需要结合公司所处行业基本面的情况进行判断，锁定那些确实出现增长拐点的公司。一个典型的例子就是新兴产业相关的公司与传统行业的公司出现业绩拐点，往往前者的确定性更大，股价表现也更为积极。

三、科斯托兰尼操作技巧

1. 投资的主要技巧，就在于判断市场是处在哪个阶段

科斯托兰尼认为，暴涨与崩盘是不可分割的搭档，崩盘往往以暴涨为前导，而暴涨都以崩盘结束。它们是不断的循环。

投资主要的技巧，就在于判断市场是处在哪个阶段。经验丰富的投资者通常凭借敏锐的观察力，能够感觉到市场处在哪个阶段，尽管他并不能每次都用言语表达出来。然而正像没有完美无缺的投机那样，并且在这方面没有现成的教科书，也不存在大众能够盲目利用的方法。如果它的确是这么简单，那么每个人都能够在证券交易所里讨生活了。只有经过长期积累的经验，才能使人具备敏锐的观察力。即便最狡猾的投机者也会出错，有时为了积累辨识超买或者超卖的征兆、提示和某些信号所需要的经验，他有时候甚至必须出错。

科斯托兰尼凭借着丰富的经验判断市场处在哪个阶段：

（1）遇空不下跌是超卖，遇多不上涨是超买。在出现不利消息的时候，市场并没有下跌，则是市场出现超卖，行情已经接近最低点的征兆。反之，市场对有利消息不再有任何反应，则是超买与行情暂时

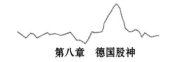

处在最高点的信号。

（2）持续地放量下跌，离底部就不远了。假如行情下跌的时候，某一时间段里成交量巨大，这表明有数量很大的股票从犹豫的投资者手中向固执的投资者手中转移。简言之，假如成交量增加，行情依然持续下跌时，就是已接近下一次上涨起点的信号。

（3）持续缩量下跌，前景堪忧；持续放量上涨，也是前景堪忧。当成交量较小，并且指数还不断地下跌时，则表示市场前景堪忧。反之，当成交量越来越大，股票还不断地上涨时，也表示市场前景堪忧。

（4）缩量上涨，情形很有利。当成交量较小的时候，假如指数上涨，此情形就很有利。

2. 买股票时，需要想象力；卖股票时，需要理智

在市场凭借什么投机？科斯托兰尼认为，只要有想象力，很老的东西，甚至老古董，都有机会能够翻身。

科斯托兰尼说，明智的投资者都有各自的想法，至于想法无论是正确还是错误，开始时不会影响大局；最重要的是应当三思而后行，并且要有想象力。

科斯托兰尼从第一次操作股票的经验中学到：股市里没有什么事是不可能的。即便你认为它必须按照逻辑推算该如何。但科斯托兰尼认为，如果只是获得所有股票信息仍然是不够的，想象力才是投机操作的原始动力，是成功的先决条件。所以，他很鄙视完全不具有想象力的投资分析系统以及股市咨询计算机。股市的波浪起伏往往是波涛汹涌，同时也充满人性的味道，可以说太过人性了。

科斯托兰尼将证券市场对好、坏消息做出反应的强烈程度，称作市场技术状况。与大众相反，科斯托兰尼所理解的市场技术不是图表、量能图和随机分析方法，或者其他乱七八糟的东西。对他而言，技术

状态只是和一个问题有关：股票到底掌握在什么人手里？

科斯托兰尼说，投资者可以分为两类：固执的投资者和犹豫的投资者。胜利者就是固执的投资者。

从长期来看，证券市场中的胜利者获得利润往往是由犹豫的投资者支付的，然而证券市场中的玩家就是这些犹豫的投资者。

固执的投资者与犹豫的投资者有什么区别？固执的投资者应当具备四种要素：金钱、想法、耐心以及运气，是不可或缺的四个要素。很多投资者的表现，比手中持有同一种股票达30多年的家庭妇女还要糟糕，为什么？由于他们不是固执的投资者，他们缺乏耐心与想法，在每个月都要有出色表现的压力之下，他们不断地赌博，假如他们购买的股票没有立即上涨，不久之后，他们就将这些股票抛出，接着在指数最高时，买进正在上涨的股票，最终使他们一无所获。因此科斯托兰尼认为，投机者应当像固执投资者一样拥有四个要素。

科斯托兰尼还说，假如投机交易中的各个要素都有效，剩下的只是时间问题，然而很多投资者都缺乏对当下发生的狂风暴雨处之泰然的耐心与毅力，他们一看到指数下挫，就马上惊慌失措，将所有股票抛售。

为此，科斯托兰尼列出了一个独一无二的数学公式：2×2=5-1。这条公式正好把艺术与科学分开，由于科学工作不可能运用这样的公式计算，二乘以二应该等于四。假如一名工程师建造一座桥，从数学角度来看，他的计算必须准确无误。假如按照"二乘以二等于五减去一"这个公式造桥，还没等到得出这四个结果，桥就已经在"五"的时候倒塌了。假如投资者没有足够的耐心坚持到"减去一"应验，也会提前（在不祥的数字"五"出现时）崩溃。尽管他的逻辑最终保持正确，但却很难从中获利。

科斯托兰尼如此认为，其一，在股票市场上赚钱，不是靠头脑，

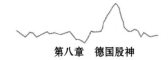

而是靠坐功。耐心就是股票市场上最重要的东西，而缺乏耐心是最常见的错误，谁缺乏耐心，就不要靠近股票市场。

其二，如果投资者没有想法，就不会有很好的策略，在这个情况下，也不可能有耐心，因为他只会受情绪支配，随着大众起舞，别人购买，他也购买；别人卖出，他也卖出。

其三，如果投资者本来就没有耐心，那么金钱与想法对投资者也不会有任何帮助。他不可能等到"减一"出现，因为在想法实现以前，只要遇到一点风吹草动，他就会将所有股票赔钱抛出。

其四，除了金钱、想法和耐心之外，固执的投资者还要有运气。只要缺少其中一个因素，都会立刻变成犹豫的投资者。如果投资者总是一再缺乏最起码的运气，那他总会有一天对自己和自己的想法失去信心，也会因此再次失去耐心。

科斯托兰尼最后总结道：股票市场的技术状况只取决于一个问题，那就是股票是掌握在固执的投资者手中还是掌握在犹豫的投资者手里？假设固执的投资者掌握了大部分的股票，好消息就会对市场起到活跃的作用，而坏消息就不会产生任何反应。但假设股票控制在犹豫的投资者手中，即便很好的消息也发挥不了作用；反之，坏消息却会以失败告终。

科斯托兰尼把第一种情况称为"过度买进"的市场，第二种情况称为"过度卖出"的市场。

3. 科斯托兰尼选股的思路

科斯托兰尼认为，在指数上升过程中，即使是最差的投机者也可以赚到一些钱；而在指数下挫过程中，即便挑选很好股票的人也赚不到钱。所以投资很重要的是普遍的趋势，其次才是选股。

那么，科斯托兰尼如何选股？

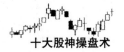
（1）先看行情再选股。科斯托兰尼认为，首先要考虑普遍行情，接下来才是选择股票。只有那些投资股票 20 年以上的人才能够不考虑普遍的行情。假如行情上涨，即使是最差的人也能够获利；但若行情下跌，甚至是最棒的人也赚不到钱。

（2）选择成长性行业。科斯托兰尼认为，假如普遍行情非常激进，那么投机者应当挑选增长潜力大的股票。假如普遍的趋势是回落，增长型行业保持原先的水平，这一行业中最好的公司的股票或许还能上涨。假如股市在某一个时间好转而且资金充裕，那么这些增长股就会以火箭般速度被推到一个高点。但是必须要小心，假如大家已经选出了增长型的行业，那么股价总是过高，而该股票此后几年，甚至几十年内的增长都已经被认识了。新的行业以"之"字形发展。它们一会儿快速向前，一会儿又后退，接着又第二次增长，第二次后退。但从来不会回归到它们的初始状态。

在这方面的选择是必须提前认识到成长型企业，唯有如此，才有机会在合理的价位时进入。

（3）连升连降理论与 W、M 规则。科斯托兰尼对两个图表规则十分感兴趣，它们是连升连降理论与 W、M 规则。他认为，连升连降理论与 W、M 规则是投机者凭借着经验能够看出的征兆中最有意义的信息。

科斯托兰尼说，"连升"指的是，在行情上涨的时候，上一个最高点就会被接下来的一个最高点超过。假如此现象重复几次出现，股市可能还会持续上涨。假如图形几次出现 M 形，则就意味着出现了一个天花板，也就是一个冲破不了的制高点。这表明有更多人想抛售股票。只要这个龙头不被拧紧，行情就不会再上涨。做一个假设：如果有人继承了 100000 股股票，并且想卖出。他委托经纪人在每股 90 元的时候卖出，于是每当这只股票的价格接近 90 元的时候，就会有很多股票

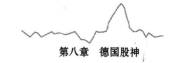

涌向市场，股市会重新下挫。只有当这批"继承来的股票"全部卖出之后，行情才会重新上涨。

此理论同样适用于下挫的情况。那就是一个最低点比前一个最低点还要低。这意味着持续下挫的行情。W形的图表表明行情在下挫到达了无法冲破的某一点。以后也许会有一个大财团想购买股票，也可能是一个辛迪加或者大银行想人为地维持一个公司的股票行情。在交易所的行话里，大家将它称之为"股市保护"。

然而，科斯托兰尼认为不能只是依据图表行情进行交易。从长期来看图表分析只有一个规则：人们能赢，但一定会输。

科斯托兰尼说，看图表是一门白费心力的寻求使它成为科学的东西的科学。若被不同的图表所误导，比如"三角形"、"茶托形"、"头肩形"，诸如这类的形状，那就意味着不能获利。他说："在我的实践中，我认识的很多交易所的小投机者，他们依照图表发展的趋势进行交易，他们任何一个都没有成功，相反，大多数人不久就退出交易所。"

技术图表是早期股票走势分析工具，曾起到一定的作用，然而它具有很大的缺陷与局限性，目前依然把它作为唯一的至高无上的分析工具使用一定是不对的。现代股市分析方法正在从以前的纯技术分析、纯基本分析，向系统分析与模型分析的方向发展，所以大家必须要跟上时代的步伐。

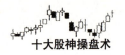

四、科斯托兰尼操作原则

1. 绝对不要借钱买股票

在科斯托兰尼股票交易生涯当中，他有时也欠过别人的钱，但结果都是负面的。尤其是在 20 世纪 50 年代对他来说是最痛苦的一次经历，那时候纽约证券市场暴涨，在他看来，那时候具有革命性的新工业。例如，电子与计算机业前景看好，因此他买入这些公司的股票，由于他想提高利润，所以他另外又融资买入，一直到用完所有的信用额度。

那时候美国总统是艾森豪威尔，是战场上的赫赫有名英雄，他在美国人民心中享有极高的威望，有关他与德国影星玛莲·黛德莉的恋爱谣言，对他没有一点儿损失。对华尔街来说，大家信任他们的总统，是很重要的，至于他是什么政党，那是次要的。还有一年就要举行下届美国总统选举，人们相信艾森豪威尔一定能连任美国总统。科斯托兰尼认为，证券市场就已经会提前反映。

然而却发生了意料不到的事情。1955 年的一天，艾森豪威尔心脏病突发。次日，华尔街股票下滑了 10%~20%，下滑到谷底。这样科斯托兰尼被迫履行义务，向经纪人追缴保证金，然而因信用额度已经全部用完，不得不卖出大部分股票，当然全部都赔钱。此时艾森豪威尔是否成为总统候选人，好像已经成了问题，人们担心事态继续恶化，这种不安的情绪在股市蔓延开来。大多数与科斯托兰尼一样欠债的同事也不得不卖出股票，于是更加快了下滑速度。几天之后，艾森豪威

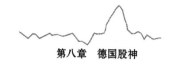

尔的健康状况很快地好转，证券市场开始上扬，迅速恢复到原来的行情，某些股票后来甚至上升了十几倍，然而对科斯托兰尼来说，为时已晚。

此后科斯托兰尼又陷入这样的局面。1962 年 2 月，科斯托兰尼全力进入巴黎的股市，但他这次并没有借钱。那时候，阿尔及利亚正在发生内乱，法国总统戴高乐将军想放弃阿尔及利亚，但由于法国人民在这个问题上的态度不一致，他必须反复权衡。此时又发生了意想不到的事情，四名法国将军试图发动反戴高乐政府的暴动，他们为了阻止戴高乐放弃阿尔及利亚，国家危机立即会爆发。这天晚上，巴黎的气氛十分恐慌，人们还传说伞兵占领了巴黎。

科斯托兰尼相信戴高乐将军在这场冲突中一定会胜出，并且因为他没有借钱，所以也没什么令他忧心的。果然不出科斯托兰尼所料，危机迅速过去了。晚上，戴高乐将军发表著名的电视谈话，他向法国各界呼吁，此时法国大众都站在他这边，四名叛乱的将军已经投降，但从证券交易的角度来看，已经弥补了一半损失。

从这两次经历当中，科斯托兰尼得出这样的结论：绝对不要借钱买股票。

2. 成功投资不是靠计算，而是靠思想

成功投机者的操作哲学是什么？科斯托兰尼再三地强调，大家永远不要想在计算机信息或者积尘的图书馆中，寻找有用的股市知识。由于了不起的投机者就像武林高手一样，到了最高境界时就是无招胜有招，而那些小投机者则什么都不懂得，又什么都知道。

科斯托兰尼说，这个世界上有三种人：工作的人、思考的人以及无所事事的人，真正的投机家是思考的人，而大多数人却认为他们是不用工作的人。

他认为，任何一所学校都教不出投机家，他的工具，除了经验之外，还是经验。

证券交易所犹如一间昏暗的房间，那些几十年来一直待在屋子里的人，一定比不久前才进来的人，更为了解这房间。

那些经济学家光会计算，但不会思考，他们的统计不但有错误，而且也发现不了数字背后隐藏的东西。

科斯托兰尼认为，投机家就是一种会思考工作的人：看起来懒洋洋地躺在沙发椅，听音乐或者阅读一本书，然而他们的大脑忙个不停，他们可能思考帕格尼尼练习曲的赋格与美元的关系，或者网络通讯股是否能像塞特王朝复兴那样引起股市的反弹。依靠自己跟踪收集来的信息作为原料，利用以前的经验当作工具进行分析，接下来就立即行动，想方设法地从各种交易赚钱，这则是科斯托兰尼对投机者的定义。

在科斯托兰尼眼中，投机的目标成了百万富翁之后，并非要累积多少财富，而是要"不依靠任何人，运用自己的资本，就可以满足自我需要的人。百万富翁不用工作，既不在上司面前，又不要对客户卑躬屈膝"。至于成为百万富翁的实际金额，就因人而异。他描绘的这种生活，自然吸引了很多想从数字变化中讨生活的人青睐。

那么如何才能达到这个理想？科斯托兰尼从50岁时开始通过专栏和著作现身说法，传授他近一个世纪纵横金融市场的心得。他的投资心法，大多数是与众所周知的常识违背的。比如，依靠内线消息是不会赚钱的；以技术分析投资可能会赚钱，然而最终肯定赔钱；专家就是专门骗大家。

他将基本分析、技术分析甚至内线交易这些投资者最常用的工具都说得一文不值，那科斯托兰尼，是用什么当作决策的工具呢？科斯托兰尼认为，投资是一种艺术，直觉的可靠度胜过理性分析。

就像所有的艺术一样，科斯托兰尼指出，投资这一技巧不是定型

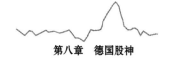

化的科学，需要不断地练习，才能在出手的时候，展现大家赞叹的神来之笔。

他把投资比作艺术，但这个"艺术"与投资界主流的美式思考完全不同。从巴菲特的老师格雷厄姆开始，美国投资界的专家与从业人员，认为研读财务报表，进行各种数值分析，就能够算出一家公司的合理价格，并依据它作为股市进出的标准。简单地说：当股价低于应有的价值时，就可以买入；反之，股价高于合理价格时，就是卖出的时机。

3. 十律与十戒

科斯托兰尼说："我的座右铭是，凡是证券交易所里人尽皆知的事，不会令我激动。"

他认为，在读报过程中，可以发现对他来说重要的消息，通常是隐藏在字里行间的信息。

证券市场的反应常常像醉鬼一样，听到好消息时哭，听到不好的消息时却笑了。科斯托兰尼把这种现象称为"既成事实"（fait accompli）现象，证券市场的逻辑和日常生活的逻辑，是无法相提并论的。

除了理论的批判之外，科斯托兰尼也不讳言他对各式各样专家的鄙夷。讲到极致，就是任何内线消息都不可靠。他再三强调这个观念："我的座右铭就是'消息灵通会导致破产'。"这可不是科斯托兰尼空口说白话，而是花大钱买来的教训。他在度假旅馆见到最大的石油公司总裁与最有影响力的银行家会面，又意外知道他们正在大买石油股。这完全符合内线消息的条件，有谁比他们更清楚产业的发展？比他们更清楚资金的流向？显然没有！如果他们在买石油公司的股票，任何投机者都会做出跟进的动作，年轻的科斯托兰尼也做出相同的决定。这个投资，最后以买进价的 1/3 认赔结束。

科斯托兰尼说，股价永远不会等于公司实际价值，否则，就不会有证券交易所了。

如果整体发展趋势呈正面，投机人士便必须找出成长潜力最大、机会最好的股票。首先，必须知道哪些行业将从未来发展中获利，在发现行业后，还必须从中筛选出发展潜力最大的企业，再购买这些公司的股票。

科斯托兰尼根据他的经验总结出——十律与十戒。

（一）十律

（1）有主见，三思后再决定，是否应该买进，如果是，在哪里，什么行业，哪个国家？

（2）要有足够的资金，以免遭受压力。

（3）要有耐心，因为任何事情都不可预期，发展方向都和大家想象的不同。

（4）如果相信自己的判断，便必须坚定不移。

（5）要灵活，并时刻思考到想法中可能的错误。

（6）如果看到出现新的局面，应该卖出。

（7）不时查看购买的股票清单，并检查现在还可买进哪些股票。

（8）只有看到远大的发展前景时，才可买进。

（9）考虑所有风险，甚至是不可能出现的风险，也就是说，要时刻想到意想不到的因素。

（10）即使自己是对的，也要保持谦逊。

（二）十戒

（1）不要跟着建议跑，不要想能听到秘密信息。

（2）不要相信卖主知道他们为什么要卖，或买主知道自己为什么要买，也就是说，不要相信他们比自己知道得多。

（3）不要想把赔掉的再赚回来。

（4）不要考虑过去的指数。

（5）不要躺在有价证券上睡大觉，不要因为期望达到更佳的指数，而忘掉他们，也就是说，不要不作决定。

（6）不要不断观察变化细微的指数，不要对任何风吹草动做出反应。

（7）不要在刚刚赚钱或赔钱时作最后结论。

（8）不要只想获利就卖掉股票。

（9）不要在情绪上受政治好恶的影响。

（10）获利时，不要过分自负。

第九章 日本股神
——是川银藏操盘秘诀

是川银藏是日本最有名的股票大师，被称为 20 世纪"最后的相场师"。在股市纵横 60 年，创造了很多的奇迹。1931 年，他 34 岁那年，以 70 日元作为本金入市的操作，就获得 100 倍的利润，他一生中在股市中赚钱超过 300 亿日元。人们对他百发百中的判断力、预测经济形势和股市行情的准确性感到惊讶，因此被日本金融界称作股市之神。著名的投资家巴菲特、索罗斯、邱永汉等都对是川银藏的投资手法非常推崇。

是川银藏成功关键：勤奋做功课，收集各种重要统计资料，详细地分析，找出经济变化的动向，再以研究成果作为投资武器。

是川银藏操作风格：长线投资。

是川银藏操盘的哲学：

（1）股市是谣言最多的地方，假如每听到什么谣言，就要买入和卖出的话，那么本钱再多，也不够赔。

（2）做生意与做股票道理一样，必须记住三大步骤：买入、卖出、休息。

（3）每只股票都有其适当的价位，股价超越其应有水准，切忌追高。

（4）选股票不要靠人推荐，要自己下功夫研究后做出选择。

一、是川银藏操作理论

1. 乌龟三法则

是川银藏经过多年的经验总结：投资股票犹如兔子跟乌龟的竞赛一样，兔子由于太过自信，被胜利冲昏了头脑，导致失败。而乌龟尽管走得很慢，却是稳扎稳打，谨慎小心，反而赢得最终胜利。所以，投资者的心态应该像乌龟那样，仔细地观察，审慎地买卖。

当初是川银藏进入股市的时候到处向亲戚和朋友借钱，凑足了大约 300 万日元，当作投资本金。与当下相比，这实在是一笔数目小的本金，只能在股市里小打小闹。

然而，是川银藏必须依靠买卖的差价偿还每月的利息和本金，而且还要供给一家人的生活费和孩子的学费。这对是川银藏来说只准成功不准失败。他全神贯注，将自己的智力发挥到极限，并且谨守股票投资的"乌龟三法则"，十分慎重地进行股票买卖。

是川银藏的"乌龟三法则"是：

第一，选择将来很有前途，却被大众还没发现的潜力股，并长期持有。

第二，每天全力关注经济和股市行情的动向，并且勤奋地进行研究。

第三，不能太过于乐观，不要认为股市就会永远持续地上涨，在股市过热的时候，必须反行其道趁高套利。

"乌龟三法则"不但是一种保守、稳扎稳打的投资策略，而且是一

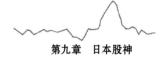

种控制贪心的行为准则。

2. 只吃八分饱

是川银藏认为，卖出股票比买入要难得多，买入的时机抓得很准确，若在卖出的时候失败了，仍然赚不了钱。

而卖出之所以非常之难，是因为大多数人并不知道股票会上涨到什么价位，就很容易受周围人所影响，他人乐观，自己也跟随乐观，最后总是由于贪心过度，而错过卖出的良机。

日本股市有一句名言："买入必须悠然，卖出必须及时。"假如一口气倒出，必然会造成股价的大跌，所以，应该十分谨慎，不能让别人知道自己在出货，并且有时为了让股票在高价位卖出，还得买入，来拉抬股价，这样买入与卖出相互进行，逐步减少手中的持股。市场人气正旺的时候，是川银藏没有忘记"饭吃八分饱，没病没烦恼"的道理，收敛贪心，获利了当。遵守了"低价买入，高价卖出"的股市投资法则。

1976 年，是川银藏用 6 亿日元资金购买日本水泥的股票，在两年的时间里就获得高达 300 亿日元的利润。获胜的原因是在于，当大众把日本水泥当作垃圾股，认为不值得投资时，是川银藏却看出了它的未来有很好的发展前景，就逢低买进，接着他坚信自己的判断，并耐心等待。等股价攀升到 337 日元，市场人气正旺的时候，是川银藏收敛贪欲，获利了结。

而那些涨到 337 日元高位时依然争相买入的投资者，恰好犯了"高价买入，低价卖出"的错误。实际上，日本水泥股票创下 337 日元天价之后，就急转直下，不到半年的时间回落到 200 日元大关，此后还持续向下探底。

是川银藏为了控制自己的贪婪与恐惧，运用八分饱的原则，在股

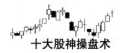
价暴涨、市场人气正旺的时候，控制了自己的贪婪，获利了结。他以这种"买入必须悠然，卖出必须及时"的态度，在购买日本水泥股票获利高达 300 亿日元。

"八分饱"的卖出股票原则也适用于中国股市。很多股票专家都建议，以大盘每年有三成获利空间作为基准点，那些权重股的八分饱卖出点能够抓 15%，小型股波动性很大，可以以 40% 当作八分饱的卖出点。当然，投资者可以根据自己的风险承受度进行微调。

有一句俗话说得好："八成是神仙"，是川银藏能吃到八成就是神仙了。实际上，大家只要能吃到六成，那也够神的了。在股市中，去掉尾去掉头，吃个中间就很不错了。所以大家不这么辛苦地去抄底。熊市中的谷底是跌出来的，更是等出来的。一轮熊市下跌，跌幅可以达 60%，但当真的下跌 60% 后就是底部了吗？熊市中的底部就像牛市的顶部一样无法预测，假如一厢情愿地抄底，很可能会被熊市列车的最后一击碾得粉碎。目前不是克服贪心和恐惧，而是要克服急躁的心态。看谁的耐心强，谁的定力高。一波熊市下来，能不死就已经很幸运了，要想扳本就要等到下一轮牛市的时候了。

3. 资本主义不会崩溃

1912 年，是川银藏小学毕业之后，就开始闯荡江湖，20 多岁时就成为一个很富有的企业家。然而 1927 年日本爆发金融危机，使他从巨富沦为贫困。

是川银藏是这样描述的："我进入股票市场的契机是在 1927 年，当时我遭受金融恐慌的波及，尝到了人生第三次破产的苦果。接下来我就用了三年时间，在图书馆苦读，对日本经济、世界经济及其他相关问题进行彻底研究。此后我以这些自修的成果，去分析经济形势和研判股票行情的变化。"

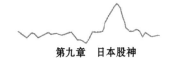

1927 年，日本的经济状况非常糟糕，很多银行因资金周转不灵而停业。这引发了存款者极大恐慌，不久之后，日本全国各大小银行门口都出现了挤兑的长龙。这是日本历史上前所未有的金融大恐慌，从1927 年 1~5 月，一共有 37 家银行宣布停业，其中 9 家后来恢复营业，另外 28 家就以破产告终。十分不幸，是川银藏存钱的两家银行也在金融风暴中倒下，他遇到了严重的财务困境。这场出乎意料的经济大恐慌，不仅让是川银藏再次由巨富沦为赤贫，也使他陷入极大的困惑："银行接连不断地倒闭，难道这就是马克思和列宁所谓的资本主义崩溃的前兆吗？假设资本主义的崩溃是难以抗拒的时代潮流，那么在即将到来的共产主义社会中，作为资本家的我和家族就会遭殃。"为了把这个问题弄明白，是川银藏决定暂时远离人世间的烦扰、喧嚣，用了两三年时间研究清楚之后再回到社会也不迟。

是川银藏只是小学文化程度，为了投资股票，到图书馆专门研究经济金融知识长达三年，最终"悟道"结论是"资本主义不会崩溃"。

"经济不会永远繁荣，也不会永远衰退。"是川银藏说，资本主义的经济具有一定韵律，如同海浪似的，既有波峰，又有波谷。尽管有金融大风暴，也只是经济变动的一个波，所以经济变动的韵律，将会反映在股市行情上。

"当经济由波峰向下跌的时候，并不会无止无休地下滑，在下滑的过程中，就已经渐渐蓄积将来要上涨的能量；反之亦然，经济由波谷向上涨的时候，也不会永不停止地上涨，由于在上涨的过程中，就已经渐渐蓄积将来要下滑的能量。"盛极必衰，阴阳更替，这是自古以来一成不变的真理！

在这三年时间里，是川银藏所获得的收获是他一边可以看报纸，一边可以预测三年之后的经济动向。还成立一个是川经济研究所，专门研究政治和经济的问题，然后依据分析的结果，选择恰当的公司股

票进行投资。这就是标准的成长投资，专业的研究加之正确的分析和判断。

二、是川银藏盈利法则

1. 寻找潜力股

"选择未来可能暴涨的股票，悄悄地买入。"这是是川银藏的盈利法则所在。他往往寻找将来很有发展前途，却还没有被别人发现的潜力股，接着长期持有。

1976 年，日本设备投资空前旺盛，促成了本国经济迅速成长。是川银藏看到此情形，就预测日本经济可能不可避免会有一场通货膨胀。"地价肯定会暴涨！"因为企业的投资意愿很强，日本各地已经拟出大量新工业区的建设计划，加之通货膨胀，地价必然会暴涨。"现在购买土地的话，几年之后一定大赚。"是川银藏心中这么考虑。于是他一边投资股票，一边开始买卖不动产。

在此期间，是川银藏收集了日本各地工业区的建设计划，他比他人先行一步察觉兴建新城镇的可能性，在事情还没有曝光之前，悄悄地以低价购买，然后耐心地等待价格上涨，赚取了 3 亿日元。

在这个时期里，日本水泥公司的经营状况一直不好，到了 1976 年 10 月底其股价好像还有进一步向下探底的迹象，仍然不景气，是川银藏经常听到中小公司倒闭或者停业的消息。然而是川银藏分析了日本水泥公司以前 10 年的股价，发现从 1974 年以来一直处于下滑走势，到 1976 年时已经进入谷底。是因为："政府为了解决越来越严重的失

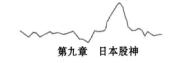

业问题，一定会采取对策，恢复景气。"而解决失业问题最有效的方法，就是大兴土木，来吸收大量的劳动力。所以水泥一定会大涨。并且日本水泥公司拥有自己石灰石的矿山，在原料自给上，业界无法相比。

是川银藏悄悄地逢低买进日本水泥股票，绝不追高。当时连该公司的高层都持悲观看法，这些高层管理者毕竟整天从早忙到晚，没有研判经济局势，对此反应十分迟钝。因为公司高层不看好，所以大多数投资者也不会看好。然而是川银藏不但不这样认为，反而十分高兴，假设大多数人与是川银藏持有相同的看法，认为日本水泥股价将来一定会上涨，他们就会纷纷买进，从而让股价节节上涨，那么是川银藏就捡不到便宜货了。

"由于水泥业界从 6 月起实施联合减产，各厂的过剩库存已经逐渐减少，水泥价格将来可望回升……"日本经济新闻如此报道。就在一年之前，因受景气低迷影响而经营恶化，甚至被很多投资者称为"烂股"的日本水泥，一年以后，这些所谓"烂股"脱胎换骨成为股市中最受关注的热门股。这时候，股市人气非常旺盛，然而当市场一片看好的时候，上升走势可能已离终点不远。是川银藏就获利了结，从这些潜力股中大赚一笔。

所谓潜力股是指在将来一段时期存在上升潜力的股票或者具有潜在投资预期的股票。有一些股票因具有某种将来的、隐蔽的或者被大家所忽视的利多因素而存在推动股价上涨的潜在力量。如果发现这些利多因素并要耐心地等待，这就是投资潜力股的特点。投资潜力股往往需要有一段较长的持股期，而一旦潜力爆发，就应该立即出手了结。

那么，如何寻找潜力股?

（1）"超前"思路。有些个股可能具有潜在题材，然而要到将来的

某一不确定时刻才显露。这样就需要超前意识，这种超前意识往往需要有缜密分析所给予的支持。"超前"的要义就是善于从真实信息中挖掘出其内在的价值。

（2）"逆向"思路。在低迷市场中，有一些个股重大的利多消息往往与一些次要的利多消息无法区别，这样就被大众所忽视。

（3）"周期"思路。大多数股票的业绩表现经常要受行业周期以及公司个股周期的影响，在几个年份处于高点，在另几个年份就会下跌到低点。

潜力股的利多因素是不胜枚举的，搜寻潜力股的方法也是多种多样的。但有极其简单的一个判断方法，就是观察今年上市次新股的表现，假设大盘创新低，这部分次新股也创了新低，那么通常不是底部。假如大盘创了新低，而次新股已构筑一个底部，并不随着大盘的下跌再创新低，那么底部的可能性就比较大了。此时如果伴随着市场成交量的持续低迷，市场上弥漫着悲观甚至绝望的情绪，则这个底部成立的概率应该是很高了。

一是可以把三条月 K 线参数设定为 6、12、18，当上述三条均线呈多头发散向上的时候，可以重点关注。

二是关注月 K 线形态呈矩形、圆弧底和双底形态的个股。这类股票通常筑底时间比较长，主力有充足的时间进行底部充分地换手，以便能吸足低价的筹码。底部横盘时间越长，低位筹码锁定越多，中长线潜力越大。

三是在关注个股月 K 线和形态的同时，还要关注月 K 线对应的成交量的变化。月 K 线底部放出大的成交量证明庄家在底部的积极吸纳。

综上所述，运用月 K 线选择中长期潜力股是选择潜力股的比较好的一种方法。

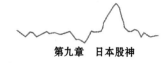

2. 追求的是高抛低吸

是川银藏追求的就是高抛低吸。他把购买股票好比是登山，在离山谷不远的地方开始买进，然后耐心等待胜利的来临。

如果观察是川银藏所投资过的股票，就能够看到他都是在低位买入，然而卖出股票时，他以比较高的平均价分批地卖出，获得最好的利润。

是川银藏在同和矿业一战当中，由于他一时的大意，没按投资原则去做，结果迷失在暴涨的气氛中，还差一点造成重大的损失。

1978 年，是川银藏非常看好矿山股，它的股价从近 200 日元下挫到 110 日元。这时他从 120 日元开始买进，预期能够上涨 1~2 倍。然而在股价上涨到 500 日元时，他将卖出价提高到 700 日元了，开始不断地加仓，而且又一次地提高预期的卖出价格，一直到 1500 日元。然而不幸的是，股价从 900 点开始下滑，并且是一路下滑到 400 日元，而是川银藏由于仓位太重无法脱手，最后在这轮"120 日元买进而最后卖出价格 400 日元"大牛市中竟然没有赚到一分钱。

尽管是川银藏在同和矿业没赚到钱，但他从中吸取了很好的教训，接着在住友矿山一战中的胜利，使他获得日本股市年度第一名。

1981 年 9 月 18 日清晨，日本媒体发布了"菱刈矿山发现高品质金脉"的消息，当是川银藏听到此消息之后十分兴奋。他根据这个报道的数据推断出，菱刈矿山蕴藏着价值连城的金矿，可是矿主住友金属矿山公司根本没有认识到这一点。

是川银藏马上买入住友金属矿山公司股票，此后勘测数据证实了是川银藏的推断是正确的，这个矿区蕴藏着多达 100 吨的金，总价值为 2500 多亿日元。它的股价跟着快速攀升，这时候是川银藏手中的持股已经达到 5000 万股，占住友金属矿山公司已经发行股数的 16%。

　　为了避免重蹈"同和矿业"的覆辙，他及时获利了结，赚取了200多亿日元。创下了日本股市里的一个神话。

　　很多人喜欢追求高抛低吸，然而说起来很容易但操作起来很难。不管经验丰富的股民，还是入市不久的新手都有如此的体会：本来想高抛低吸做差价，结果却弄巧成拙，高买低卖。

　　那么，高抛低吸是如何操作呢？

　　高抛低吸的操作过程主要分为三个阶段：

　　第一阶段，越跌越买。每次交易不可能都包赚不赔。事实上，大多数投资者都有过买入之后被套的经历，关键看被套之后如何去做。有的技术派投资者信奉买上升通道的股票，一旦操作失误，买入的股票亏损幅度超过一定比例之后，马上止损离场。不过，长期运用止损方法的投资者无法实现持续盈利，可以在必要的时候采取逢低补仓、越跌越买策略很有效。

　　第二阶段，越涨越卖。在低位买入的股票是为了在高位卖出。当第一次确定卖出获利股票之后，此后的操作就进入越涨越卖阶段，除非卖出之后因股价下挫而补仓。否则，卖出之后当股价再上涨时应该越涨越买，以便控制仓位，见机行事，而不是在更高的价位反差买入曾在低位卖出的股票。

　　第三阶段，获得超额收益。对曾经购买过的股票，有时候需要见好就收，有时不可"一卖了之"，必须根据具体情况而定。主要应做到两点：一是在上涨趋势没有变化前卖出的股票要及时接回，只要有赚头能行，不能犹豫不决。二是在出现上升乏力征兆时买进的股票要立即卖出，避免被套。

　　除了把握上述三个阶段之外，此外还有三招可以运用：第一，阶梯法。买卖时机可以根据价位梯次来确定。第二，定量法。在对应的买卖交易数量原则上要保持固定，这样方便对接。第三，"T+0"操作

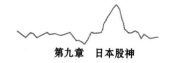

法。运用底仓，高抛低吸，当日购买，当日抛出。

三、是川银藏操作技巧

1. 要能预测一两年后的经济变化

是川银藏说："收集各种重要的统计资料，每天进行详细的分析，然后从中找出国际经济可能的变化，这则是我的基本研究法。"

1933 年初，是川银藏通过对纽约联邦储备银行纸币发行量、存款余额以及金的保有量分析，准确预测到了美国将要停止金本位制，因此他进行了大量做空。

到了这年 4 月 19 日，美国就宣布废除了金本位制。日本股市马上大跌并休市。然而休市一星期之后，日本政府却宣布："所有已经买卖的股票，一律以美国停止金本位制前的收盘价结算。"这一下子将是川银藏的亿万富翁之梦粉碎了，然而他准确地预测却震动了整个日本股市。

是川银藏的成功投资都来自他坚持不懈的分析方法。

一是是川银藏的基本研究方法是尽可能的收集各种重要的统计资料，每天详细地分析，从而推断出国际经济的变化情况。他从年轻时起，就很善于把握国际关系的重大变化。在经济问题上，他从不满足于听取他人的意见，必须要自己动手动脑分析和研究，一直到找出答案。在那个时代，日本的投资者能像是川银藏那样用功研究的，无法找到第二人。每天早上 8 点，他接听各证券公司打来电话告诉他各种外电消息，这些消息包括纽约、伦敦、法兰克福等股市的股价指数以

及金、银、钢等金属的行情和库存状况，还有汇率、利率等，这些是他每天必须要记录的统计数字。他对这样的记录工作已经坚持了数十年，一直到去世之前。

二是对收集的资料不但要多而全，更要保证数据的质量与真实性。绝大多数日本证券公司都拥有自己的调查机构，而业务员拿到情报之后都深信不疑，并将这作为劝说客户购买股票的依据。可是是川银藏却不一样，他一拿到证券公司所提供的情报，就仔细地辨别内容的真伪：情报的最初来自哪里？并以什么样的目的发出的？经过一番寻根探源之后，他通常发现是各通讯社的海外特派员发来的，如果这样，就得注意了。假如特派员把国外经济机构发表的数字完完全全地传回来，这样就可以了；可是许多特派员喜欢针对那些数字，加上一些自己的见解，以自己的主观想法分析数字背后的含义，甚至预测将来的变化，并一起传回来，而证券公司也不进行辨别，便完全地接受了。是川银藏长期研究经济，当然有能力过滤情报，去芜存菁，把正确的部分记录下来。

由于大多数投资者不懂得推敲情报的真伪，人云亦云，必然会在股市遭受重大的损失。是川银藏认为，投资股市并非赌博，而是一种以实际的经济演变作为判断根据的经济行为。所以，只要肯亲自动手去研究，就能够提高判断的准确性，才能在股市获利。

2. 股价超越应有水平时切忌追高

是川银藏说："股市就好比是人生，若不想承担过多的风险，就必须知足，不要被贪婪所诱惑。"

他认为，每只股票都有它的合适价位，股价超过它的应有水平时，不要追高。是因为股票价格最终还是由它的业绩决定。

在是川银藏60多年的股票生涯中，同和矿业一战由于贪婪而失

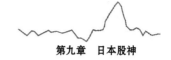

败，使他认识到"知足"的道理。

1978 年初，他当初买入同和矿业的时候，确实像乌龟一样十分谨慎，稳扎稳打。

但到了 3 月同和矿业股开始下挫。进入 5 月之后，同和矿业股的下挫趋势仍然不变。5 月 8 日股价为 835 日元；5 月 16 日股价为 507 日元。眼看着股价已经渐渐逼近成本，这时是川银藏心里异常焦急，使每一天精疲力竭，就像是生活在地狱里。

"是川银藏由于脑溢血，半身不遂。"

"是川银藏因得重病，已经入院。"

尽管是川银藏每天都会到证券公司看盘，然而股市中却不时传出如此的谣言。是川银藏说，股市就是谣言最多之地，若每听到什么谣言，就要买入或卖出的话，那么你钱再多，也会全部赔光。

在股价下滑的过程中，是川银藏一有机会就将持股出售，而下滑到 500 日元的时候，这六千万股的持股中仅仅出售一半。剩下的股票必须迅速抛出才行，可是是川银藏又害怕奄奄一息的行情，经受不起这么大的卖压，不得不去找野村证券公司。

野村证券公司是当时日本最大的证券公司，唯独野村证券才有实力一口气吃下这么多股票。野村证券因为害怕是川银藏在市场上倒出股票，会导致进一步大跌，所以也不得不同意承接 1000 股，然后把这些股票推销给科威特政府和外国投资机构。

除了野村证券之外，是川银藏还向其他平常有买卖关系的证券商各"分担"100 万股或者 200 万股。这样，是川银藏总算把所有的剩余股票脱手完毕。

假如这些证券商不帮助是川银藏处理持股，那么是川银藏必然赔得非常惨，而其他的证券公司也会遭池鱼之殃。

是川银藏指出，原本卖出价是设定在 500 日元，然而随着行情的

暴涨，就调整到 800 日元价位，更因为股价涨势十分猛烈，认为 1000 日元也没有问题！由于过于兴奋，可以说是已经完全失去卖出股票时最需要的理性。

当股价最后突破 880 日元以后，却呈现力竭状况，坐轿者众多，股价快速地回落，这时的是川银藏操作完全掌握在市场投资者和法人手中，数量巨大的持股让他根本出不了货，甚至在危急关头还被迫出面护盘，最终造成不可收拾的灾祸。正是这种因贪婪而起的错误，毁掉了是川银藏花了很多研究、分析的努力，让原本能够获利 300 亿日元，最后却成了纸上富贵。

是川银藏回忆说，这一次的失败让我一生难忘。使我深深地认识到股市处处是危机和陷阱，只要一不留神就会满盘皆输。不要对行情持有一厢情愿的想法，由于股价的走势通常跟人的预测背道而驰。我自从进入股市以来，虽然规模没有这次大，却也历经很多次失败。然而却很难记取教训，一再重蹈覆辙，让我不禁地感叹自己也是平凡人。

是川银藏的这种经历，相信投资者读起来都心有戚戚焉。股价上涨时要如何不让贪婪冲昏头？在股价下挫时，又该怎样控管不愿认赔的恐惧心情？这些都是人性最大的煎熬，所以才有"股市就是人性最大战场"的说法。

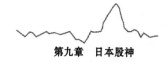

四、是川银藏操作原则

1. 投资股票必须在自有资金的范围内

是川银藏说："没有资金并没有关系，必定会赚！"证券公司再怎么以这类的甜言蜜语诱惑你，也不要去做融资、融券。股价有涨也有跌，下挫的幅度略大，便会被追缴保证金，如果不缴保证金，就会被证券公司中止合作。不过，下跌时及时抛出就没事了，可是连股市专家都很难判断什么时候该卖出，更何况是一般投资者？

有的时候，投资者也会遇到运气好而赚一笔，然而大多数人通常在尝到胜利的滋味之后，忘掉了失败的悲惨，而乘胜追击，大胆地深入。结果，一般的结局是，不但把本钱赔掉，还得向亲戚和朋友，甚至高利贷业者借大量的股债。

2. 选股不要靠人推荐

是川银藏说："不要一看到报纸和杂志刊出那些利多题材时，便立刻投入进去。"

事实上，光靠听他人的意见，或者只是凭借报纸和杂志的报道就想赚钱，如此的心态本身就是失败的根源。如果你自己不下功夫去研究，只是看看报纸杂志有什么利多题材，作为买进股票的依据。这根本不可能成功的。天下岂有这样的好事？

要想在股市获利的话，就必须关注经济的动向，无论是本地经济，还是世界经济，都要每天不断地注意。如果拥有一般程度的经济常识，

大多数人都做得到，更何况判断的材料通常出现在每天的报纸上，非常方便。

是川银藏就是一个对经济形势判断的高手。对投资者来说，假如没有一定的宏观经济学知识，就不会对事情预料非常准确。

只有努力地去做好功课，构建正确的投资观念。要多用点时间就会了解，这也是投资股票的最基本功夫，投资者会由于运气或者意外而获得短暂的获利，然而若想要获得长期持续的获利，你就不能只期待于概率或者运气，应当要建立扎实的基本功夫才能获得。

首先自己分析看看，将分析结果说给他人听，让别人告诉你这只股票好不好。假如反映是正面的，可以尝试购买少量的股票去练习一下技术。由于投资理财都是具有风险的，长期规划是降低风险的重要法则之一，这就是是川银藏一生的投资经验总结。他认为，如果投资者孤注一掷，那么其结果多是失败。对大多数散户来说，没有失败的本钱，以免孤注一掷唯有一个方法，购买股票之前你应该事先就有长远的投资计划。

3. 执行操作纪律

是川银藏说，投资股票，应该有一种"千山我独行"气魄。应该有彻底孤独的觉悟，"举世滔滔都向东，就我一人偏向西"，如果没有如此的信念和坚持，就很难成大器。

他认为，正确的投资原则和观念，应该建立在自我的严格纪律之上。当然，想投身于充斥着贪婪和恐惧的股票市场，应具备很高的热情、不服输的信念以及坚毅执着的精神，才能在挫折中持续地走下去。

是川银藏16岁时候就出来闯荡江湖了，人生经历了几次大起大落。对许多成功者来说都是在很年轻时就出来工作，磨砺自己，此后随着时间不断地积累，使自己变得有能力、经验更丰富，最终让时间

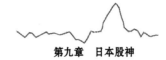

为你自己积累经验。

　　因此，是川银藏得出如此的结论：每个人在自己的一生中，均会遇到两三次的大机会。是否把握这个千载难逢的时机，就要靠平常的努力和身心的磨炼，理论与实践的合一，再加上日夜的思考训练，能够增加成功的概率。另外，在重大决断的时候，通常需要直觉，这个直觉并不是来自天赋，而是来自很多次战斗所积累的经验。

第十章　华人投资奇才
——邱永汉操盘秘诀

邱永汉是亚洲有名的股市专栏作家，在日本、中国台湾以及中国香港是家喻户晓的传奇人物。1924年出生于中国台湾，1945年毕业于东京帝国大学经济学部，1954年移居日本。20世纪六七十年代日本经济起飞，他推荐的三四线股票通常会涨停，被日本大众称之为"股票神仙"和"赚钱之神"。投资股票初期，即在一年内将200万日元的资金变成了5000万日元。

邱永汉成功关键：不受传统选股理念的束缚，什么股票赚钱，那就看趋势的发展。

邱永汉操作风格：中长线投资。

邱永汉操盘的哲学：

（1）成大事者需要忍耐、忍耐，再忍耐，从理论上来讲，股票上赚到的钱，就是一种忍耐费。

（2）从事股票投资，功德不能太圆满，总该留点利润给别人（让别人来承担风险）。

（3）股价深不可测，然而如果专注于少数股票内涵的研究，并配合现实环境的变化，把握住两只股票的动向，应该不是很困难的事。

（4）飙升太快的新行业，也没落得很快。

一、邱永汉操作理论

1. "吃甘蔗" 理论

邱永汉说，他投资股票而赚钱的时代，正是日本经济飞速发展期，因此可以极端地来说，那是笨蛋和傻瓜投资股票也会赚钱的时代。除了煤炭之外，绝大多数上市公司，营业额与利润都增长很快，只要投资股票，财富就会增加。

20 世纪 50 年代末期，邱永汉以 200 万日元作为本钱进入日本股市，一年以后，本钱已经增加了 25 倍，从而达到 5000 万日元。当时在一年里赚取了 5000 万日元，已经是创造了一个股市的神话。

进入股市一年来，邱永汉每天买进和卖出，将他太太也拉进去了。他太太凭直觉拿出私房钱投资股票，她在很短时间内赚了 6 倍的利润。但出乎意料的是，尝到股票甜头的邱太太就停下来，主动从股市退出，将所有股票换成现金。不仅这样，她还动员丈夫也全部抛出。邱永汉迷惑不解地问太太："为何要刹车？"

邱太太答道："我听前一辈人讲，投资股票就像玩牌一样，到老发赚不了钱。我觉得目前正是时候收手。"邱太太从小生活在香港，是完全在这种金钱意识浸入骨髓的环境下长大的，她对金钱的直觉不得不让邱永汉重视。邱永汉感到太太的话不仅朴实而且含有很深的哲理。很多富翁都投资过股票，然而没有一个股票作手一辈子泡在股市而成大富翁的，投资股票赚来的钱好不踏实，今天赚了钱，说不定明天就赔了钱。所以，聪明的投资者都是把投资股票赚来的钱转向其他产业，

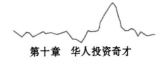
最后才成为富豪的。

邱永汉将投资股票的过程分为四个阶段。初期进入股市，只有拿出本钱而不进钱，就好比是吃没有味道的甘蔗头，称之为甘蔗头阶段；然后可能就赚钱，尝到股票的甜头，称之为蔗棒阶段；如果留恋甜头一直吃到最后，便会进入蔗尾阶段，甜头不多依然还有，弃之可惜，啃之难进，就会啃得牙齿松动满嘴流血；如果这个时候还不甘心脱身，就会陷入甘尽苦至阶段，股票成了一堆废纸，资金会全部损失。

而邱永汉正处在蔗棒阶段，这时股市人气非常旺，财运很好。但是蔗棒阶段最容易让人迷失，头脑发热。最理想的退场时间，应该是进入蔗尾的时候，如果太早了，就失去了赚钱好时机；如果太迟了，股市已经下跌到底部。所以说，最理想阶段就意味着危险将要到来。

1964 年东京奥运会之后，日本经济从很景气的时期向下回落，金融政策逐渐紧缩。这时候日本经济就出现自朝鲜战争以来第一次大萧条。股市非常低迷，大多数投资者悲观失望。然而邱永汉是非常幸运的，他在 1962 年之前就基本上从股市退场了，所遭受的损失非常小。

2. 什么股票赚钱，最主要是社会的发展趋势

邱永汉是在 1959 年的时候进入股市。当初他对股票这类投资产品什么也不懂，简直就是个"股盲"，甚至不知道购买股票在什么地方。可是一年之后，邱永汉在日本著名的《周刊朝日》杂志上所推介的股票都会"涨停"，邱永汉很快地就成了日本股市最权威的专家。

至于如何从"股盲"变成股市专家的神奇过程，邱永汉是这样认为："由于我只是一个外行，所以我没有内行人那种思想包袱，并不受到传统选股理念的束缚。大企业是'成熟股'，我购买的是'成长股'。什么样股票能够赚钱，那就要看社会的发展趋势。"

他认为，日本经济经过快速的发展，会出现很多新兴产业，可是

大多数传统产业快速地没落，因而被人们称为 "夕阳产业"。投资者把这些夕阳产业的股票称为 "夕阳股"，它们就像垂暮之年的老人一样，已经没有了生机，奄奄一息，再也没有起死回生的希望了。夕阳股不断地下跌，它们就如同废纸般的，这种股票就没有保留价值。

在股评中，邱永汉这样描述的：大概各个时期产业的兴衰都有不一样，也许今天是一个非常兴旺的行业，明天就可能衰落了；而目前的夕阳产业，有可能有一天又成为未来的明星。夕阳产业，有的的确会走向灭亡，有的要缩小生产规模；有的虽然不能永远保持辉煌，却可以长久地延续下去；有的临近死亡，但还有回光返照的时候；有的甚至能够重新获得生机。所以，对夕阳股要就股论股，不能一竿子打沉一船人。既然夕阳的股价非常低，即使卖出也值不了几个钱，对那些将来有可能又恢复活力的夕阳股，还是保留为上策。

邱永汉还用选美的例子来说明选股标准的异同。他认为，大众的审美观点大同小异，所以每年选出的美女如出一辙，十分相似。而股票就不这样。什么是好股？即使是一对趣味相投的朋友，也可能在此问题上有大相径庭的认识。有人抱怨说，选股票非常难了，没有一个统一的标准。邱永汉说，这时候需要以不变应万变，头脑冷静，见机行事，勤于思考，随机应变。墨守成规，踩前人的脚步走路，一定会失败多于成功。不要固守自己的见解，也是十分不明智的行为，只有用心地去体会并努力顺应潮流，接受新观念才是上策。

邱永汉还说，证券公司的水平与散户几乎相同，否则日本的野村、山一、日兴和大和 "四大券商" 也不会衰落了。证券公司与散户的区别就是在于资金多一些。邱永汉打了一个很精妙比喻：在游乐园里有一种沿着轨道跑的电动车，从表面上来看，车子是由猴子在前面拉动的，可是猴子只是做个样子，实际上与乘客一样坐在上面的。而证券公司就是扮演了这种 "猴子电车" 的角色。

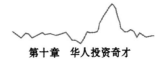

有一种这样的观点：在日元升值的时代，很多日本的大券商的股票翻了很多倍。而邱永汉并不认同，他说，日本大券商曾达到千亿日元为单位的资产，的确受到日本经济高速发展所赐，然而这主要集中在日本四大券商中，其中野村证券公司最大，其规模大大地超过其他三家大券商，而最小的就是大和证券公司。但这四大券商的经营业绩根本没有小券商好，只不过是公司规模与营业额较大而已，这就像大银行很容易吸引存款人是一样的道理。因此，在股市旺盛时，通常大券商发展极其迅速，然而一旦泡沫崩溃的时候，这些大券商又是最先受到冲击。

在股票市场中滚打多年之后，邱永汉领悟到这样的道理：处在股票涨跌现场的时候，就像处在海岸边，只注意涌来的海浪而看不见整个海洋一样，即看不见行情的潮流趋势。所以说，如果只在意一两元的利差，那么就几乎与巨额利益无缘。即便认为抢到两三元的利差，一旦被大波浪冲击的时候，很不容易赚到的钱就会无影无踪地失去。

邱永汉在日本股市将近五年，有一些直观经验也很值得一述。

股票是最能够敏感反映经济变化的财产。景气反转时率先走下坡路的往往就是股票了，一般大众需要现金时往往也会卖出股票。因此，股票虽然具有财产价值，但归根结底是"一张纸"而已。当然，找到门路赚大钱的同样是股票。总的来说，股票是对钱潮流动方向敏感的人玩的，无法掌握钱潮的人，其实不适合买股票。

3. 操作模式需要自我摸索

邱永汉认为，投资股票初期，必须建立起属于自己的信息系统，根据信息作出系统的自我决策，最终培养出自己的操作习惯。

邱永汉进入股市之初，到日本著名的财经杂志《钻石》去请教社长，竟然发现该杂志社的人员根本不懂股票。也就是说，投资股票与

杂志社贩卖股票情报获利是两回事。邱永汉猛然明白过来："倘若记者的建议都是保证能够获利，那么记者早就发财了，谁还愿意那么辛苦去跑新闻？"

他还认为，证券公司的建议同样也是糟糕的，没有一点用处。证券公司的人就仿佛每天站在岸边看海浪，离海浪距离非常近，如果出现巨幅的波动，他们就会最先发现。可是，了解风浪大小与是否捕到鱼是两回事，要捕到鱼，很重要的就是要把握潮流方向，了解鱼群会聚集在哪里，这些则是他们所不具备的东西。

当然在付诸行动之前，应当思考清楚自己的想法是否可能造成将来的新潮流。答案若是肯定的，邱永汉认为"所谓赚钱，道理非常简单，就犹如爬楼梯一步一步地向上爬。假如你脚步没有动，只在脑中努力做出各种想象，结果则是一事无成"。

他强调，无论任何事情都不如亲身体验来得好。如果没有实践能力，那只不过是动口舌之徒。

当初进入股市时，邱永汉考虑用自己现有的知识去购买几只股票试试看。十多年之后，邱永汉回忆那时候的心态："我这个人是实践主义者，总认为光凭想象，倒不如实际从自己口袋里掏1万日元出来，尝试这1万日元的投资是无声无息的消失呢？还是连本带利给我跑回来。"一旦理智地认识盈利和亏损，就可以在股市中掌握主动权。

实践出真知，不管怎么样，只是限于脑中的思考，或者从书本阅读而必得的道理，是没有什么实际用处的。当认为理论正确的时候，就应该付诸实践。

假如考虑过多却不去实践，就等于没有做任何事一样。所以，培养出对思考的事情马上付诸实践的习惯，才是成功者的必要条件。

任何人投资股票都不愿意赔本，而且尽最大努力去实现本小利大的梦想。所以不断地思考，期望能够知道到底是什么因素才是推动股

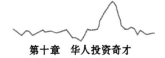

价的原则和原理。其实，只有你买入股票，卖出股票之后，才能算真正加入了投资股票大军之中。最后邱永汉这样总结道：每个投资者的操作模式必须由自己亲身去探索，才能形成自己的操作风格，才能建立起自己的盈利模式。

4. 建立正确的投资分析方法

在邱永汉刚投身于股市的时候，曾经跟一位日本著名的科学技术顾问谈及日本将来的产业发展方向。这个顾问对能源方面非常在行，他认为，日本的煤炭业已经趋于没落，由于开发成本过高，从而使石油与天然气在将来能源供应中占有很大比例。假如将阿拉伯地区的天然气运到日本，运用的方法只能是把它压缩、液化，再装船运往日本。这就意味着节省大量的运费，大型的船只就会受到欢迎。日本的大船造船业一定有十分惊人的发展，那么随之而来的是造船业的股票将非常抢手。

邱永汉也赞同这个观点。次日，邱永汉就立即买进当时唯一大型船坞播磨造船的股票。从科学分析上来说，此种分析没有任何问题，然而很长时间已经过去了，股票的价格依然不动，天然气并非像当初设想那样源源不断地从中东运来，这样造船业也始终没有兴盛起来。邱永汉这才觉得科学毕竟是科学，并非现实的产业。科学运用于股市分析并不是荒谬的，只是股市在诸多因素作用之下，而科学对股市影响力有时很少。也许在几十年的时间中，科学对于股市的走势还有特别的影响，然而在短期内，科学的设想还只是高雅清淡的话题。

在半年的时间里，邱永汉只是分得两次股息收入，只能补偿买入的手续费，没有亏损也没有赚。经不住漫长的等待，邱永汉以买入价将播磨股出售，然而不久之后就传出石川岛与播磨合并的消息，播磨股票因而大幅度地上扬。邱永汉跟一只好股擦身而过，非常惋惜。

邱永汉认为，投资者必须要对每天的市场走势、行情波动情况以及盈利情况进行观察，总结经验教训。这样长期下去，就会积累自己的临场经验，使自己的判断力更准确，进而形成自己独特的分析方法。

二、邱永汉盈利法则

1. 瞄准店头交易市场

日本的股票流通市场与其他国家一样也分交易所市场与店头市场两部分。店头交易市场指的是一种没有上市股票的议价市场，这是日本股市的二板市场，英文简称为 JASDAQ，也称为柜台交易市场。日本 OTC 柜台交易市场是日本唯一的店头市场，也是风险性企业筹资的最大市场。

在日本经济快速发展之前，占据主流地位的日本企业是纺织和相关的工业，海运和煤炭处于次要地位，而汽车和家庭电器等产业刚好起步，至于半导体或操作主机还被认为是其他先进国家的工业。投资股票的时候，大多数人都倾向于当时有实力或具有历史的公司，比如日清纺织、东洋组织以及钟纺等股票较多。虽然这样选股风险不很大，也不太赚钱，然而这是一个较为稳妥方法，所以受到股评家的一致推荐，证券公司也配合这种论调，股票投资杂志更是只报道那些有名气的行业。可是邱永汉第一次进入股票市场时，直觉上就感到"不听信社会的常识非常重要"。由于常识是指按照以前的经验在脑海中已经形成的想法，这些想法在当时可能是正确的，却不能适应将来的情况变

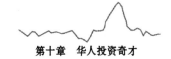
化。如果维持常识不变，人的思维就会变得僵化，反而成了事物进化、发展的包袱。

邱永汉依据观察，他惊奇地发现日本的产业界正发生结构上的变化，与纺织、海运业相比，家庭电器和汽车均属于新兴行业，受到新需求的支撑而出现快速发展。这时投资股票，就要选择有实力的二三线股，这样就能够获得更多的盈利。这个道理就好比在"相扑"比赛中，不知名的新兴产业就像在将来梦想能成为"横纲"（相扑比赛的冠军大力士）的几百名弟子，能进入店头市场的企业，就仿佛是几千名力士中晋级为二段力士一样，此后的"幕内"或者"大关"（日本相扑的一种大奖）都必须经过这个阶段。所以将来的"横纲"股将会从目前的二三线股中产生，不过，投资二三线股也是一种风险很大的行为，"没有风险就没有收益"，假如对这种投资认为没有保障而感到担心，那么只能将钱存放在银行了。邱永汉认准了这个道理，就开始大举投身于股票市场，过了一年多点，周刊杂志就大写特写"兜町有邱股"，投资家们更是将他捧为"股票神仙"。

2. 寻找成长股

邱永汉是一个成长股投资者，一向偏爱购买成长股。在股票投资中，邱永汉非常重视技术革新，曾经坚决地认为，要懂得"技术创新"会在哪个行业兴起，从而朝着这种方向发展，这是把握产业界未来动向的最好捷径。这就是后来的成长股理论，被称为邱永汉赚钱秘诀。

邱永汉当初进入股市，只是为了给投资者们写文章。他一进入股市，就不再以作家身份自居，而是许许多多普通投资者中的一员。初涉股市他就有这样的一种感觉——只见拿出钱，而看不见赚钱的不踏实感，这让他疑神疑鬼，好像买入的不是能赚钱的股票，而是一堆废纸。

当时正是日本证券界投资信托的兴盛时期。邱永汉投资股票全凭的是自己的认识和感觉，而对专家的话似信非信。譬如买入日清制粉、日本陶器等股票是受专家的影响，而购买丰田汽车股票，却完全是自我意识支配下的行为。

"有路必有丰田车"，丰田汽车是当时日本名列前茅的优质股。然而邱永汉对绩优股有他自己的见解。由于大多数人都看好绩优股，所以其价格已经到了很高的地步，继续大幅度上涨的可能性就会变小。因此邱永汉认为，有时购买绩优股不如购买有潜力的股票。

20 世纪五六十年代，日本汽车还没有达到世界领先的地位，对一般人来说对汽车工业的前景还没有想到将来会突飞猛进。邱永汉就这个问题请教了有关专家，专家对他说道："与美国相比较，日本的技术非常落后，竞争力很弱；生产规模也没有形成优势，并且成本过高；另外，日本公路建设情况很差，汽车大规模地发展受到限制。"

实际上，美国每年生产 800 万辆汽车，而日本每年生产轿车仅 5 万辆，包括卡车、巴士在内不超过 18.5 万辆。当时邱永汉购买了一辆丰田轿车，成为日本富裕阶层中的私车一族。每年 11 月在日本东京要举办一次汽车博览会，有一个星期天，邱永汉前往汽车博览会看车。在去博览会的路上，邱永汉看到的是大量的看车人流。在展览场上，那一双双渴求的眼睛让邱永汉信心大增。虽然日本人没有买车的钱，然而他们敢于做买车的梦。根据当时日本经济的发展势头，普及轿车的时间已经不远了。有了如此强烈的潜在需求在背后支撑着，日本汽车产业必然有很大的发展空间。虽然日本的基础条件比较差，然而随着产业进一步发展，基础设施一定会得以改善。需求必然刺激生产，丰田公司是日本最大的轿车生产企业，发展前景无限，购买丰田股一定会赚。

然而实际上并非如此。邱永汉用所有的资金购买的丰田股票，是

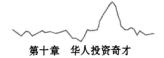

被投机者私下狂炒的高价股，这样他被丰田股套牢了。此后邱永汉到丰田公司参观。经过实地考察之后，邱永汉对丰田公司的前景非常乐观，这使他更坚定持有丰田股的信心。后来，丰田公司为顺应时代发展，又一次地增资，从而促使股价上涨。这样邱永汉从中赚了一大笔钱。

由于购买热门股不赚钱，邱永汉转入去寻找那些不起眼的、潜力很大的股票。

邱永汉认为，热门股由于大家看好，争相购买，造成价格上涨的潜力挖尽；而那些在交易所外进行交易的股票，因为其企业发展具有很大的潜力，公司股票在长期持有之后，价格就会大幅度上涨。这样的成长股是邱永汉全力要寻找的。通过对比之后，他购买佐藤工业和千代田化工两种股票。

1959 年，佐藤工业仅仅是富士山市的地方性小建筑公司。邱永汉看中的是这家公司的赚钱项目隧道工程施工。日本将要成为一个汽车王国，车多路多，多山的日本一定有很多的隧道要开通。到那时候，佐藤工业的业务必然会红火起来。

千代田化工虽然规模很小，可是邱永汉却看到一笔很大的无形资产——绝大多数的员工是技术型员工。日本将来的石化工业一定会有大发展，这家公司的人才优势就会转化成生产优势。

在 12 年时间里，佐藤工业的资本额从邱永汉买进它的股票时的 1.5 亿日元，增加至 50 亿日元。邱永汉是在股市人气最旺时抛售佐藤工业和千代田化工股票的，获得巨额的收入。

所以说，寻找成长型股票是获取稳定收益的法宝。并且据长期的统计数据证实，真正好的公司，长期的股价涨幅是十分惊人的，长期持有真正好公司的股票，能够经历市场的波动起伏，并且取得很好的收益，要比频繁买卖的方法要赚得多。然而选择这类股票必须注意两

个方面：一是要鉴别某一行业是否正处于发展阶段，二是在这个行业中选择最有前途的企业进行投资。

3. 把投资股票赚来的钱转入其他产业

在股票市场上，邱永汉获得很大的成功，并使他赚到了巨大的利润。后来他把投资股票赚来的钱当作做生意的本钱。邱永汉为了过上稳妥的生活，选择了置业这个行业。他先是在涩谷建起了第一栋小楼。以这为起点，他开始进入房地产市场，从而将他的事业推向更高的发展。当然，具有经济头脑的人在现在任何一个时期，都会看到房地产只会向上不断地上涨，而且在危机时刻是最大的防洪堤。由于土地资源总是十分有限，增地只能以造地、开发以及填土来达到目的，却不像工业产品那样可以大量的生产。而有限的土地只要略加利用，通常都会增加收入。

通货膨胀也可以引起土地价格的上涨。当产业发达、购买力增加的时候，通货膨胀就很容易爆发，当然，产业衰退和政府滥发货币也会引起通货膨胀。也就是说，土地能掌握所有机会随时伺机涨价，因此购买土地，再等土地价格上涨赚得的钱要比生产商品所赚得的钱来得更快。

股价因经济发展上升时，土地价格会比股价上升得更高。而且股票有很多不稳定的因素。大体上说，尽管经济景气时也有业绩不好的公司，而土地资源相当有限，当社会的财富不断地增加时，土地价格就被推上去而出现更高的价格。投资房地产你一定会发财，这成为一条毫无疑问的经济原则。应用此原则，邱永汉在未来的生活中就有了一个坚实基础，即便经营事业遭受失败，由于拥有房地产而通常使他起死回生。

邱永汉在股市中折腾了三四年，奠定了很大事业的基础。房地产

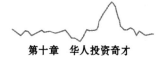

和办企业的资金都是几年投资股票赚来的。他的足迹涉及中国、日本等地，并且建立了他的"邱氏王国"，获得了骄人的财富，稳居全球华人富豪排行榜的前列。

邱永汉告诫大家，只依靠投资股票不容易谋生。有人投资股票成为富翁，但能长期保持大幅获利者极少。曾经风光一时的人，也可能由于观念落后而被时代淘汰。或是年轻时成功的人，无法随时代进步而吐出原来获利甚至倒赔。

因此，邱永汉认为股市其实没有专家，年轻人最好不要有成为专家的念头。

三、邱永汉操作技巧

1. 买热门股票，要注意公司的发展前景

邱永汉依据多年累积的投资经验，他在选股方面都有自己独特的看法。他认为，买热门股要选择买入时机，更要注意公司的发展前景，长期过度热门的股票，通常就是陷阱。

20世纪五六十年代，邱永汉听从一位股票专家的建议，鉴于日本工业时代来临，应该买花王肥皂、日本精工、丰田汽车等热门股票。结果是，邱永汉把冷门股全部卖出，买入热门股。不久之后，他卖出的股票上升了1倍，而专家推荐的股票却依然不动。

邱永汉说，很多人总认为大企业的股票值得信赖，然而由于大企业是成熟股，他要购买的是成长股，不管是大与小。

以前，对于一般人所谓的"一流公司"，邱永汉对它不感兴趣。他

感兴趣的是，将来什么公司才是一流的公司，可是，"全体成长"的时代已经过去，因此，过去那种购买成长股的做法，好像已经不太合适。

在经济的大环境影响之下，公司之间的差异很大，有好有坏，因此购买股票时必须区别对待。邱永汉还说，由于上市公司各有自己的优缺点，只看到缺点就会失去信心，只看到优点就会昏头冒进。很多学者或银行家购买股票很难赚钱的原因，就是由于他们懂得太多了，而不是他们不懂。

以前，人们总认为大公司的股票值得信赖，购买大公司的股票很安全。然而随着时代潮流的变化，大公司的股票也转变成一般化的股票，在大多数时候，小公司的成长要比大公司更快，在资本成长方面是这样，在获利方面更这样。然而大公司有它自身的知名度以及其他优势，它们的股票依然值得持有。

2. 耐心持股才是关键

"慌张的乞丐，得到的饭不多。"成大事者必须忍耐、忍耐，再忍耐，这是邱永汉在多年股市中所悟出的一条法则。

假如想要在股票市场盈利，成为一个真正的赢家，除了投资者慧眼选股之外，还需要一点"熬"的耐性。在传统的思想教育中，忍耐是人类应该具备的美德之一，在社会交往中具有很大的发展空间。那么，在经济学分析中忍耐到底有什么意义？只要看到由于不能忍耐而吃亏的情形就会知道。

有耐心与没有耐心的差距，在股票投资上表现特别明显。邱永汉认为，与其连续5次的20%才获利1倍，不如一次就上涨1倍的概率较高，并且所付的手续费很少。所以，不要看错推动股价变动的经济动向非常重要。对于散户来说，长期持有是重要的操作策略。在展望

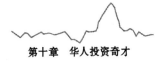
发生的新趋势时，寻找跟这种趋势相对称的公司股票，连续持有两三年，股价上涨数倍而赚钱的情形并不奇怪。

邱永汉分析说，这其中很重要的是投资者不要看错推动股价变动的经济动向。譬如关于本田技研股一事，依据当时的国际经济形势，日本在节约能源与自动化方面取得成功，产品已经培养出国际竞争力，这必然加深美日之间的贸易摩擦。假如美国通过美元贬值依然不能改善其贸易恶化状况时，美国会采取必要的措施来阻止日本产品出口，对日本来说，唯一的出路是将对美出口产品的工厂转移到美国本土。依照这种观点，本田公司已在俄亥俄州建立了电单车工厂，然后又建立汽车工厂，买入本田股票将会预示着上涨幅度较大，能够获得很大的收益。当时本田公司的股价为 600 日元，到了一年之后，本田公司的股价在 600~700 日元徘徊，此后经过一再无偿配股，本田公司股票竟然上涨到 1000 日元，那些中途卖出的人十分后悔，由此可见，耐心在投资股票中是多么重要。

邱永汉还举了这样的例子：1983 年，当时一美元兑换 240 日元，而每桶石油价格达到将近 30 美元。当时他很看好美元贬值、石油价格下挫的趋势。假如果真如此，那么日本产业界受益最多的企业是电力、天然气以及石油。于是他买入丸善石油的股票，虽然当时的丸善公司没有分红又有累积赤字，然而它的炼油能力强，假如以原油跌价、美元贬值降低生产成本，该公司业绩就能够得到好转，股价也随着上涨，买入丸善股权是属于合情合理的判断。遗憾的是在丸善公司与大协石油合并成 Cosmo 石油之后，他竟然将 Cosmo 的股票在 300~400 日元抛出了。以至于股价大涨至 1000 日元之后，他错失获得巨额的财富，这是因为他没有耐心而付出了昂贵的机会成本。

这次投资给了邱永汉一个很深的教训，同时也使他重塑了自己的投资理念，为此后的发展奠定了很好的基础。

从理论上讲，股票赚到的钱，就是一种忍耐费。每个人都知道买入股票之后马上上涨，这种情形并不多见。通常在买入以后遇到跌价时，再低价补进来摊平损失。在恢复到自己的买价之前需要很长一段时间，此期间应该耐心地等待。在中途有时股价已恢复到买入价，有的人却认为好不容易才忍耐到击破，希望下一次会创下新高而不卖出，然而到那时股价也许又会开始下挫。像这种情况连续出现两三次之后，下一次股价上升到超过买入价时，就急急忙忙地抛出。就在此时股价又创出新高，超过自己买入价的 1 倍以上。这样才能实际感受到"不能忍耐就不能在股票上赚钱"的深意。

1987 年 10 月，全球股市发生了大崩溃时，邱永汉以 380 日元价格买进新日铁之后，接着新日铁的股价就下滑到 350 日元，然而他认为钢板业绩好转的条件并没有变化，又加仓买入。此时钢铁股热潮启动，一直持续到 1989 年。大多数人认为像钢板股的大型股上升到 1000 日元是痴人说梦，谁也没有想到，新日铁的股价接近了 1000 日元，川铁的股价突破了 1000 日元。

当然，能熬得住这一过程的人太少了，那么如何才能做到这一点呢？如果把一半持股卖出收回本钱之后，留下无本的一半股票就持有不放。譬如，你以 400 日元价格买入 10000 股新日铁，耐心地等待上升到 800 日元，当上涨到 800 日元时就出售 5000 股，其余 5000 股就成为无成本股票了。

因为这些无成本股票已经扣除了本钱，因此即便卖不出好价钱也不会感到遗憾。

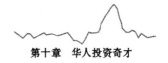

四、邱永汉操作原则

1. 奉行外行主义

在投入股票市场之前，邱永汉花了三个月时间精读了《日本经济新闻》经济版，阅读重点放在经济行情报道旁边由中小证券公司总经理、银行调查部经理以及保险公司财务部经理等所撰写的文章，希望获得关于股票市场运作规律的常识。

他运用《金钱读本》连载的成功影响，去拜访证券公司那些权威的股评专家，听取他们的建议。让他感觉最深是有一位知名的股评专家邀请他参与《一手拿着麦克风》的节目。节目形式是拿着麦克风到东京证券公司云集的街道去采访，邱永汉选择了三个不同风格的评论家：分别是三田利治氏、石井独眼流氏和长尾贯一氏。三田利治氏是代表大证券公司的日兴证券评论家；石井独眼流氏是在小证券公司中最出风头的评论家；长尾贯一氏是丸三证券公司的高级管理人员，是风格朴素而很有个性的评论家。邱永汉分别汇集了这三个人对同一事物的不同看法，这在很大程度上开阔了自己视野，并吸取了他们精华而渐渐形成自己的主张。最后邱永汉又到大藏省，大藏省主管日本财政、金融以及税收。他听取了证券监督机关负责人的意见，从而对日本整个证券市场营运状况获得了充分的了解。于是邱永汉认为，首先要了解信息，然后去获取信息，最后充分地利用信息。

邱永汉还对股票市场进行长期的观察和认真思考，逐渐明白了一个事实，那就是外行人比有经验的人更有利，专家不一定能够赚钱。

股票市场则是一个动态市场，受到很多复杂因素的影响，书本上所说的经济学理论，大多数是一大堆的经济术语，只是为了便于说明经济变化的复杂因素而已，不能完全说明它的现象，更不能预测将来变化趋势。

邱永汉在东京大学就读经济系的时候，从来没有听说哪个经济系老师因购买股票而赚钱，更何况那些所谓专家。他说，专家是指长期从事某一种工作，有丰富的经验和知识的人，正如人体的疾病，在大概相同的条件下出现相似的病况时，的确是经验丰富占优势。然而股票行情的预测和市场的看法瞬息万变，在条件一次次都不相同的时候，以前的经验通常会造成错误的判断。如果拿出一千个经济学理由和复杂的算术模式，证明一只股票不可能上涨，可是若它上涨了，那么只有一个理由：因为它应该上涨了。

邱永汉在自传中这样说道："我第一次接触股票市场的时候，直觉上感到不听信社会的常识非常重要。所谓常识就是指根据以前的体验，不知不觉地在我们脑海中所建立起来的想法。以这种常识保持不变却无法适应未来，反而成为预设立场的包袱。所以打破常识的轨迹，对发展反而更有帮助。"

奉行外行主义，不要遵从社会的常识原则在邱永汉的经济思想中占了很大地位。邱永汉的经验提醒大家，舍去圈内人的意见是一条出路。

2. 跟庄炒作必须要谨慎

邱永汉说，股票作手选择目标的对象，业绩既有好的又有坏的，然而这些被选中的公司通常都会有一个特点，就是股价偏低。股价背离了股票价值，使得股票作手有机可乘。股票作手看中公司的理由，可能是公司的营运状态有了好转，或者因公司资产的富裕，于是，他

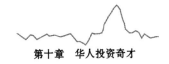

们悄悄地大量买入，到某个程度之后，股票作手必须就会发动攻势，把股价抬高。在股价过高后，假如大势有利，就顺利抛出；如果很难抛售，或者股票作手持股比例甚高，那么他们就改与公司经营者进行谈判，要求参与公司经营，或者要求经营者以高价回购自己公司的股票，因而股票作手的行为对股市的冲击非常之大。对从事股票投资的人来说，必须吸收他人高明的见解，并且要了解一些基本常识，不要盲目跟在他人后头大进大出。有的人总是喜欢听传言，甚至他人一句"保证你赚钱"，便一头栽进去。

当初，邱永汉给日本的杂志撰写投资评论，只要是经过他推荐的股票，股价就会有很好的表现。邱永汉认为，在很多投资评论家中，不乏权威人士，当然，有的人分析过深；有的人分析理论过时；有的人评论过于主观，结果难免遭到投资者的抛弃。只有那些有实力的评论家自然会为人信任，因此，一般投资者都会参考他们的评论买或卖股票。由于跟随他们的信徒很多，因而影响力渐渐增大，他们的预测通常就成为事实了。然而有的分析家在呼风唤雨了一段时间之后，"法力"却渐渐地消失了。

有一段时间内，由于邱永汉的投资评论非常准确，于是被日本大多数人尊称为"赚钱之神"。当对邱永汉信服的人越来越多的时候，他却发觉对行情预测越来越无法确定，所以，他就停止了评论工作。

邱永汉还指出，不要完全听信股评家的意见。由于很多股评家对未来行情的演绎、个股与板块变化所做出的研判，都是预测性的，只要是预测的，就一定是不确定的，都会存在两种或多种可能的变化。还有的股评家要么是不了解股市的真实情况，要么所发布的评析往往牛头不对马嘴。如果盲目跟进，一定会遭受损失。因此，邱永汉深有体会地说，在股市，没有值得百分之百信赖的对象。

参考文献

[1] [美] 本杰明·格雷厄姆，克宾塞·麦勒迪斯. 像格雷厄姆一样读财报 [M]. 刘雨等译. 北京：中国青年出版社，2012.

[2] 李成思，夏易恩. 新视点一看就懂! 股神巴菲特的投资心法 [M]. 北京：万卷出版公司，2010.

[3] 邱永汉. 附加价值论：日本"股神"邱永汉的财富论 [M]. 北京：三环出版社，1999.

[4] [英] 安东尼·波顿. 安东尼·波顿的成功投资 [M]. 寇彻译. 北京：机械工业出版社，2010.

[5] [美] 彼得·林奇，约翰·罗瑟查尔德. 彼得·林奇教你理财 [M]. 宋三江，罗志芳译. 北京：机械工业出版社，2010.

[6] [美] 沃伦·巴菲特，劳伦斯·A.坎宁安. 巴菲特致股东的信 [M]. 陈鑫译. 北京：机械工业出版社，2007.

[7] [英] 吉姆·斯莱特. 祖鲁法则：如何选择成长股 [M]. 刘静译. 杭州：浙江人民出版社，2013.